Reynirs Islandpferde-Reitschule

Reynir Aðalsteinsson · Gabriele Hampel

Reynirs Islandpferde-Reitschule

Das Spiel mit dem Gleichgewicht

KOSMOS

Inhalt

Mehr als eine Reitlehre

Wie kam es zu diesem Buch?

Seinen Anfang nahm es, als ich vor nunmehr sechs Jahren wieder einmal zum Einkaufen meiner graphischen Ausrüstung zu „meinem“ Zeichenbedarfgeschäft fuhr, dort aber vor der Tür abstoppte. Ein Plakat hatte meine Aufmerksamkeit auf sich gezogen: Eine Ankündigung für ein Islandpferdeturnier! Und zwar in erreichbarer Nähe. Ich konnte es nicht fassen, schließlich war ich seit Jahr und Tag bisher erfolglos darum bemüht, Kontakt mit dieser Rasse aufzunehmen, und nun ein Turnier sozusagen vor der Haustür. Also betrat ich den Laden und fragte nach, wer denn hier etwas mit Isländern zu tun hätte. Die Antwort erfolgte zweistimmig: Eine Mitarbeiterin und der Inhaber ebenfalls. Sofort entwickelte sich ein intensives Gespräch über „Isis“.

Natürlich besuchte ich das Turnier und war überrascht über die heitere und ungezwungene Atmosphäre, die dort herrschte. Wie schön war es zu sehen, daß sich Turnierpferde zwischen den Prüfungen in Paddocks aufhalten, wälzen und wohlfühlen durften. Solch ein Verhalten war ich aus der Großpferdeszene nicht gewöhnt.

Trotzdem vergingen weitere zwei Jahre bis ich erneut auf diesem Turnierplatz stand und den Entschluß faßte, ab sofort Unterricht auf Islandpferden zu nehmen. Drei Tage später rief ich auf einem Islandpferdehof in Rosbach an und verabredete die erste Stunde. Schließlich wollte ich diese Art der Reiterei, und vor allem den Tölt, richtig lernen, denn trotz damals 24-jähriger Reiterfahrung ahnte ich, daß ich eine Menge dazu lernen müßte. Was war es für ein mulmiges Gefühl, plötzlich wieder als „Anfänger“ auf einem fremden Hof mit fremden Pferden und fremden Menschen zu sein. Allerdings legte sich das „Fremdsein“ sehr schnell, denn die lockere Atmosphäre des Turniers fand ich auch hier wieder.

Also lernte ich zunächst das „andere“ Aufsitzen, nämlich in Richtung des Pferdes stehend, weil man aufgrund der fehlenden Höhe keinen großen Schwung benötigt und man es bei zu temperamentvollen Pferden, die recht schnell losgehen wollen, einfacher hat, in den Sattel zu gelangen.

Ganz schnell wurde mir klar, daß diese Pferde sehr temperamentvoll und feinfühlig sind. Ich nahm in gewohnter Weise die Schenkel ans Pferd, und

Glođ, meine Stute rannte los – also versuchte ich sie zu parieren, und sie wurde noch schneller. Wie fein doch die halben Paraden sein sollen, dieses Pferd zeigte es mir überdeutlich. Kurzum: Reiten wurde für mich wieder sehr neu. Ich saß wieder mit der klassischen Reitlehre in der Hand da, und ich merkte, daß der Tölt zwar sehr einfach ausschaut, aber längst nicht so einfach zu reiten ist. Von selbst geht es (meist) nicht.

Als ich einige Stunden hinter mich gebracht hatte, kam es für mich an einem Nachmittag im Herbst zu einer Begegnung, die, wie ich damals noch nicht wußte, aber wohl schon ahnte, mein weiteres Leben richtungsweisend beeinflussen sollte.

Nach der Reitstunde fragte man mich, ob ich nicht Lust hätte, mir von *Reynir* ein paar Pferde vorstellen zu lassen. Er sei gerade vom Paßchampionat zurückgekommen, und das wäre eine Gelegenheit, die ich unbedingt nutzen sollte. Ich wußte bis dahin schon, daß auf dem Hof importierte Islandpferde zum Verkauf standen, aber wer *Reynir* ist, wußte ich noch nicht. Von Natur aus neugierig, dachte ich mir, es wäre sicher interessant, wenn er mir diese Pferde vorreitet, also stimmte ich zu. Kurz darauf wurde mir *Reynir* vorgestellt.

Aber von wegen vorreiten! Meinen Irrtum ahnte ich, als *Reynir* mit zwei Pferden ankam und wir beide putzten und sattelten. Wir saßen auf und ritten nach draußen. Mir ging es zuerst gar nicht so gut: Wildfremde Pferde, die noch nicht lange in Deutschland waren und ein Isländer, der flott vorwärts ritt und mir währenddessen sagte, wie ich mit dem Pferd unter mir umgehen müsse.
Immerhin hatte das flotte Vorwärtsreiten den Vorteil, daß ich nicht mehr zum Nachdenken kam, sondern vollauf mit Reiten beschäftigt war. Und ein gewisser Ehrgeiz beherrschte mich auch: Ich wollte diesem Menschen neben mir beweisen, daß ich reiten und mit Pferden umgehen konnte. Also bemühte ich mich, sämtliche Anweisungen auch sofort richtig umzusetzen.
Unterwegs wechselten wir die Pferde und *Reynir* machte mich mit den unterschiedlichen Stärken und Gangeigenschaften der einzelnen Pferde bekannt. Wieder zurückgekommen, sattelten wir die nächsten beiden Pferde und ritten erneut hinaus.
In diesen zwei Stunden mit insgesamt vier Pferden, die ich hintereinander alle ritt, hatte ich mehr als jemals zuvor über das Reiten erfahren. Es war unglaublich, wie eindeutig und sicher mich *Reynir* in diese Art zu reiten und in den richtigen Umgang mit jedem einzelnen Pferd einwies. Eine absolute Offenbarung!
Und er hatte genau die richtigen Pferde ausgewählt, um mir die Vielseitigkeit der Islandpferde aufzuzeigen: *Trölli*, ein Fuchswallach, groß und von seiner Art zu gehen den Großpferden ähnlich, auf ihm fühlte ich mich im Trab sehr zu Hause. *Vafi*, ein gerade angerittener Fünfjähriger, der noch recht unsicher ging, aber sehr gute Grundgangarten zeigte, bei ihm mußte der Tölt sehr aktiv mit feiner, genauer Hilfengebung geritten werden. *Glæða*, eine braune Stute mit Rennpaßfähigkeiten, die ich zwar nicht nutzen konnte, die mir aber von *Reynir* vorgeführt wurden, und *Hlökk*, eine temperamentvolle Fuchsstute, ein Pferd mit einem überragenden und mühelos zu reitenden Tölt, so daß ich zum erstenmal selbst spürte, was Tölt eigentlich sein kann und soll.
Nach diesen Ritten war ich für den Rest des Tages völlig dem Erdboden entrückt, denn ich hatte eine neue Dimension des Reitens kennengelernt, die mich nie wieder loslassen würde, das spürte ich damals genau.

Es zeigte sich auch sehr schnell, denn kurz darauf kaufte ich *Vafi*. Obwohl ich selbst noch so sehr Anfänger auf diesem Reitgebiet war, wollte ich mich zusammen mit diesem Pferd weiterentwickeln.
So ganz allmählich erfuhr ich, wer *Reynir Aðalsteinsson* eigentlich ist. Ich lernte bei jedem seiner Besuche, daß ihn eine Art von Aura umgibt. Die Faszination, die zu spüren ist, wenn er mit Pferden arbeitet, beeinflußt auch die anderen Reiter. Jeder ist plötzlich noch eine Spur bemühter und arbeitet konzentrierter.
Die Wirkung blieb natürlich auch bei mir nicht aus. Ich wollte ihm auf jeden Fall zeigen, daß ich aus *Vafi*, den er selbst gezüchtet hat, ein sehr gutes Pferd machen konnte. Somit lernte ich *Reynir* im Laufe der Jahre besser kennen, und wir kamen gemeinsam auf die Idee, daß sein Wissen und die Art, wie er mit Pferden umgeht, vielen anderen Reitern zugänglich gemacht werden sollte, und zwar als Buch. Wie oft diskutierten wir darüber, daß so viele Mißverständnisse zwischen Pferden und Reitern existieren und daß die Harmonie zwischen beiden so häufig fehlt, weil sie einander in ihrem Verhalten und in ihren Bedürfnissen nicht verstehen. *Reynir* versucht in seinen zahlreichen Kursen den Weg zur Harmonie aufzuzeigen und mehr Verständnis für das Pferd zu vermitteln.
Auch dieses Buch soll helfen auf der Suche und dem Weg zur Harmonie, also zum Gleichgewicht zwischen Pferd und Reiter. Und gerade beim Islandpferd ist diese Art von Harmonie besonders wichtig, weil sonst seine Fähigkeit, fünf verschiedene Gangarten gehen zu können, empfindlich gestört wird. Man sollte sich immer vor Augen halten, wie differenziert ein solches Pferd mit den Anweisungen seines Reiters und schließlich mit seinen eigenen vier Beinen umgehen muß, um sich so unterschiedlich taktklar bewegen zu können.

Entstanden ist dieses Lehrbuch während eines Zeitraumes von zweieinhalb Jahren, in denen ich *Reynirs* Philosophie und Arbeitsweise kennenlernen konnte.
Zunächst existierte die Idee, ein Buch über seine Art zu reiten zu schreiben, um möglichst viele Reiter an seiner Lehre teilnehmen zu lassen. Es folgten ungezählte Diskussionen und Interviews, die ich mit ihm führte, und ich

begleitete einige seiner Reitkurse mit Stift und Kamera, um sie zu dokumentieren.
Auf diese Weise hat er mich direkt in seine Reit- und Lehrweise eingeführt und mir all die Dinge, die ihm wichtig sind, gezeigt und erklärt. Zudem unterstützte er währenddessen meine reiterliche Ausbildung und die meines Pferdes *Vafi*. Ich habe all das, was er lehrt und wir zusammen ausarbeiteten, in die jetzt vorliegende Form gebracht, das heißt, all das, was *Reynir* sagt, ist *kursiv* gedruckt und in Anführungszeichen gesetzt wiedergegeben. Die Dinge, die in Ichform im Text erwähnt sind, sind meine persönlichen Erzählungen.

Gabriele Hampel

Aber wer ist denn nun Reynir?

Reynir Aðalsteinsson ist ein Pferdemensch mit echter Passion.
Obwohl er nicht auf dem Land, sondern in der Stadt aufgewachsen ist, hatte er von Kindesbeinen an das Bedürfnis, mit Pferden zusammenzusein. Aus dieser Zeit erzählt er: „*Wenn der Frühling kam, wurde ich stets unruhig und rastlos und wollte hinaus aufs Land zu den Pferden.*
Mein erstes eigenes Pferd kaufte ich als 14-jähriger. Das Geld dafür hatte ich als Knecht bei einem Bauern verdient. Es kostete damals 4.000 isländische Kronen (etwa 1.000 DM).
Meine Eltern waren darüber nicht besonders begeistert. ‚Du mußt alle Arbeit selbst besorgen', sagten sie. Ich erinnere mich, daß ich in den Sommermonaten das Heu mit der Sense auf verschiedenen Wiesen, zu denen ich hinreiten mußte, mähte. Der Besitzer hatte mir die Erlaubnis gegeben, das Heu dort zu holen. Aber es war auch eine unglaublich schöne Zeit, so alleine mit dem Pferd draußen in der freien Natur zu sein.
Tagsüber arbeitete ich bei dem Bauern, um mir das Pferd leisten zu können. Nach einigen Jahren durfte ich dann endlich ein Internat auf dem Land besuchen. Später ging ich zur Landwirtschaftsschule in Hvanneyri, aber vorher, als ich 16 Jahre alt war, gründete ich zusammen mit einem Freund unseren ersten Trainingsstall in Biskupstungu auf Südisland. Wir nahmen Pferde von den Bauern aus der Gegend zur Ausbildung entgegen. Anfangs hatten wir Schwierigkeiten, uns zu versorgen, denn die Bauern waren es nicht gewohnt, ihre Pferde gegen Bezahlung trainieren zu lassen. Aber das Wichtigste für mich waren die Pferde und nicht das Geld. Ich war froh, wenn ich genug zum Leben hatte.
Später fand ich dann einen Stall in Reykjavik, wo mein Freund und ich die Pferde halten konnten. Um die Pferde dorthin zu bringen, gingen wir zu Fuß vom Hof in Selfoss auf Südisland, der sechzig Kilometer entfernt lag, und führten sie am Halfter. Es war Herbst, also die Zeit, in der unsere Pferde aus langer Tradition heraus nicht geritten werden, weil sie ihre Kräfte für den Winter sammeln müssen. Und da wir keinesfalls gegen diese Tradition verstoßen wollten, waren wir so um die Pferde besorgt, daß wir nicht wagten, sie dorthin zu reiten. Wir gingen zu Fuß!"

Seit dieser Zeit lebt *Reynir* mit und von den Pferden. Er leistete damals in Island Pionierarbeit im Umgang mit Pferden. Bis zu dieser Zeit war es auf dem Land selbstverständlich, Pferde um sich zu haben, zu halten und auch irgendwie zu reiten. Pferde hatten einfach immer dazu gehört. Um die Reitausbildung dieser Tiere machte man sich wenig Gedanken, schließlich gab es auf der Insel genügend Pferde, so daß ein schlechteres oder gar ungehorsames Pferd sehr schnell gegen ein geeigneteres ausgetauscht werden konnte. Also bestand wenig Notwendigkeit, sich mit einem Pferd abzumühen. *Reynirs* Pionierarbeit lag darin, daß er eine Trainingsstation für die Pferde der Bauern aufbaute. *Reynirs* Art des Trainings und sein Erfolg auf Turnieren bewirkte ein langsames Umdenken bzw. Aufmerksamwerden in Island: Schließlich bevorzugte er stets „Problempferde", die er trainierte und vorstellte. Der Erfolg seines Trainings beruhte auf der individuellen, pferdegerechten Ausbildung der Tiere. Durch die dressurmäßige und gymnastizierende Arbeit mit ihnen verbesserten sich ihre Gänge und durch das auf jedes Pferd abgestimmte Trainingsprogramm ließen sich auch psychische Probleme in den Griff bekommen.

Reynir gehört zu den Gründern der isländischen Bereitervereinigung, der „*Félag Tamningamanna*", kurz FT. Er hat für die Einführung der Sportprüfungen gesorgt, einen Sportausschuß mitbegründet und mit seinem Freund *Pétur Behrens* das erste Sportturnier in Island durchgeführt.

Die FT-Prüfungen, die es in Island seitdem gibt, staffeln sich wie folgt: Zuerst kommt der Jungpferdetrainer, danach der Bereiter, es folgt der C-Reitlehrer, dann B-Reitlehrer und schließlich der A-Reitlehrer. Dies ist die höchste, die Reitmeisterprüfung. *Reynir* war der erste, der diese Prüfung bestanden hat. Bis heute sind es nur vier Reiter, die diesen Titel tragen.

1972 kaufte *Reynir* zusammen mit dem damaligen Vorsitzenden der „Internationalen Islandpferdeföderation" (FEIF), Volker Ledermann, den Hof *Sigmundastaðir*, um dort Pferde zu züchten und zu trainieren.

Seitdem lebt er dort mit seiner Familie, mit seiner Frau *Jónina* und den jüngsten seiner sechs Kinder, züchtet und trainiert Pferde und führt im Sommer Gäste auf Hochlandritte. Im Frühjahr und im Herbst hält er sich in Europa auf, um Reitkurse zu leiten. Diese Kurse sind mittlerweile so begehrt, daß sie meist schon viele Monate im voraus ausgebucht sind.

Seine Söhne *Aðalsteinn* („*Steini*") und *Gunnar* leben in Deutschland, trainieren und verkaufen die importierten Islandpferde, bzw. nehmen Pferde in Beritt und bieten gezielte Turniervorbereitung für Pferd und Reiter an. Auch bei ihnen ist die Passion ihres Vaters wiederzufinden.

Ein weiteres Mitglied aus *Reynirs* Familie, sein Bruder *Höskuldur*, betreibt mit seiner Frau Michaela den Forsthof in Österreich.

Die Harmonie im Umgang mit dem Pferd ist dieser Reiterfamilie ein Bedürfnis. So sagt *Reynir*: „*Das Pferd hat ein natürliches Potential von Gefühlen und Instinkten. Menschen haben dies an sich auch, aber die westliche Gesellschaftsordnung entfernt uns mehr und mehr von dieser natürlichen, intuitiven Seite unserer Intelligenz. Wir sind so furchtbar technisch und logisch und glauben, daß sowohl wir als auch die Pferde wie Maschinen funktionieren. Das ist ja zum Glück nicht der Fall. Für Stadtleute und andere, die nicht das Glück hatten, mit Tieren aufzuwachsen, ist es schwierig zu verste-*

hen, wie ein Tier denkt und fühlt. Wer lernen will, mit Pferden umzugehen, muß in erster Linie die Psychologie und die Sinne des Pferdes verstehen lernen. Wie sieht ein Pferd? Wie hört es? Auf welche Gerüche reagiert es? Wie verhält es sich, wenn man dies oder jenes macht? Wie funktionieren seine Instinkte?"

All das, was er hier anspricht, erscheint uns so selbstverständlich, ist aber im täglichen, auch zur Routine gewordenen Umgang mit dem Pferd zum großen Teil verschüttet worden.

Genau diese Sensibilität versucht *Reynir* in seinen Kursen, in seiner Art zu lehren, beim Reiter wieder zu erwecken, denn nur so läßt sich eine harmonische Partnerschaft mit dem Pferd entwickeln. Wenn man einmal gesehen hat, wie sich *Reynir* einem fremden Pferd innerhalb kürzester Zeit verständlich macht und mit welchem Wohlbehagen sich dieses Pferd in die Hand eines solchen Reiters begibt, dann versteht man sofort, warum dieser Mann den Titel eines „Meisters im Reiten von Islandpferden" trägt. Auch seine zahlreichen sportlichen Erfolge, wie mehrfache Welt- und Europameistertitel, basieren auf dieser Feinfühligkeit im Umgang mit dem Pferd.

Es gäbe noch so viel mehr über die Persönlichkeit Reynirs zu erzählen, aber vieles wird deutlicher, wenn man sich mit seiner Art zu reiten beschäftigt. Und genau das soll in diesem Buch geschehen.

„*Wir müssen lernen, wieder mit wachen Sinnen zu leben, d.h. wieder genau hinzusehen, zu fühlen und zu empfinden, dann werden wir auch mit unserem Partner Pferd mitdenken können und gemeinsam mit ihm Spaß an der Harmonie und dem Erfolg haben.*"

Also machen wir uns vor dem Aufsitzen einige Gedanken über unser Islandpferd.

Reynirs Reitphilosophie

Am besten lassen wir Reynir selbst die Grundlagen seiner Reitphilosophie beschreiben:

„Unser Land hat in der Reitlehre keine lange oder große Tradition. Früher ist jeder irgendwie geritten, denn wir hatten keine anderen Transportmittel als das Pferd. Somit war der Umgang mit Pferden vielen Menschen vertraut, denn sie wurden für alle möglichen Arbeiten benötigt. Aber es gab schon immer Fachleute, sie wurden Künstler genannt, Reitkünstler. Sie betonten, daß man die Reiterei und Horsemanship nicht lernen könne, sondern dafür geboren sein müsse.

Das ist natürlich so nicht wahr. Immer kann man etwas lernen, aber man kann nicht alles lernen. Man muß schon etwas Talent dafür mitbringen.

In diesen über 30 Jahren, in denen ich mit Pferden gearbeitet habe, bin auch ich manchmal in einer Sackgasse gelandet. Aber in den letzten Jahren bin ich schon ziemlich zufrieden geworden, denn ich habe mir meine Richtlinien gewählt, die ich jetzt beim Reiten, im Umgang mit den Pferden und auch im Unterricht in meinen Kursen verfolge.

Ich finde es selbstverständlich und wichtig, daß man seine Richtlinien und Erfahrungen veröffentlicht, so daß andere Leute nicht dieselben falschen Wege gehen müssen, die ich natürlich auch gegangen bin und erfahren mußte, daß sie nicht richtig waren. Bestimmt gibt es Ähnlichkeiten zu anderen Reitlehren. Man nimmt sicher immer das an, was man für richtig hält und vermeidet die Dinge, die man nicht gut findet. Aber das meiste lernte und lerne ich von den Pferden, von der Arbeit mit vielen verschiedenen Pferden, vom Beobachten der Tiere und vom Umgang, vom „miteinander durch dick und dünn gehen“.

Meine Schule vom Horsemanship nenne ich Reynirs Reitschule.

Sie ist für mich und all die, die bei mir arbeiten, gedacht und natürlich auch für meine Schüler, entweder die, die zu meinen Lehrgängen kommen, oder die, die das einfach lesen wollen und es für richtig halten.

Meine Reitlehre setzt sich aus folgenden Leitsätzen zusammen:

➠ *Erstens:*
Versuche dein Pferd zu verstehen, so daß du von ihm verstanden wirst.
Damit betont *Reynir*, daß beim Reiten und im Umgang mit dem Pferd alle Mißverständnisse mit ihm vermieden werden müssen.
Wir sollen das Pferd nicht vermenschlichen, sondern lieber versuchen, wie ein Pferd zu denken.

➠ *Zweitens:*
Versuche deinem Pferd soviel wie möglich anzubieten.
Reynir möchte, daß wir versuchen dem Pferd so viel wie möglich anzubieten, Übungen, Gangarten oder ein gewisses Benehmen. Wir bereiten es vor, machen es aufmerksam, zeigen ihm etwas und schauen zu, daß wir vom Pferd verstanden werden.
Der Trainer darf das Pferd nicht zu einem bestimmten Verhalten zwingen, sondern er muß ihm die Möglichkeit anbieten, selbständig darauf zu reagieren. Er bereitet es nur darauf vor und hilft ihm oder korrigiert.

➠ *Drittens:*
Ermögliche deinem Pferd nur einen Ausweg, und das muß der richtige sein.
Reynir versucht es dem Pferd dadurch leicht zu machen, daß er ihm nur den einen richtigen Weg anbietet und darauf achtet, eindeutig und gut verständlich für das Pferd zu handeln, so daß es ihn sofort verstehen kann. Dadurch lernt das Pferd ihm zu vertrauen, es lernt feinere Hilfen anzunehmen und feiner zu reagieren, auch wenn es um schwerere Übungen oder Gangarten geht.
Das Pferd möchte immer von unseren Hilfen weichen können, deshalb bieten wir ihm dafür nur einen Ausweg an, und dieser angebotene Ausweg ist der richtige.

➠ *Viertens:*
Dein Pferd muß zuerst alle Hilfen lernen, bevor du schwere Übungen oder Gangarten von ihm verlangst.

Erst wenn ein Pferd alle Hilfen kennengelernt hat und sie versteht, kann der Reiter damit beginnen, mehr von ihm zu verlangen. Der Reiter übernimmt die Aufgabe des Leitpferdes, er ist der Dirigent für das Verhalten seines Pferdes. Er muß Vertrauen schaffen und Respekt, konsequent, gerecht, leicht zu verstehen und interessant sein und verhindern, daß das Pferd in seinen Empfindungen und Reaktionen stumpf wird.

➠ *Fünftens:*
Warte bei jeder Hilfe auf die Antwort des Pferdes.
Reynir meint, daß Reiten und der Umgang mit den Pferden im Grunde sehr einfach ist, wenn wir nie die Verständigungsleitung zwischen Pferd und Reiter vergessen:
Sie dauert von dem Moment, in dem der Reiter etwas verlangt bis zu dem Punkt, an dem das Pferd verstanden und eine Antwort durch sein entsprechendes Verhalten gegeben hat.

➠ *Sechstens:*
Erlaube deinem Pferd sich frei zu fühlen und von den Hilfen zu weichen.
Reynir erlaubt dem Pferd sich frei zu fühlen, weil es den treibenden Hilfen, der Gerte, den Schenkeln, dem Kreuz und genauso der Parade weichen darf. Nur wenn es seinem Fluchtinstinkt folgen darf, wird es locker und ausgeglichen sein und sich unter dem Reiter wohlfühlen können. Wir dürfen unser Pferd nicht durch ständiges Festhalten einzwängen, sondern wir müssen im richtigen Moment nachgeben können, um das Pferd damit für sein richtiges Verhalten zu loben.

➠ *Siebtens:*
Achte darauf, daß dein Pferd nie hoffnungslos wird.
Wir dürfen es nicht überfordern, indem wir z.B. die weiteren, schwereren Übungen probieren, die es noch nicht versteht. Wir müssen den Punkt suchen, wo der Fehler liegt und dort wieder mit unserer Arbeit beginnen, d.h. den Fehler korrigieren und danach erst weiterarbeiten.
Und wir dürfen unser Pferd nicht überfordern, indem wir es gnadenlos weitertreiben, wenn es bereits alles gibt, was es kann.

➠ *Achtens:*

Langweile dein Pferd nicht durch endlose Wiederholungen und bleibe interessant.

Reynir verlangt von uns, daß wir abwechslungsreich mit unserem Pferd umgehen und nicht ständig einzelne Übungen wiederholen oder gar endlos lange in ein und derselben Gangart und gleichem Tempo reiten.

➠ *Neuntens:*

Verliere nicht den Überblick wegen lauter Kleinigkeiten.

Das bedeutet, daß wir nie die einzelnen Übungen als Selbstzweck sehen sollen, sondern das Gesamtziel, das harmonische Reiten und nicht nur das harmonische Tölten im Blick behalten.

Isländische Stimmung: Der Hochlandritt

Um Island, die Menschen, die Pferde und die Landschaft besser vor uns zu sehen, lassen wir *Reynir* erzählen:

„Der Tag, von dem ich erzählen möchte, war so ein Tag, den ich nie vergessen werde.

Ich war alleine im Hochland mit meinen Pferden und meinem Hund unterwegs, und es war noch ganz früh am Morgen.

Ich hatte mich gerade von der Gruppe verabschiedet, die ich über das Hochland bis hierher zum Hveravellir geführt hatte. Hveravellir ist so eine Art Oase in der Öde mitten in Island. Wie der Name so sagt, gibt es dort Hver, das ist heißes Wasser, also eine heiße Quelle, und außerdem Gras, also alles, was man für die Menschen und die Pferde braucht.

Wir waren jetzt sechs zusammen: Da waren ich und mein Hund Tryggur, wie der Name sagt, der Treue, und die vier Pferde: Gautur, auf dem saß ich. Er ist ein großrahmiges Pferd, nicht nur im Äußeren, sondern auch in seiner ganzen Art, er ist ein nicht so ganz einfaches Pferd mit guten Gängen, gutem Tölt und Trab. Ein starkes Pferd, ein brauner Gelding, ein Wallach also. Als Handpferd führte ich Blika, eine falbe Stute, die ich zum Training hatte. Vor mir liefen dann Höttur, ein weißer Wallach mit schwarzem Kopf und einer Blesse, ein sehr feinfühliges Pferd, empfindlich und jung, mit sehr guten Gangarten und viel Veranlagung. Dieses Pferd wollte ich später als mein Turnierpferd behalten.

Blakkur lief ganz vorne, er war das älteste der Pferde und schon auf diesem oder jenem Weg mit mir im Hochland unterwegs gewesen. Blakkur übernahm die Führung auf den engen Schafwegen am Ufer des Dauðsmannshvísl, Höttur folgte ihm und Gautur ging im weichen Tölt hinter ihm her. Er hielt

sicher die Spur auf den engen Wegen, die vorwiegend die Schafe, aber auch die wenigen Reiter, die hier im Laufe der Jahre geritten waren, hinterlassen hatten.
Die Falbe ließ sich nebenbei schön führen, sie hatte nur den unebenen Bereich neben den Pfaden, aber sie hielt trotzdem einen guten Abstand. Die Pferde waren alle willig, denn wir waren auf dem Heimweg und das Wetter war so gut, wie man es sich nur wünschen kann. Klarer Himmel und Wärme – Stille und sehr große Ruhe, viel Aussicht und nichts, was an Siedlungen oder Menschen erinnerte.
Ich achtete sehr darauf, daß der Abstand zwischen den Pferden nicht größer wurde, denn ich mußte vorsichtig sein wegen des Gehwillens und des Temperaments des braunen Wallachs. Er wuchs vor mir regelrecht in die Höhe, er wurde vor mir immer größer und seine Aufrichtung immer höher. Aber das war nicht das einzige, was ich vor mir hatte: vor mir war mein Schlafsack am Sattel befestigt und hinter mir hatte ich die notwendigen Dinge, die man auf langen Ritten dabei hat: Beschlagzeug und etwas zu essen, so daß ich sehr gut eingepackt war.

Als ich Dauðsmannshvísl (die Todesmannschlucht) erreichte, war ich etwa eineinhalb Stunden geritten. Ich machte dort eine kleine Pause, in der ich die Pferde trinken und ein bißchen am Gras knabbern ließ. Ich wechselte dann auf die Stute, hielt aber den Braunen bei mir, weil ich ihn später wieder reiten wollte. Er hatte es nötig, mehr geritten zu werden, denn ich konnte ihn nur selten für die Gäste nutzen, weil er viel zu temperamentvoll war. Ich konnte ihn nur vorne in der Gruppe von solchen Gästen reiten lassen, die viel Übung haben und geschickt reiten können. Und auch nur dann, wenn er vor den freilaufenden Pferden gehen durfte. Die freien Pferde hat man zum Wechseln immer dabei, wenn man Hochlandritte macht.
Ich ritt dann weiter ins Tal und wieder schräg hoch zum Búrfjöll, einem Berg, so in Richtung Nordwesten, dorthin, wo ich wohne im Borgafjörður, im Westen Islands. Aber das war noch drei bis vier Tagesritte entfernt.

Ich genoß die Aussicht und Übersicht über Hveravellir, Kjöl und die Gletscher. Die Aussicht und Sicht wurde großartiger, je höher ich kam. Das

Gras wurde jetzt, wo ich sehr hoch war, immer spärlicher. Ich machte wieder eine Pause und wechselte auf den Braunen. Die anderen Pferde, die jetzt alle lose liefen, waren inzwischen grasend weitergegangen und schon fast über den Kamm des Búrfjöll gegangen. Gautur war das gar nicht recht; er war deshalb unruhig, als ich aufsteigen wollte.

Ich war noch nicht richtig im Sattel, als er sich schon auf den Hinterbeinen gedreht hatte und losging. Das erinnerte mich natürlich daran, daß das, was ich hier tat, gar nicht ungefährlich war. Schließlich war ich alleine im Hochland unterwegs und wenn dann ein Unfall passierte...

Die Pferde hatte ich dann schnell eingeholt. Sie waren schon über dem Berg. Jetzt sah ich den berühmten Teufelssand. Wenn man ihn so sieht, dann weiß man, warum er so heißt. Er ist öde, steinig und sandig. Es gibt dort nur wenige Schafpfade oder kleine Wege. Die Pferde müssen den leichtesten Weg selbst finden und Blakkur tat es für uns. Als ich den nördlichen der beiden Seen, Hundavatn, auf der rechten Seite hatte, wurde der Weg etwas besser. Die Steine wurden kleiner, es gab mehr Sand und öfter sogar Strecken, auf denen man sehr schön tölten konnte. Es war jetzt schon ein deutlicherer Weg zu erkennen, der durch meine eigenen Ritte hier entstanden war, denn ich reite diesen Weg mit meinen Gästen ein- bis zweimal im Jahr.

Ein besseres Pferd für solche Ritte als Gautur kann man sich fast nicht wünschen. Auf diesen Wegen und auf solch einer Reise, allerdings erst, wenn man endlich im Sattel war, war er immer willig und stark. Er töltete schön und weich, wenn der Weg es erlaubt. Zwischendurch, wenn der Weg steiniger wurde, wechselte er von selber in einen weichen, raumgreifenden Trab. Man hat das Gefühl, dieses Pferde würde nie stolpern, egal wie schlecht der Weg ist. Er ist so leicht und geht mit guter Aufrichtung, daß man buchstäblich nichts in der Hand hat.

Wir ritten unter Krákshraun. Das war leichter. Ich sah, daß Blakkur sehr sicher war, auch wenn die Pfade nicht geradeaus in die direkte Richtung führten, aber er wußte, daß wir später wieder in die richtige Richtung nach Hause, also Westen kamen. Der Weg lag jetzt noch höher, Richtung Krákur, nach dem man sich überall im Westhochland richten kann.

Durch eine Schlucht zwischen Krákur und Kleinem Krákur muß man hindurch. Wir kamen auf neunhundert Meter Höhe und mußten zeitweise auf

Schnee gehen. Das war nicht schlecht, eigentlich sogar ganz angenehm, denn zu dieser Jahreszeit ist der Schnee fest und hart.

Normalerweise führt man die Pferde über Kráksskarð, es ist ziemlich steil und am Einstieg schwierig, aber durch das, was kurz zuvor beim Aufsteigen mit Gautur passiert war, nahm ich dieses Risiko nicht auf mich. Auch jetzt war Gautur wie ein Pulverfaß unter mir. Also ritt ich die ganze Strecke, hoch und wieder hinunter, da war es aber auch nicht weniger steil, es war alles rutschig durch den Sand und steinig und somit nicht so ganz einfach. Als ich oben war am höchsten Kráksskarð, also in der höchsten Schlucht, beobachtete ich, daß die losen Pferde und Blakkur nicht den allgemeinen Weg nach unten gegangen waren, sondern sie gingen schräg hoch zum Kleinen Kraukur.
Ich war den üblichen Weg weitergeritten und dachte mir: „Schau mal, was sie so machen."
Blakkur mußte als Führer selber einen Weg aus dieser Krise finden. Ich war darüber nicht sehr beunruhigt, denn dort oben war nichts, was ihn von seiner

Aufgabe ablenken konnte. Ich beobachtete sie die ganze Zeit und sah, daß sie die Richtung hielten und wußten, wohin es gehen mußte. Blakkur kannte sich zudem gut aus. Auch ich selbst war gut in der Zeit, ich sollte meine Leute erst am Abend in Fljótsdrög wieder treffen. Normalerweise ist das mit Gästen und mehreren losen Pferden ein Zehnstunden-Ritt, aber ich war alleine viel schneller unterwegs. Als ich nach unten kam und Kraukur und Kleinen Kraukur hinter mir hatte, war Gautur sofort ruhiger und ich stieg ab. Von den anderen Pferden hatte ich noch nichts gesehen, und ich entschied mich, daß ich hier auf sie warten wollte. Sie mußten eigentlich auf diesem Weg, wo ich gerade abgestiegen war, vorbeikommen. Es gab keinen anderen Weg, zumindest war dies der gewohnte und der leichteste, zwar mit viel Lavagestein bestückt, aber doch ein sehr deutlicher Weg, den wir durch die Jahre hindurch geritten waren.

Ich löste meine Satteltasche, fand einen guten Lavastein als Sitzplatz und nutzte die Zeit zum Essen. Ich teilte, wie man auf isländisch sagt, mein Brot brüderlich mit Pferd und Hund. Die Stille war so überragend, daß sie fast greifbar erschien. Selten habe ich mich meinen Tieren so nahe gefühlt wie in diesem Augenblick.

Doch jetzt passierte etwas da oben! Vor mir lag der Kleine Kraukur und am Horizont sah ich die Pferde. Sie standen da, Blakkur als erster, dann die Stute und der kleine Höttur als letzter.

Diese Zeit, die ich mir an diesem Tag genommen habe, um einfach auf die Pferde zu warten, ist mir unfaßbar wertvoll in Erinnerung geblieben. Auch, daß ich nicht irgendwie eingegriffen habe, sondern nur beobachtet und gewartet und es Blakkur überlassen habe, aus dieser Krise herauszukommen. Es war nämlich sehr steil dort herunter vom Kleinen Kraukur. Aber da hatten sie es auch schon bemerkt und stoppten, alle! Vor ihnen ging es steil nach unten und der Untergrund bestand aus rutschigem Lavasand. Blakkur versuchte ein paarmal nach unten zu gehen, drehte aber immer wieder um. Einige Male wechselten sie die Position, dann ging Blakkur hinter die anderen, doch dann standen sie alle wieder. Als er hinter den beiden Pferden war, sah es so aus, als ob er die anderen einlud den Abstieg zu probieren, aber sie bewegten sich kaum. Die meiste Zeit standen sie da, ganz ruhig und schauten einfach in Richtung

Westen. Nach einer Stunde waren sie plötzlich verschwunden. Ich wurde ein bißchen unruhig, wartete aber, ohne einzugreifen. Nach einer halben Stunde kamen sie wieder an den Rand des Kleinen Krákur. Und jetzt passierte etwas ganz Besonderes.
Ich hätte das eigentlich nie geglaubt, hätte ich es nicht mit eigenen Augen gesehen. Ich bin ja kein Mensch, der alles so leichtfertig glaubt, ich muß alles selber probieren oder die Dinge mit eigenen Augen sehen.
Blakkur drückte die anderen, erst den einen, dann den anderen in Richtung Hang, aber es sah zunächst nach Zufall aus und dauerte auch lange. Aber dann merkte ich, daß es kein Zufall war und er das absichtlich machte. Er dirigierte die Pferde in ganz kleinen Schritten immer näher und näher an den Abgrund. Schließlich begannen sie im Zickzack hinunterzugehen, wobei sie natürlich rutschten, denn es war sehr steil. Und als letzter kam er dann hinter ihnen her. Sie konnten nun nicht mehr zurück, denn einmal auf diesem Abhang unterwegs, mußten sie weiter, auch wenn sie rutschten. Als sie dann weiter nach unten kamen und es nicht mehr ganz so steil war, übernahm Blakkur sofort die Führung und in der Ebene lief er fließend vorne weg. Als ich sah, daß sie kommen würden, band ich eilig meine Tasche am Sattel fest und stieg auf, um bereits im Sattel zu sitzen, wenn die anderen Pferde vorbeilaufen würden, denn Gautur würde in diesem Moment sicher sehr unruhig reagieren.
Die Pferde liefen dann auf diesem undeutlichen Weg nach Westen, und jetzt führte alles bergab. Man sah den Bláfell im Westen, nachdem man sich richten konnte, denn in diese Richtung ritten wir. Dann würden wir auf den größeren Weg treffen, der vom Norden über Stórasand bis zum Fljótsdrög geht. Das ist ein klarerer Weg, den man auch mit dem Jeep befahren kann, zumindest für einige Monate im Jahr.
Je tiefer wir kamen, desto häufiger sah ich etwas Moos, nicht nur Sand und Lava, später sogar auch Gras. Nachdem ich auf dem Stórasandweg war, begannen die frei laufenden Pferde stehen zu bleiben und zu grasen. Ich ritt vorbei, stoppte und wartete auf sie. Ich ließ auch Gautur etwas grasen und stieg hin und wieder ab. So bewegten wir uns weiter, bis wir Fljötsdrög, das ist unsere Übernachtungshütte, sahen. Sie liegt dort, wo der Fluß Norðlingafljót seinen Ursprung, seine Quelle hat. Auch Hallmundarhraun, der größte Lavastrom

Islands, hat hier seinen Beginn. All das liegt westlich unter Langjökull. Hier liegt die absolute Stille über Wasser und Gras. Blakkur und die Pferde hatten das bereits gewittert und wurden schneller. Sie liefen im leichten Trab hinunter in Richtung Hütte. Natürlich hatten sie bereits herausgefunden, gerochen oder gesehen, daß dort schon unsere anderen Pferde waren, und natürlich auch meine Familie, insgesamt sechzig Pferde und fünfzehn Gäste, die wir am nächsten Tag zum Nordland führen wollten.
Ich war sehr stolz, als ich mich der Hütte näherte. Die losen Pferde trabten vor mir her. Gautur in einem federnden Mitteltölt am lockeren Zügel. Die Gäste standen alle draußen, und es war ein freudiges Wiedersehen. Am Abend erzählte ich ihnen am Lagerfeuer mein Erlebnis mit den Pferden, aber bis heute bin ich mir noch nicht ganz sicher, was Blakkur zu seinem Verhalten veranlaßt hat.

Wollte er die anderen als Opfer vorausschicken, um zu sehen, ob der Abstieg möglich war oder wollte er die Jungpferde dort oben nicht im Stich lassen?

Wenn er voraus gelaufen wäre und sie sich nicht getraut hätten, ihm zu folgen, wären sie dort oben verloren gewesen. Ich glaube das eher, denn die Pferde haben ihre besonderen Eigenschaften, sie besitzen ihren Herdentrieb, und manche Pferde sind Leittiere. Sie wollen zusammen bleiben und sie brauchen einen, der sie leitet, so wie an diesem Nachmittag.
Von diesem Erlebnis und manchen anderen habe ich sehr viel gelernt und sehr viel Erfahrung gesammelt in der Reiterei und im Horsemanship, dem Umgang mit Pferden. Ich habe auch versucht, so viel wie möglich von anderen Reitern zu lernen, durch Lehrgänge und Lesen von Reitlehren, durch Sehen und Zuhören, aber am meisten habe ich von den Pferden selbst gelernt.“

Das Islandpferd

Ein Blick nach Island

Ein Ausschnitt aus dem „Teppich von Bayeux": Er zeigt die Eroberung Englands 1066 nach Chr. durch die Normannen. Ähnlich können wir uns die Anreise von Menschen und Pferden nach Island vorstellen.

Wenn wir erfolgreich mit unserem Islandpferd umgehen wollen, ist es wichtig zu verstehen, woher es kommt und wer es eigentlich ist.
Das Pferd spielt in der Geschichte des Menschen eine entscheidende Rolle, denn ohne das Pferd hätte es kein Vorwärtskommen, keine Eroberungen, keine Kriege und nicht zuletzt auch weniger Träume gegeben. Schon seit langen Zeiten galoppiert das Pferd mit erhobenem Kopf und wirbelnden Hufen durch Märchen und Legenden. Und in Island, in diesem unwegsamen Land, in dem es bis zur Mitte des 20. Jahrhunderts keine guten Wege gab, spielte das Pferd schon immer eine bedeutende Rolle. Ohne die Hilfe des Pferdes wäre der Mensch verloren gewesen.
Im 9. Jahrhundert wurden durch den norwegischen König Harald Schönhaar viele Bauern ihres Landes vertrieben, weil sie der Aufforderung, ihr Recht auf Grundbesitz aufzugeben und sich ihm zu unterwerfen, nicht Folge leisteten. Sie verließen mit ihren Familien und Tieren die alte Heimat. Viele von ihnen steuerten mit ihren Schiffen die Insel Island an, die damals noch weitgehend unbewohnt war. Dort wurden sie von keinem gehindert, Anspruch auf eigenes Land zu erheben. Die Besiedelung des neuen Landes wäre ohne das Pferd nicht denkbar gewesen. Somit ist es nicht erstaunlich, daß zahlreiche Geschichten, Mythen und Legenden über das Pferd existieren. Sein Mut, die Klugheit und außergewöhnlichen Reiteigenschaften werden bereits in den ältesten Sagas erwähnt.
Die Isländer haben unzählige Worte für Pferde: *fákur, hestur, hross, stóðhestur, graðhestur, folald, geldingur, hryssa drösull...*, was deren Wichtigkeit deutlich macht. Die wichtige Rolle des Pferdes zeigt sich nicht zuletzt auch in den alten Überlieferungen der Religion. Das Pferd galt als heiliges Tier, es war zudem Fruchtbarkeitssymbol und Sinnbild der Dichtkunst. In der neuen Heimat Island wurde es zum Würdezeichen und Machtsymbol. Island ohne Pferde wäre nicht denkbar gewesen. Der Mensch war während vieler Jahrhunderte auf seinen ausdauernden treuen Begleiter angewiesen, denn das Reisen über unwegsame Hochebenen, Gletscher und Lavafelder und durch reißende Flüsse wäre ohne Pferd nicht möglich gewesen. Aber nicht nur beim Reisen spielte das Tier eine wichtige Rolle, sondern auch im alltäglichen Leben. Menschen und Tiere verrichte-

ten fast alle Arbeiten gemeinsam. Kein Bauer kam ohne seinen Vierbeiner aus, egal ob beim Transport von Heu und anderen Gütern oder beim Schaftrieb. Die Pferde begleiteten den Menschen bei der Arbeit und beim nachbarschaftlichen Besuch. Somit ist verständlich, welch wichtige Stellung das Pferd in Island einnimmt.
Schon immer wurde auf die Qualität der Reitpferde besonders geachtet, schließlich waren sie nicht nur notwendiger und verläßlicher Kamerad, sondern auch ein Statussymbol.
Die mitgebrachten norwegischen Pferde bildeten die Grundlage für eine sehr sorgfältige Zucht. Bereits in den Sagas werden Maßnahmen zur Verbesserung der Pferdezucht in Berichten erwähnt, und es geht daraus eindeutig hervor, daß die Pferde nach Qualität und Farbe ausgewählt wurden, und daß jeder Bauer sich bemühte, Pferde in einer bestimmten eigenen Farbe zu züchten.
Da die Besiedlung Islands aber nicht nur von Norwegen aus stattfand, sondern auch von Schottland und Irland aus, gab es nicht nur den germanischen Pferdetyp, sondern auch den keltischen. Ergänzt wurde diese Zucht durch das Hinzufügen der Pferde, die die Wikinger auf ihren Raubzügen an den Küsten Irlands und Schottlands entwendeten.
Auf diese Art und Weise entwickelte sich das Islandpferd zu einem außergewöhnlichen, widerstandsfähigen,

Vafi, *ein Vertreter des leichten östlichen Pferdetyps mit Zeichen des Hechtkopfes*

aber auch temperamentvollen Reitpferd, das zudem noch die unterschiedlichen Rassenmerkmale seiner Vorfahren zeigt. So findet sich z.B. die Hellerfärbung des Maules des Exmoorponies, das sogenannte Mehlmaul, bei etlichen Islandpferden wieder. Es gibt hin und wieder Pferde, die ihrer ursprünglichen Rasse sehr ähneln, wie z.B. ein Islandpferd, mit dem *Reynir* erfolgreich auf Turnieren startete und das einem Connemara sehr glich.
Der recht häufige Aalstrich deutet auf die nordische Abstammung hin. Als Gegensatz dazu finden sich auch feingliedrige, schnelle Pferde mit schmalem Kopf und Ansatz zur „Hechtform“, die auf die südlichen Steppentypen hinweisen. Daran sieht man, daß sich auch Pferde aus der östlichen Welt in Island einfanden. Auch in den Sagas gibt es Hinweise auf solche Pferde. Man vermutet Importe von orientalischen

Der Aalstrich als Zeichen des ursprünglichen Pferdetyps ist auf dem Rücken des in der Mitte stehenden Tieres zu sehen.

Pferden nach Skandinavien zu dieser Zeit.

So erzählte *Reynir* von der Geschichte eines Schiffes, das vor der isländischen Küste gesunken war. Die Pferde, die es an Bord hatte, entsprachen nicht dem Heimatlandideal. Sie waren mit breiten Blessen, „Socken" und „Glasaugen" gezeichnet. Einige dieser Tiere schafften es, sich an Land zu retten, und heute noch findet man Pferde mit diesen Merkmalen. Auch *Reynirs* erstes Pferd war mit diesen Zeichen ausgestattet. Es sind östliche, leichte, schwungvolle Pferde mit sehr viel Temperament, meist Viergänger.

Auch die Geschichte des Hengstes *Kinnskær* ist ein Beispiel dafür, daß es hoch im Blut stehende Pferde in Island gab. Bei diesem Pferd handelte es sich um ein Rennpferd, das aus Gotland in Schweden, nach Island gekommen war. Dieses Tier mußte sowohl im Sommer, als auch im Winter mit Hafer gefüttert werden.

Die Gangarten Tölt und Paß waren im Altertum besonders in Spanien zu finden, weniger in Nordeuropa. Auch von den Römern wurden Pferde mit diesen Gangeigenschaften besonders geschätzt, so daß vermutlich keltische Kleinpferde mit iberischem Einschlag auf dem Handelsweg nach Irland und Schottland gelangten und von dort weiter nach Island. Auch durch den regen Handel mit dem heutigen Istanbul gelangten vollblütige Pferde nach Island. Dies erklärt die z.T. immer noch auftretenden östlichen Merkmale einiger Pferde.

Derjenige, der sich mit Islandpferden beschäftigt und dessen Blick geschult ist, erkennt in einer Herde Islandpferde sofort die recht unterschiedlichen Merkmale der früheren Rassen. Und das, obwohl bereits im 10. Jahrhundert die höchste gesetzgebende Versammlung, das Alþingi auf Þingvellir, die Einfuhr von fremden Pferden nach Island verbot. Ein weiterer Beschluß gestattete keinem Pferd, das die Insel je verlassen hatte, zurückzukehren. Dies gilt auch heute noch.

Eine weitere Szene aus dem „Teppich von Bayeux": Die Pferde werden bei der Ankunft ausgeladen.

Die Zucht in Island hatte schwere Zeiten zu bestehen; Naturkatastrophen, wie z.B. der große Vulkanausbruch im Jahr 1783 hatten zur Folge, daß der Pferdebestand von 37 000 auf 8 600, wovon ca. 3 000 Stuten waren, reduziert wurde. Die meisten Tiere starben dabei nicht direkt durch den Vulkanausbruch, sondern durch die Weidevergiftung, die dem Ascheregen folgte.
Durch diese starke Bestandsverkleinerung fand in den folgenden Jahren eine Inzucht statt, die bestimmte Eigenschaften der Tiere verstärkte. So wurden die Pferde insgesamt etwas kleiner, nicht zuletzt auch eine Folge der rauhen Winter, und durch ein geringeres Nahrungsangebot konnten nur solche Pferde, die das Futter optimal verwerteten, überleben, d.h. die Futterverwertung wurde sehr gut.
Obwohl Island ein Pferdeland ist, gab es doch keine traditionelle Reitlehre, da die Pferde nicht zu militärischen Zwecken ausgebildet werden mußten. Die isländischen Bauern waren zwar immer Reiter und Pferdezüchter. Aber eine Art von Reitschule oder -lehre gab es nicht. Fragte man früher einen guten Reiter „*Wie machst du das?*" so bekam man die Antwort: „*Du mußt dazu geboren sein!*"
Diese Antwort ist weder ganz falsch noch ganz richtig. Natürlich gab und gibt es unter den Reitern regelrechte Künstler mit Naturtalent, aber lernen kann man trotzdem sehr viel. Auch wenn es mit einer besonderen Begabung dafür leichter fällt.
Diese guten Reiter der damaligen Zeit waren ausnahmslos Männer, und es gab so wenige, daß sie als Künstler behandelt wurden. In dem Buch *Horfnir Góðhestar* (Gegangene Elitepferde) von *Ásgeir frá Gottorp* heißt es, daß für diese Reitkünstler alle Weinkeller und alle Nonnenklöster offen stehen sollten. Dies natürlich nur, weil sie so selten waren.
Die Bedeutung des Pferdes erfuhr auch in Island mit Beginn der Industrialisierung und dem Auftauchen von Autos und Traktoren eine deutliche Veränderung. Das Pferd wurde aus der Landwirtschaft zwar nicht völlig verdrängt, da die Bauern es im Herbst immer noch brauchen, um in die Berge zu reiten und die Schafe einzutreiben. Aber in erster Linie ist das Pferd heute auch in Island Sport- und Freizeitpartner geworden.
Der Tölt erfuhr erst in den letzten 30-40 Jahren eine Renaissance. Früher war er zum Teil durch die Zucht von grö-

ßeren Pferden verlorengegangen, und um 1950 war es modern, Paß, aber nicht Tölt zu reiten. Besonders im Süden des Landes wurde der Tölt belächelt und als lächerliche Gangart für „Betrunkene, Dichter, Weiber und andere Herumtreiber" bezeichnet. Richtige Männer ritten Paß!
Nur im *Skagafjörður* auf Nordisland ritten die Pferdebauern zu dieser Zeit weiterhin eigensinnig Tölt, und so heißt es, sie sangen dabei aus Herzenslust.
Der Export der isländischen Pferde begann bereits 1851. Sie wurden zur Arbeit in den Kohlengruben nach Schottland transportiert. Die meisten dieser Pferde erblindeten während dieses erbärmlichen Daseins.
Vor 35 Jahren stieg der Export der isländischen Pferde erneut an, was z.T. von den isländischen Züchtern trotz der Verdienstmöglichkeiten gar nicht so gerne gesehen wurde. Sie fürchteten um die Erhaltung ihrer Pferderasse. Erst als sich herauskristallisierte, daß auch auf dem Kontinent die Begeisterung für diese Pferde und die Bewahrung des Islandpferdes mit seinem speziellen Erbe, den fünf Gangarten, gewährleistet war, verschwand die Sorge der isländischen Züchter. In vielen europäischen Ländern wurden Islandpferde-Vereinigungen gegründet, die sich um Haltung, Zucht und Sporteinsatz dieser Rasse bemühen. Auch in Europa sind Haltung und Bewahrung des Islandpferdes eine Art Lebenseinstellung geworden. Schon 1969 schlossen sich die nationalen Vereine unter der Initiative des damaligen isländischen Staatskonsulenten für Pferdezucht, *Gunnar Bjarnason*, und Ewald Isenbügels zur europäischen Vereinigung „FEIF" (Föderation Europäischer Islandpferde-Freunde) zusammen.
Gunnar Bjarnason war es auch, der sich im Jahr 1950 stark dafür einsetzte, das Ansehen und die Bedeutung des Islandpferdes aufrecht zu halten. Er kämpfte dafür, ein großes Zucht- und Wettkampftreffen für ganz Island ins Leben zu rufen, um denjenigen, die sich für die Zucht von Reitpferden einsetzten, zu helfen. Er sprach mit den leitenden Politikern und erhielt schließlich die Genehmigung, das erste „*Landsmót*", das Landestreffen, nach *Þingvellir* zu verlegen. Dieser uralte Þingsplatz erschien genau richtig, um zu manifestieren, daß das Islandpferd auch in der Zukunft seinen Stellenwert behalten sollte. Alle zwei Jahre findet jetzt ein Landsmót mit den besten Pferden des ganzen Landes statt.
Gunnar Bjarnason war aber nicht nur der Initiator für das Landsmót, sondern auch über viele Jahre hinweg im Bauernverband in Island tätig und ein wichtiger Ratgeber für die Pferdezucht. Er hat eine Reihe von Büchern über die Geschichte und Entwicklung von Pferden auf Island geschrieben, die sich „*Ættbok og Saga*" nennen.

Reynir *während einer Töltprüfung*

Zudem pflegte er umfassende Kontakte mit dem Ausland, um das Islandpferd dort noch populärer zu machen.
Das *Landsmót*-Treffen ist zu einer festen Einrichtung geworden, bei der nicht nur Teilnehmer aus allen Teilen der Insel anreisen, sondern auch (seit dem siebten *Landsmót* 1974 in *Vindheimamelar* im *Skagafjörður*) zunehmend mehr internationale Gäste, die die vielen hundert Pferde aller isländischer Vereine bei der Eröffnungsparade und den Wettkämpfen erleben möchten.
Anläßlich des *Landsmóts* wird auch die Hauptkörung des Landes durchgeführt, wobei die Hauptattraktion die Auswahl der besten Zuchthengste mit ihren Nachkommen ist.
Ende der sechziger Jahre wurde die Vereinigung der isländischen Bereiter, die „*Félag Tamningamanna*" gegründet, deren Mitglieder an den islandblauen Reitjacken und dem silbernen „T" am Revers zu erkennen sind.

Damals begann der Reitpferdeexport an Bedeutung zuzunehmen. Auf der ganzen Welt wurde man langsam wieder offener für das sogenannte Gangpferdereiten. Somit begann die Revolution des Tölts.
Reynir erzählt aus dieser Zeit: „*Es war die Zeit der ersten Vorführungen und öffentlichen Auftritte von Islandpferden in Europa. Es war für uns immer sehr merkwürdig. Vor jedem Auftritt machten wir uns mit unseren Pferden immer ganz klein, denn jeder belächelte ihre Größe, gerade im Gegensatz zu den Pferden, die sonst auf diesen Schauen präsentiert wurden, große Holsteiner, Hannoveraner und andere. Und nun wir dazwischen! Man lief immer so ein bißchen geduckt herum. Erst während der Schau, wenn unsere Pferde zeigten, was sie konnten, wurden auch wir, die Reiter wieder größer. Und als die Zuschauer sahen, wie groß unsere Pferde in ihrer Gangwirkung sind, sahen sie uns nicht mehr als klein an. Aber das Gefühl vor dem Auftritt....!*"
Somit fanden in dieser Zeit die uralten Gangarten Tölt und Paß wieder auf den Kontinent zurück, wo sie in Vergessenheit geraten waren. Reynir sieht es so: „*Wir Isländer haben in den letzten 1000 Jahren auf das Fünfgangpferd aufgepaßt, bis es wieder auf den Kontinent zurückkam.*"

Das Islandpferd – seine Art und sein Verhalten

Wenn ein Pferd in Island, in dieser Weite, der Freiheit, dem Klima und der spezifischen Art der Menschen, mit den Pferden umzugehen, aufwächst, entwickelt es sich in einer bestimmten Weise. Sein Gebäude, seine Verhaltensmuster, sein Verhältnis zum Mensch, das gesamte Pferd wird durch sein Umfeld geprägt.
Die Pferde in Island leben vom Frühjahr bis zum Herbst auf weitläufigen Weiden, zum Teil fernab vom Mensch in Herden bzw. Gruppen und Familien zusammen. Familien bestehen aus mehreren Stuten mit ihren mehrjährigen Nachkommen, während Gruppen oder Herden gemischt strukturiert sind. Nur im Winter werden die Pferde teilweise aufgestallt, speziell wenn sie ins Training und in die Ausbildung genommen werden.
Die Fohlen werden in diese Familienverbände hineingeboren, und sie lernen von ihrer Mutter und den anderen Mitgliedern vom Tage ihrer Geburt an, wie sie sich zu verhalten haben. Jedes Jungpferd wird in der Gemeinschaft der Herde erzogen und begreift sehr schnell, was eine Rangordnung ist und wie es sich einfügen muß.
Die Rangordnung richtet sich nach unterschiedlichen Momenten, wie z.B. nach dem Alter der Tiere, Charakter oder Stärke oder auch danach, wie lange ein Pferd schon in der Gruppe ist.

Die Freiheit isländischer Pferde

Manche Pferde bleiben überwiegend für sich alleine, auch in der Herde, andere sind respektiert, sie sind in Führungspositionen, und manche sind unsicher in ihrem Rang. Sie verursachen oft Unfrieden, versuchen sich Platz zu schaffen und Respekt. Bei den Pferden, die in einer Familie oder Herde aufgewachsen sind, geht die Eingliederung in eine neue Herde eigentlich immer ziemlich friedlich vor sich. Es kennt die herrschenden Regeln und hat ein gewisses Benehmen und

Höflichkeit. Und genau dieses Benehmen erkennen die Pferde: Ein zurückgelegtes Ohr, ein scharfer Blick oder eine drohende Position durch ein angehobenes Vorderbein, eine steigende Haltung oder ein kurzer Biß werden dann richtig verstanden, und das Pferd richtet sein Verhalten danach. Wenn das drohende Pferd älter ist, d.h. stärker, dann weicht der andere und der Friede ist wieder hergestellt. Meistens sind die Pferde, die hoch im Rang stehen, ruhige und friedliebende Tiere und schaffen es, sich mit kleinen Signalen, die akzeptiert sind und mit Respekt und Aufmerksamkeit angenommen werden, durchzusetzen. Diejenigen Pferde, die um sich beißen, schlagen und laut sind, sind nicht die, die respektiert werden, sie stiften nur Unruhe.

Durch dieses freie Aufwachsen lernt das Pferd schon so vieles, was ihm später den Umgang mit dem Reiter wesentlich erleichtert. Es lernt Verhaltensweisen zu verstehen, die ihm später wieder begegnen werden und die es dann mühelos annehmen kann, weil es sie kennt.
Drei wesentliche Verhaltensmuster zeigen Pferde, die frei aufgewachsen sind:

1. Das Flüchten oder Weichen **(Fluchttrieb)**
2. Das Zusammenhalten oder Kleben **(Herdentrieb)**
3. Das Drohen oder Abwehren **(Aggressionstrieb)**

Wir nutzen diese Verhaltensmuster für den Umgang mit Pferden und für das spätere Reiten, indem wir versuchen,

Das rangniedrigere Pferd, der Fuchs Dreyri, *versucht eine vorsichtige Annäherung an den in der Hierarchie höherstehenden Braunen* Vökull. *Er nähert sich mit eindeutig unterwürfiger Körpersprache.*

uns wie der Führer einer Gruppe, also wie der Respektierte zu benehmen. Dann erhalten wir Respekt und Aufmerksamkeit, und unsere Pferde werden uns zuhören. Wir versuchen in unserer Zusammenarbeit mit den Pferden uns auf ähnliche Art und Weise den Rang zu verschaffen wie die Pferde untereinander: Wir lassen sie auf verschiedene Art weichen. Wenn wir dabei gerecht sind, konsequent und leicht zu verstehen und das Pferd loben, wenn es richtig reagiert, dann erhalten wir seine Aufmerksamkeit und Konzentration. Wir können ähnliche Hilfen, wenn man das so nennen will, benutzen wie die Pferde es selbst unter ihresgleichen tun.
Auf was reagiert nun ein Pferd?
Das Pferd ist sehr empfindlich für Abstände und besonders dafür, ob sich ein Abstand verändert, also größer oder kleiner wird. Ebenso empfindlich reagiert es auf unsere Stimme und unser Auftreten, auf alles, was es hört und sieht. Es hört sehr gut und achtet darauf, ob wir uns laut oder leise benehmen und ob wir uns „breit und groß oder klein und dünn machen".
Da das Pferd von Natur aus ein Fluchttier ist, weicht es vor uns, je nachdem, von wo aus wir uns ihm nähern, welche Position wir ihm gegenüber einnehmen und wie, d.h. auf welche Art wir uns ihm nähern.
Genauso wie der Fluchttrieb bestimmt auch der Herdentrieb das Verhalten des Pferdes. Es ist ein Tier, das in Gruppen

Vafi *und* Jarpur *begrüßen sich auf der Koppel.*

und somit in einer sozialen Gemeinschaft eingebunden lebt. Dadurch ist es auch von dem Bedürfnis nach Gesellschaft und Sicherheit der Gruppe geprägt. Es benötigt die Eingliederung in eine bestehende Hierarchie, um sich sicher und wohl zu fühlen. Der Mensch

1

2

In dieser Bilderfolge zeigt sich das unsichere Verhalten des Fuches Stigur, *der seine Position in der Gruppe noch nicht gefunden hat.* Freya, *die graue Stute, reagiert auf seine Annäherung mit drohend angehobenem Hinterbein und signalisiert ihm ihren höheren Rang. Er wendet sich*

3

4

dem Schecken Skruður *zu. Auch er reagiert abwehrend, und da* Stigur *nicht sofort weicht, schlägt er einige Male nach ihm aus. Erst dann weicht der Fuchs.* Skruður *demonstriert eindeutige Imponierhaltung bei der letzten Annäherung.*

Hier erkennen wir gut wie groß der individuelle Kreis ist, den ein Pferd um sich hat. Fákur, *der Fuchs, nähert sich* Vafi, *obwohl dieser die Ohren angelegt hat und ein Drohgesicht zeigt.* Fákur *kommt trotzdem näher und wird von* Vafi *durch Beißen und Drohmimik zum Weichen gebracht.*

bietet ihm dies durch seine Versorgung mit Futter und Wasser und einem sicheren Platz zum Entspannen. Außerdem vermittelt er ihm durch ein möglichst eindeutiges Verhalten im täglichen Umgang, bei dem er als Freund und Führer in seine Nähe kommt, eine sichere soziale Stellung.

Das Angriffsverhalten wird beim Pferd vorwiegend dann auftreten, wenn es durch ständige Mißverständnisse oder durch dauerhaften Zwang, dem es sich nicht entziehen kann, so unter Druck gesetzt wird, daß es sich nur noch durch ein Wehren dagegen zu helfen weiß. Dieses Verhalten gilt es unbedingt durch ein richtiges Verhalten und richtigen Umgang mit dem Pferd zu vermeiden. Das Aggressionsverhalten können wir uns in der Reiterei nicht zunutze machen. Es kann allenfalls für zircensische Übungen, z.B. das Steigen benutzt werden. Darauf gehen wir aber hier nicht näher ein. Wir beschäftigen uns nur mit den beiden Verhaltensweisen, die für das Reiten wichtig sind.

Der Fluchttrieb oder das Weichen

Weichen bedeutet immer nachzugeben. Sich frei zu bewegen und vor einem anderen ranghöheren Pferd weichen zu können, ist etwas, was das Pferd kennt und mag. Es mag dagegen nicht, zu etwas gezwungen zu werden, vor dem es nicht ausweichen kann: z.B. wenn

wir es festhalten oder es einen ständigen Druck durch Schenkel und Gerte spürt, weiterhin Mißverständnisse, Ungerechtigkeit oder mangelndes Gleichgewicht, sowohl im Umgang als auch beim Reiten. Im schlimmsten Fall wird sich das Pferd in einer solchen Situation dem Menschen, der es so versucht zu bezwingen, gegenüber zur Wehr setzen.
Alles, was ein Pferd unsicher macht, ihm unbequem ist oder es ängstigt, veranlaßt es zu flüchten. Es weicht davor, auch vor Situationen, die es nicht versteht. Jedes Pferd besitzt einen individuellen Bereich, einen Radius um sich herum, nach dem sich seine Reaktionen richten.
Pferde, die in einer Herde aufgewachsen sind oder in einer Umgebung, in der mehrere Familien leben, haben einen ausgeprägteren, reiferen Fluchtinstinkt als Pferde, die in einer kleinen Herde aufgewachsen sind, zu nahe beim Menschen oder nur in einem Stall. Diese im Verband aufgewachsenen Pferde sind stets darum bemüht, andere Pferde zu taxieren und einzuschätzen, ihre Stärke, Schnelligkeit, ihren Charakter und ihre Intelligenz. Sie kennen die Signale zur Verständigung, z.B. das Ohrenspiel oder den Gesichtsausdruck und verstehen sie auch.
Dadurch wird die Aufmerksamkeit insgesamt schärfer und das Interesse sowie die gesamte Intelligenz gefördert.
Jedes Pferd bildet um sich herum einen nicht sichtbaren individuellen Kreis (Zirkel). Die Größe dieses Kreises bestimmt, wann ein Hinzukommender interessant wird. Dadurch ergibt sich auch das auf das Eintreten in diesen Bereich folgende Verhalten:
Ist der Hinzutretende groß und strahlt Stärke oder gar Gefahr aus, dreht sich unser Pferd von ihm weg und weicht vor ihm. Aber nur solange, bis der Abstand zu dieser Person wieder groß genug geworden ist, sie also außerhalb der Individualdistanz steht. Dadurch wird sie wieder interessant für das Pferd und es dreht sich ihr wieder zu. Ein solches Umdrehen zu demjenigen, vor dem das Pferd weicht, geschieht ebenso in dem Moment, wenn es nicht weiter ausweichen kann und sich somit angegriffen fühlt.
Vertraut es dagegen dem Hinzukommenden oder respektiert es ihn, dann

Die Scheckstute weicht der ranghöheren, die zuerst am Wasser stand. Alleine die Anwesenheit der Fuchsstute genügt, um das andere Pferd zu vertreiben.

erlaubt es ihm, an seine Seite zu kommen.
Bei unserem Umgang mit dem Pferd können wir uns diesen Kreis zunutze machen. Wenn wir etwas von ihm verlangen, müssen wir darauf achten, innerhalb dieses Bereichs zu bleiben, in dem wir für das Pferd interessant sind. Wir benutzen unsere Bewegung in diesem Grenzbereich zum Spiel mit Flucht- und Herdentrieb.
Am besten funktioniert das Spiel mit dem Flucht- und Herdentrieb, wenn wir die ungeteilte Konzentration und Aufmerksamkeit unseres Pferdes haben, also mit ihm alleine sind.

Zunächst müssen wir erfahren, wie groß dieser Bereich bei unserem Pferd gesteckt ist. Wir bewegen uns in diesen Zirkel hinein, also auf das Pferd zu, so daß es auf uns aufmerksam wird und beginnt, uns zu beobachten. Dadurch erkennt es, ob es bleiben oder weichen soll. Wir ändern jetzt immer wieder unsere Körperhaltung und unseren Abstand zu ihm, so daß wir treibend oder verhaltend auf das Pferd einwirken und beobachten, wann und wie es reagiert. Wenn wir bereits sein Vertrauen besitzen, wird es uns erlauben, nahe an seine Seite zu kommen.
Wir können uns unserem Pferd auf recht unterschiedliche Weise nähern und werden dabei verschiedene Reaktionen auslösen.
Gehen wir innerhalb dieses Zirkels in

Reynirs *Körperhaltung signalisiert dem Pferd ein Rückwärtsweichen.*

sehr bestimmter Weise mit aufrechter Körperhaltung von vorne direkt auf das Pferd zu, dann wird es beginnen, vor uns zu weichen, indem es entweder rückwärts geht oder sich umdreht und davonläuft. Halten wir dabei unsere Hände auch noch nach oben und mit offenen Handfläche nach vorne, verstärken wir dieses Fluchtverhalten. Wir können dieses Verhalten bewußt einsetzen, wenn wir ein Pferd haben, das ständig zu nahe an uns klebt, um seine Konzentration und Bereitschaft zum Weichen zu verstärken. Wenn es uns zu sehr folgt, dann drehen wir uns herum und zeigen ihm unsere nach oben gestreckte offene Hand. Nach *Reynirs* Erfahrung sind Pferde für die Körpersprache mit der Hand sehr empfindlich. Wahrscheinlich ähnelt diese menschliche Handhaltung dem Drohgebaren der Pferde, wenn sie steigen, um den anderen auf Abstand zu bringen.

Reynir *bietet dem Pferd durch seine tiefgehaltene Schulter und einladende Hand- und Körperbewegung an, ihm zu folgen. Am Ohrenspiel des Pferdes erkennen wir bereits Interesse, aber es reagiert noch nicht.*

Reynir *entfernt sich und das Pferd blickt ihm interessiert nach.*

Schließlich folgt es ihm.

Bewegen wir uns mit aufrechter Körperhaltung von der Seite auf ein Pferd zu und befinden uns hinter seiner Schulter, so wirken wir dadurch ebenfalls vorwärts treibend und veranlassen das Pferd zum Weichen.
Wenn wir uns einem Pferd mit der Absicht, es einzufangen, nähern wollen, dann sollten wir eine Körperhaltung einnehmen, die uns dünn und klein erscheinen läßt. Wir bewegen uns von vorne seitlich auf die Schulter des Tieres zu. Dabei halten wir die Arme tief und zeigen die obere Handfläche. In diesem Augenblick wird es zwischen der Entscheidung schwanken, vorwärts oder rückwärts zu gehen, aber da wir durch unsere Körperhaltung harmlos und friedlich aussehen, wird es uns an sich herankommen lassen.
Wollen wir, daß uns das Pferd jetzt folgt, dann kehren wir ihm den Rücken zu, geben ihm vielleicht noch ein Signal mit der Stimme und gehen von ihm weg. Wir laden es dadurch ein, uns zu folgen. In diesem Moment gehorcht es seinem Herdentrieb und wir sind in der Position des Alphatieres. Genau so verhalten sich Pferde auch in der Herde: Sie laufen dem Stärkeren nach oder dem, den sie als solchen akzeptiert haben.
Wenn es sich zu uns bewegt, dann haben wir den Moment, wo es völlig auf uns konzentriert ist. Jetzt können wir sogar das Tempo, mit dem es uns folgt, regulieren. Ist es z.B. zu schnell, dann heben wir die Hand vor ihm hoch und verlangsamen es.
Wir sehen also, daß es von unserer Haltung, Position und unserem Abstand dem Pferd gegenüber abhängt, ob es mit Weichen, Stehenbleiben oder eventuell Folgen reagiert.

Ohne zusätzliche Aufforderung folgt das Pferd Reynir *im Zirkel.*

Auf Reynirs *Körper- und Handsignal bleibt es stehen.*

Pferde, die in einer kleinen, auch einseitigen Gruppe aufgewachsen sind, z.B. mehrere Jungpferde zusammen, aber auch Pferde mit zuviel Menschenkontakt kennen und verstehen diese Signale weniger oder auch gar nicht.
Sie haben einen sehr engen Individualabstand um sich herum, manche sogar gar keinen.
Meist sind sie unaufmerksamer, haben kein Interesse an ihrem Umfeld, zeigen weniger Reaktionen und denken wenig. Oft sogar nur daran, wie sie an Futter kommen.
Wenn solche Pferde mit anderen zusammenkommen, können sie sogar gefährlich für sich selbst und für die anderen werden. Sie kennen die Sprache nicht und geraten dann oft durch Mißverständnisse in unnötige Auseinandersetzung mit anderen: Sie kennen die Reaktion des Weichens nicht.
Solche Pferde sind aus diesen Gründen auch nicht gut geeignet für die reiterliche Arbeit, denn die Reiterei baut auf diesen grundsätzlichen Verhaltensmustern auf.

„Wir müssen unserem Pferd erlauben zu weichen, um das Gleichgewicht zwischen Mensch und Pferd zu behalten, egal ob auf dem Boden oder vom Sattel aus."

Das Gleichgewicht ist abhängig von der Position, in der wir uns am Boden dem Pferd gegenüber befinden:

- Alles, was sich hinter dem Pferdeauge abspielt, ist das Signal für vorwärts.

- Alles, was vor dem Auge ist, bedeutet langsamer werden, stehen bleiben oder gar rückwärts gehen.

Sehr verwandt dazu ist die Situation, wenn wir auf dem Pferd sitzen und unseren Schwerpunkt als Signal benutzen:

- Wird der Schwerpunkt des Reiters nach hinten verlagert, dann weicht das Pferd nach vorne.

- Wird der Schwerpunkt nach vorne gelegt, wird es langsamer, bleibt stehen oder weicht rückwärts.

- Den Schwerpunkt zur Seite neigen, bedeutet zur Seite weichen.

- Dasselbe gilt für den Druck durch Schenkel, Gerte oder Zügel: Die Antwort wird immer ein Weichen sein.

Reynir sagt als wichtigste Lehre folgendes:
„Erlaube deinem Pferd zu weichen, denn es möchte gerne frei sein. Versuche nicht, deinen Willen einfach durchzusetzen durch Festhalten oder Ziehen.
Erlaube dir und trau dich dein Pferd zu treiben und erlaube ihm, daraufhin zu

weichen. Auf viele verschiedene Arten. Es wird nicht beleidigt sein oder Angst vor dir bekommen, sondern du wirst interessant und es wird neugierig, feinfühlig, aufmerksam und intelligent."

Der Herdentrieb oder das Kleben

Für das Pferd bedeutet die Herde Geborgenheit und Sicherheit. Die Herde ist kein großer willkürlicher Haufen, in dem Pferde zusammen sind, sondern besteht aus Familien oder Cliquen von Pferden, die sich gut leiden können. Meistens ist ein erfahrenes Pferd, eine Stute oder sogar zwei dabei, die leiten und die Führung übernehmen. Und ein Teil ihrer Nachkommen folgt ihnen, je nach Alter, Stärke und Charakter.
Diese Leittiere gehen immer als erste über schweres oder gefährliches Gelände, und sie führen die anderen zum Wasser und zum Futter. Oft haben sie dort einen rauhen Umgang mit den anderen, aber nicht, weil sie ihnen nicht erlauben wollen zu trinken und zu fressen, sondern weil es in früheren Zeiten, als sie noch wild lebten, immer gefährlich war, als erster zum Wasser und Futter zu gehen. An diesen Stellen lauerten früher oft gefährliche Raubtiere. In Führung zu sein oder zu leiten bedeutete auch immer, ein Risiko auf sich zu nehmen.
Wenn unser Pferd uns auf eben solche Weise folgt, haben wir die Aufgabe des Leitpferdes übernommen, wobei dies eben bedeutet, mit Mut und Risikobereitschaft voranzugehen und zu führen, so daß uns unser Pferd vertrauensvoll folgen kann.
Diese Art von Benehmen können wir uns zunutze machen: beim Training, im täglichen Umgang und dabei, wie man an das Pferd herangeht, um sein Freund zu werden.
Aber wir müssen dann mindestens ebenso vertrauenswürdig, konsequent und interessant wie das Leitpferd selbst sein.
Wir ärgern uns oft darüber, daß das Pferd an anderen Pferden, am Stall oder sogar an der Tür des Stalles, die es nicht durchschreiten möchte, klebt. Aber das ist völlig normal, das ist letztendlich seine Suche nach Sicherheit und Futter, von der es in seinem Verhalten wesentlich bestimmt wird.
Haben wir gelernt für unser Pferd die Führung zu übernehmen, dann werden wir auch keine Probleme mit diesem

natürlichen Verhalten bekommen, sondern können es sogar wirkungsvoll einsetzen.
Aber wir dürfen nicht vergessen, daß diese Führung bedeutet, das Pferd sowohl von uns wegzutreiben, also weichen zu lassen, als auch ihm die Anlehnung, das Folgen, zu gestatten. Und nur dann, wenn es durch dieses Verhalten unsere Führungsrolle respektiert, wird es uns vertrauensvoll folgen können. Gerade bei der Ausbildung eines Jungpferdes ist es sehr gut und hilfreich, wenn es unsere Körpersprache, die es zum Weichen oder Folgen bringt, kennt und wir uns gegenseitig verstehen. Wir haben dann die gleiche Sprache und können dadurch ohne Zwang mit ihm arbeiten. Denn das Pferd versteht jetzt schon unsere Körpersprache und ist später nicht darauf angewiesen, auf z.B. reine Zügeleinwirkung reagieren zu müssen. Durch diese Körpersprache und dadurch, daß es weiß, was Weichen bedeutet, geben wir ihm die Möglichkeit, viel schneller reagieren zu können. Wenn wir unser Pferd zunächst an der langen Longe, erst nur mit Halfter, später mit der Trense gezäumt, auf diese Art lernen lassen, ist es unglaublich, wie leicht es dann in der Hand wird. So vermeiden wir viele Momente, in denen sich das Pferd gezwungen fühlt, weil es etwas tun soll, was es nicht will, nicht kann und nicht versteht. Die Pferde bekommen eine starke Angst vor diesem Zwang, werden dadurch hoffnungslos und wehren sich sehr. Deshalb sollte man nicht versuchen, ein junges Pferd, das uns in unseren Forderungen nicht ganz versteht, zu stark zu dominieren oder zu zwingen. Besser ist es, seine Konzentration und Aufmerksamkeit aufzuwecken und es immer wieder weichen zu lassen. Es erfährt seine freie Bewegung als Lob. Am Anfang macht man diese Übungen sehr viel mit ihm, dann zunehmend weniger, aber immer noch so viel, daß das Pferd sich als Fluchttier fühlen muß und auch fühlen darf.
Nur in diesem Bewußtsein kann es sich auch als Herdentier frei fühlen.

Die Gruppe bietet Sicherheit und Anlehnung.

Der Herdentrieb funktioniert auch zwischen Mensch und Pferd. Wir sollten die Position des Führenden übernehmen.

Wie bereits beim Thema Weichen beschrieben, kann man auf das Spiel mit Flucht- und Herdentrieb zurückgreifen, wenn man ein Pferd von der Weide holen möchte. Verhalten wir uns dabei eindeutig, wird es uns problemlos folgen. Natürlich wird sich diese Vertrauensbasis auch in zahlreichen anderen Situationen zeigen, z.B. beim Verladen eines Pferdes oder auch in anderen kritischen Augenblicken: Wenn wir unser Pferd führen und es sich über etwas so sehr erschrickt, daß es sich am liebsten losreißen und flüchten möchte. Verhalten wir uns in einem solchen Moment ruhig und sicher, auch in unserer Körperhaltung, dann wird es sich schnell beruhigen, weil es unsere Signale kennt. Und diese sagen ihm dann, daß wir, das Alphatier, nicht panisch sind, also kein Grund zur Flucht besteht. Wir müssen ihm gegenüber eine verhaltende Position einnehmen und dürfen uns keinesfalls versehentlich treibend verhalten.

Gerade im täglichen Umgang zeigt sich der Herdentrieb am häufigsten. Wir putzen und versorgen unser Pferd mit Futter, säubern seine Box und stehen ihm bei Tierarzt- oder Hufschmiedbesuchen zur Seite. Und in all diesen Situationen ist es wichtig, daß uns das Pferd in unserem Verhalten versteht und deshalb vertrauen kann. Aber in all diesen Momenten wird es von Herden- und Fluchttrieb gleichermaßen beherrscht. Es soll uns aufgrund des Herdentriebes vertrauen, es soll aber nicht respektlos an uns kleben, sondern auch weichen. Sonst hätten wir ein Pferd, das beim Beschlagen oder einer tierärztlichen Behandlung nicht stillstehen würde.

Das Islandpferd – seine Sinne

Wir kennen jetzt die zwei wichtigsten Verhaltensweisen, von denen Pferde bestimmt sind. Nur das richtige Zusammenspiel von Fluchtinstinkt und Herdentrieb garantiert uns einen problemlosen Umgang mit dem Pferd. Aber wer kennt sie nicht, die alltäglichen Situationen, die immer wieder auftreten und in denen man sich fragt, ob denn nun alles Gelernte wieder vorbei ist. Und immer wieder müssen wir Verhaltensweisen korrigieren, wobei

Das hellwache Gesicht der Islandstute Hrönn

uns häufig nicht klar ist, daß wir dieses Verhalten durch unser Benehmen geradezu verursacht oder gefördert haben. Schließlich müssen wir als Reiter zuerst lernen, unser Pferd zu verstehen, bevor das Pferd uns versteht.

Dabei dürfen wir die Beobachtungsgabe unserer Pferde nie unterschätzen. Sie reagieren sehr sensibel auf kleinste Veränderungen, sei es im Umfeld, im Verhalten ihres Menschen, der Stimmung oder des anderen Tonfalls in un-

Ein Blick in das ausdrucksvolle Gesicht der Stute Hrefna *zeigt* Ike *die zwischen Mißmut und freundlicher Aufmerksamkeit schwankende Stimmungslage ihres Pferdes.*

serer Stimme. Gemäß ihrer Natur müssen sie es auch, denn nur dieses hochentwickelte Bemerken und Reagieren auf kleinste Signale hat ihnen in freier Wildbahn das Überleben gesichert. Nur dadurch konnte rechtzeitig das angeborene Fluchtverhalten ausgelöst werden.

Genau diese Sensibilität ermöglicht uns eigentlich einen recht einfachen Umgang mit dem Pferd. Schließlich haben wir in ihm einen Partner, der uns aufmerksam zugetan ist, aber wir müssen im Endeffekt erst lernen, sensibel damit umzugehen. Viel zu oft schleicht sich im täglichen Umgang eine gleichförmige Routine zwischen Mensch und Pferd ein. Entweder wir bieten ihm zu wenig Abwechslung, weil wir tagaus, tagein dasselbe Programm mit ihm durchführen, alles geschieht jeden Tag gleich, oder wir überfordern es, indem wir es nicht genügend vorbereiten und somit überanstrengen, weil es uns nicht versteht.

Im ersten Fall wird sich das Pferd mit der Routine so langweilen, daß es uns nicht mehr zuhört, weil es sowieso weiß, was kommt, und wir für das Pferd uninteressant geworden sind. Ein solch gelangweiltes Tier wird vielleicht, je nach Temperament, ebenso gelangweilt seine Aufgaben erfüllen, aber sicher ohne Ausdruck und Eifer, und mit der Zeit immer mehr abstumpfen.

Im zweiten Fall wird das Pferd auf ein ständiges zuviel und zu schnell mit einer Art von Verzweiflung reagieren,

weil es nicht die Möglichkeit geboten bekommt, die Signale, die der Reiter ihm gibt, überhaupt zu verstehen oder gar richtig umzusetzen. Diese Situation beschert beiden, Reiter und Pferd, irgendwann völlige Frustration und keinen Spaß mehr am Miteinander. Wir müssen also lernen, uns unserem Pferd gegenüber eindeutig zu verhalten und wir müssen trotzdem interessant bleiben.
Um dies zu erreichen, sollten wir uns zunächst anschauen, wie unser Pferd empfindet. Wichtig ist es, uns zu vergegenwärtigen, daß ein Pferd von seinen Wahrnehmungen her anders reagiert als der Mensch. So ist zum Beispiel das Sehen anders angelegt.

Das Sehen

Wie bereits erwähnt, ist das Pferd fähig, kleinste Veränderungen sofort zu registrieren. Dies wird dadurch begünstigt, daß die Augen des Pferdes seitlich am Kopf liegen, und es somit sehr gut um sich herum sehen kann, bis zu einem Sehkreis von fast 360°. Es gibt jedoch zwei Bereiche, in denen es nichts sieht, sogenannte tote Winkel: Das ist einmal die Stelle direkt vor seinem Kopf, vor der Stirn und direkt hinter ihm. Deswegen sollte man auch immer vorsichtig sein, wenn man von hinten an ein Pferd herantritt und es uns nicht bemerken kann. Dann könnte es passieren, daß es sich aus instinktiver Reaktion heraus wehrt.
Es gibt Erkenntnisse zum Sehvermögen des Pferdes, wobei man herausgefunden hat, daß es Dinge, die weit weg sind, eher unklar und nicht besonders gut sieht, aber Dinge, die nahe sind, gut und klar. Es sieht alles, was sich bewegt, besser als wir. Man denke nur an die flatternden Vögel oder Papierfetzen, die unsere Pferde so gerne gefährlich finden. Dabei können natürlich auch Mißverständnisse auftreten, wenn es vor irgend etwas, das wir vielleicht nicht sehen, spontan weicht, zudem vielleicht so schnell weicht, daß wir als Reiter im Sattel Probleme bekommen. Und wie schnell passiert in solchen Momenten eine Fehlreaktion des Reiters, indem er vor lauter Schreck das Pferd durch ruckartiges Zügelanziehen oder Gertenschläge straft? Dabei hat in einem solchen Moment das Pferd schon genug mit seinem eigenen Schreck und dem Reiter, der aus der Balance gekommen ist, zu tun. Wir müssen uns das normale einer solchen Reaktion beim Umgang mit Pferden immer gegenwärtig halten und durch eigene Sicherheit stabilisieren.
Im Vergleich zum Menschen sieht es im Dunkeln gut, aber es braucht seine Zeit, um sich an die Dunkelheit zu gewöhnen. Allerdings stellt die Dämmerung oder Dunkelheit besondere Anforderungen an das Pferd. Schließlich war dies früher eine gefährliche Tages-

Das Pferdeauge – der Spiegel der Seele

zeit, da Raubtiere vorwiegend nacht- bzw. dämmerungsaktiv sind. Dieses Wissen ist auch heute noch im Pferd präsent, da die Fähigkeit gut zu sehen lebensnotwendig war.

Über das Farbensehen des Pferdes ist man sich nicht einig. Es ist nicht klar, welche Farben es erkennen und unterscheiden kann. Manche Menschen sagen, es sieht nur schwarz/weiß, andere denken, daß es nur grün erkennen kann, aber *Reynir* glaubt zu wissen, daß es gelb sehen kann, denn er erlebte die Geschichte mit *Trausti* und der Gasflasche:

„Ich führte Trausti hinunter zu dem kleinen Elektrozaun, den ich für meine Reisepferde aufgebaut hatte, um sie an die Elektrik zu gewöhnen. Das war 1981, und meine Pferde waren nicht an die Elektrozäune gewöhnt. Aber ich wollte so einen Zaun auf meinem Ritt nach Norden zum Skagafjörður nützen. Trausti war das achte Pferd an diesem Tag, das ich an den Zaun führte. Ich hatte ihnen das Band gezeigt und alles war gut gegangen, sie schnupperten an dem Zaun, erschreckten sich nur ein bißchen, schauten dann und respektierten ihn. Die Umzäunung hatte ca. 12 Meter Durchmesser und die Batterien standen in zwei großen gelben Behältern.

Trausti war ein besonderes Pferd für uns, so ein Hausfreund. Er war, wie der Name so sagt, Trausti, also jemand, dem man vertrauen konnte, der Zuverlässige. Trausti war ein Fünfgänger mit sehr gutem Material und ein Leistungspferd, er war auch mein Turnierpferd im Rennpaß.

Aber er gehörte meiner Frau Jónina. Ich hatte ihr das Pferd geschenkt, so daß ich, falls es ums Geld knapp werden würde, ihn nicht verkaufen konnte, weil er ja ein Geschenk war.

Ich schickte das Pferd durch die Tür in

die kleine Koppel, schnallte die Zügel ab, aber merkte dann, daß meine Leute ihn auf Kandare gezäumt hatten und nicht mit Halfter wie alle anderen Pferde. Trausti ging direkt zu diesem schwachen Zaun und das erste, was natürlich an den Zaun kam, waren die Stangen von der Kandare. Und was für eine Reaktion kam jetzt! Er drehte sich auf die Hinterhand und sprang zur Mitte der Koppel. Und die Mitte hätte ich nicht besser gefunden, wenn ich sie mit einem Meßgerät ausgemessen hätte. Da stand er und traute sich nicht, sich zu bewegen. Nach einer Weile fing er an, seinen Schweif so hin und her zu drehen, auf seine ganz besondere Weise und da wußte ich, daß er wieder eine Kolik bekam. Ich wußte auch, was dann auf mich zukommen würde: erst abtasten, fühlen, Glaubersalz geben und warten. Den weiteren Pferden den Zaun zu zeigen konnte ich somit glatt vergessen. Es war ja nicht das erste Mal, daß Trausti eine Kolik bekam. Ich hatte ihn als Kopper bekommen, und es hat mich eigentlich nie gestört, denn er hat das auf eine ganz höfliche Art gemacht, er war ein Freikopper und sah dabei immer so aus, als ob er sich dafür schämte.

Er schaute immer erst nach rechts und links und dann hat er ganz vorsichtig vor sich hin gekoppt. Aber durch dieses ewige Koppen war er im Magen- und Darmbereich empfindlich geworden und bekam oft eine Kolik, vor allem dann, wenn er sich aufregte.

Aber es ging an diesem Tag wieder alles gut und wir dachten in den folgenden Tagen nicht mehr an diesen Vorfall.

Eine Woche war mittlerweile vergangen, und wir waren auf unserem Ritt nach Norden unterwegs.

Ich ritt vorne, alleine vor der Herde. Die freilaufenden Pferde machen sonst zuviel Druck und wollen zu schnell hinunter. Sie spürten auch schon unseren Übernachtungsplatz, denn das war nicht zum ersten Mal, daß wir auf dem letzten oder höchsten Hof im Tal übernachteten. Ich hatte Trausti in der letzten Pause gesattelt, denn ich wollte ein gutes Pferd haben für dieses letzte Stück. Es war von der Heide hinunter ziemlich steil, und die Umstände waren für die Pferde sehr einladend, um zu schnell zu laufen. Deshalb hatte ich alle Gäste gebeten, hinter uns, der Herde zu reiten, so ungefähr im Abstand von zehn Pferdelängen. Trausti töltete leicht vorne weg und ab und zu versuchte eines der älteren Pferde uns zu überholen. Aber Trausti legte dann einfach ein wenig im Tempo zu, ganz leicht, und meistens ging das gut so, nur ab und zu mußte ich ihnen etwas mehr in den Weg reiten und sie wieder in die Herde einweisen.

Es war nicht leicht für Trausti, sondern schnell und anstrengend, und ich wußte, warum ich dieses Pferd genommen hatte. Erst als wir kurz vor unserem Übernachtungsplatz waren, und das Gras höher und üppiger wurde, beruhigten sich die losen Pferde mehr und mehr, wurden langsamer und beugten sich öfter zu dem Gras hinunter. Aber erst als wir im Flachland waren, gingen sie wieder alle im Schritt. Sie verteilten sich und grasten eilig dieses saftige Vatsdal-Gras. Es war natürlich ein großer Unterschied zu dem kurzen Hochlandgras. Erst jetzt konnte ich absteigen und die Zügel von Trausti lang machen. Die Nachreiter, die Gäste und meine Helfer, kamen so nach und nach an. Sie stiegen ab und sattelten die Pferde ab, stolz darüber, daß sie einen schweren Tag im Hochland hinter sich hatten. Auch eine gewisse Erleichterung darüber, wieder in der Zivilisation zu sein, war spürbar und die Begeisterung über das schöne Tal und das Bergpanorama und den Fluß, in dem sich die Abendsonne spiegelte. Aber wie immer drehte sich das Gespräch hauptsächlich um die Pferde.

Das wärmt mir immer das Herz, wenn meine Pferde gelobt werden, wie sicher sie auf den Beinen sind, weich, stark und klug, um immer die richtigen Wege zu finden.

In diesem Moment kam unser Packauto, es hatte an dem Tag einen Umweg fahren müssen, denn dort, wo wir geritten waren, war es zu schwer, um mit dem Fahrzeug darüber zu kommen.

Wir nahmen einige kleine Erfrischungen. Das war so ein Tag, an dem alles so läuft, wie man es haben will, so im Großen und Ganzen.

Ich hatte Traustis Zügel solange in der Hand, bis alle Pferde sicher hinter dem Elektrozaun in der Koppel und alle Zelte aufgebaut waren. Das ist so eine Gewohnheit von mir, denn es kann immer etwas passieren und wenn die Pferde sich dann erschrecken und weglaufen, steht man ohne ein Pferd da. Erst dann sattelte ich Trausti ab und ließ ihn los, aber da ich der Meinung war, daß er es etwas schwerer gehabt hatte, als die anderen und mehr geleistet hatte, erlaubte ich ihm, außerhalb des Zaunes zu grasen. Das hatte er sich verdient. Aber ich erlaubte ihm das auch, weil ich ihm ganz vertrauen konnte.

Immer wenn wir zum Vatsdal kommen, sind wir gewöhnt, im nicht allzu weit entfernten heißen Quellwasser schwimmen zu gehen. Dieses heiße Freibad draußen wird von allen Gästen und allen Helfern stets gerne angenommen.

Jónina war im Lager zurückgeblieben, um das Abendessen vorzubereiten. Sie hatte bereits das Brot auf den Tisch gelegt und drehte sich herum zur Gasflasche, um das Wasser für die Kartoffeln zu kochen. Als sie sich wieder umdrehte, stand Trausti mit der Brottüte im Maul

Reynir *und seine Pferde in Island*

da und schüttelte sie hin und her, und das Brot verstreute sich in alle Himmelsrichtungen.
Das geschah allerdings nicht zum ersten Mal, und es war nicht immer Brot, was er so genommen hatte.
Alles was auf den Tisch kam, mußte er unbedingt anschnuppern und alles verschwand auf dem selben Weg. ‚Wenn ich vor dem Tisch koche, dann kann ich das Pferd natürlich besser beobachten', dachte sich Jónina. Also stellte sie den Kocher davor – mit der gelben Gasflasche!
Als Trausti das sah, drehte er sich sofort um und verschwand. Er kam wieder zurück, ein paarmal, aber immer, wenn er die gelbe Gasflasche sah – sie hatte dieselbe Farbe wie die Weidezaunbatterie – dann drehte er sich um und verschwand.
Nach diesem Erlebnis sind wir wenigstens sicher, daß die Pferde fähig sind, die Farbe Gelb zu sehen."

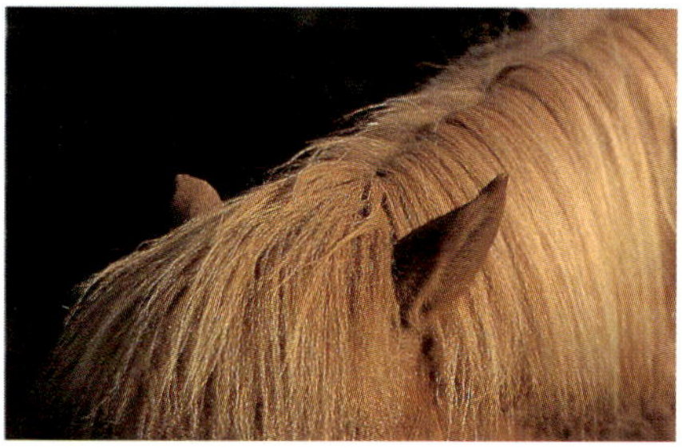

Das Pferd kann seine Ohren nach jedem Laut richten.

Das Gehör

Das feine Gehör des Pferdes wird durch die Möglichkeit, seine Ohren in jede gewünschte Richtung zur deutlicheren Lautaufnahme drehen zu können, noch verstärkt. Es kann die Ohren direkt in die Richtung stellen, aus der es ein Geräusch vernimmt. Dadurch kann es zwei verschiedene Geräusche aus zwei unterschiedlichen Richtungen aufnehmen und einschätzen.

Vor allem beim Reiten nutzen wir dieses gute Gehör, um das Pferd aufmerksam zu machen, in dem wir es durch die Stimme beeinflussen, beruhigen oder treiben.
Wir können diese zur Aufmunterung, z.B. durch ein aufforderndes Schnalzen oder auch zum Beruhigen durch ein langgezogenes „hoh" einsetzen. Natürlich auch zur Verdeutlichung verschiedener Kommandos, z.B. beim Longieren die Namen der verschiedenen Gangarten. Manchmal ist auch ein ver-

bietendes „nein!" nötig. Unsere Stimme stellt im Umgang mit dem Pferd somit eines der wichtigsten Hilfsmittel zur Kommunikation mit dem Partner Pferd dar.
Manche Reiter finden es schön, wenn ein Pferd unter dem Reiter immer die Ohren nach vorne gestellt hat und alle Geräusche von vorne und aus seiner Umgebung aufnimmt. Dies scheint uns allerdings nicht erstrebenswert, denn ein solches Pferd geht zwar aufmerksam durchs Gelände, konzentriert sich jedoch nicht auf seinen Reiter und hört ihm und seinen Hilfen nicht zu. Besser dagegen verhält sich ein Pferd, das mit den Ohren spielt. Es sollte ein Ohr nach vorne gerichtet haben und eines nach hinten zu seinem Reiter. Somit ist es auf seine Umgebung und seinen Reiter konzentriert und wir haben weniger Probleme mit unkontrollierbaren Reaktionen.

Der Geruch

Neben dem hochentwickelten Sehen und Hören des Pferdes ist auch sein Geruchsinn stark und sehr fein ausgeprägt. Jedes Pferd wird sich zuerst bemühen Dinge, die es sieht, aber nicht kennt oder einordnen kann, zunächst zu beschnuppern. Es riecht am Futter und ebenso am Wasser und wenn es sehr durstig ist, kann es das Wasser auch aus großer Entfernung riechen.

Der Braunschecke Fáni *flehmt.*

Das Pferd lernt sein Umfeld und somit andere Pferde und Menschen durch den Geruch kennen.
„Ich kenne ein Pferd, das, als es jung und mißtrauisch war, nur dann umgänglich und reitbar wurde, wenn man immer denselben Overall trug. Wenn jemand anderer es reiten wollte, genügte es, wenn die Person ebenfalls diesen Overall anzog, dann ging das gut. Allerdings durfte man ihn auch nicht waschen und er mußte immer diesen bestimmten Geruch haben."
Wenn Pferde einen Geruch schnuppern und dabei die Nase so zumachen, wie es auch Hengste tun, wenn sie Stuten riechen und die Oberlippe dabei in die Höhe strecken, also flehmen, dann nehmen sie Gerüche über das Jacobsonsche Organ, ein spezialisiertes Geruchsinn-Organ, auf und speichern diesen ähnlich wie ein Computer. Außerdem versuchen sie sich durch den Geruch ein Bild zu machen, um eine Gefahr frühzeitig zu erkennen. Sie wittern die Gefahr. Sie schnuppern, z.B. wenn sie an tiefes Wasser kommen, in den dunklen Stall oder Hänger gehen

sollen oder auch an dunklen Gegenständen. Sie schnaufen, schnarchen und stoßen sehr heftig die Luft durch die Nüstern aus. Dieses Verhalten bedeutet aber keine Unsicherheit, sondern eher ein Abmessen des Abstandes, der sich für das Pferd ergibt, wenn das Echo dieses Geräusches zu ihm zurückkommt. Für das Reiten, bzw. den Umgang bedeutet das für uns, daß wir dem Pferd stets die Zeit einräumen müssen, die es in einer solchen Situation braucht, um Abstände oder Gegenstände abschätzen zu können. Wir sollten es nicht einfach ungeduldig vorwärtsdrängen. Sonst wird es unsicher und wird versuchen, zunächst fluchtartig davonzustürmen.

Der Geschmack

Der Geschmacksinn des Pferdes ist wahrscheinlich nicht so stark ausgeprägt wie der des Menschen. Es frißt zwar manches Futter lieber als anderes, und wenn es ein neues Futter angeboten bekommt, dann braucht es einige Zeit, bis es sich daran gewöhnt hat, aber dann frißt es auch gerne, so daß man eher das Gefühl bekommt, es frißt es nicht nur des Geschmackes wegen, sondern einfach, weil es daran gewöhnt ist. Dadurch, daß das Pferd ein reiner Pflanzenfresser ist, ist natürlich das Futter viel einheitlicher gestaltet. Allerdings kann man davon ausgehen, daß unsere domestizierten Pferde einen nicht mehr so fein arbeitenden Geschmackssinn besitzen wie ihre wildlebenden Vorfahren. Besonders im Stall gehaltene Pferde dürften Schwierigkeiten haben, giftige Pflanzen von genießbaren sicher zu unterscheiden. Trotzdem gibt es häufig eine gewisse Vorsicht beim Aufnehmen der Nahrung, was wir z.B. bei der Beigabe von Medikamenten im Futter zu spüren bekommen.

Die Stute knabbert an den schmackhaftesten Halmen.

Medikamente nimmt es selten einfach so an, allerdings dürfte das auch am ausgeprägteren Geruchsinn liegen und nicht nur am Geschmack. Man merkt dies zum Beispiel daran, wenn man ein Wurmmittel, das sicher nicht sehr gut schmeckt, tief ins Maul spritzt, wird das vom Pferd trotzdem geschluckt. Durch diese Art der Eingabe hat das Pferd keine Gelegenheit, direkt daran zu riechen.

Das Tasten und Fühlen

Den Tastsinn unterschätzen wir häufig, wenn wir uns gerade die Islandpferde mit ihrem dicken Fell anschauen und zudem noch die Tatsache berücksichtigen, daß Pferde z.T. sehr gut Schmerzen aushalten können. Dabei reagiert das Pferd sehr fein auf Berührungen. Wir müssen uns nur vor Augen halten, wie leicht die Haut des Tieres in ein Zucken gerät, wenn sie von einer Fliege berührt wird. Wenn wir jetzt wieder ans Reiten denken, so ist diese Berührungsempfindlichkeit sehr wichtig. Hat das Pferd begriffen, daß ein Druck auf seinen Körper an einer bestimmten Stelle ein Weichen von ihm erfordert, so haben wir bereits die Voraussetzung für das Weichen des Pferdes vor dem Schenkel des Reiters. Hat ein Pferd dies verstanden, so wird es auf immer feiner eingesetzte Signale reagieren können. Achtet der Mensch diese Empfindlichkeit zu wenig, indem er ständig mit dem Schenkel an den Pferdebauch drückt oder gar klopft, dann wird ein unwillkürliches Abstumpfen des Pferdes in seinen Reaktionen erfolgen, weil es sich an diesen dauerhaften Druck gewöhnt. Es ist nicht mehr darauf angewiesen, darauf zu achten, was er schließlich bedeuten soll.

Hat das Pferd dagegen gelernt, auf einen feinen Druck des Schenkels oder auch der Hand am Gebiß zu weichen, d.h. nachzugeben, und somit die Freiheit, die es dadurch spüren kann, als angenehm zu empfinden, dann wird es diese feine Berührung immer mit einem Nachgeben, einem Weichen beantworten, und somit reagiert es fein auf die reiterlichen Hilfen. Also können wir diesen empfindlichen Tastsinn dazu benutzen, ein sensibles Reitpferd auszubilden.

Besonders bemerkt man den guten Tastsinn auch dann, wenn das Pferd etwas Unerwünschtes in seinem Futter findet und mit seinen Lippen heraussortiert.

Die anderen „Sinne"

Aber nicht nur der bewußte Umgang mit den hier angesprochenen Sinnen erleichtert die Arbeit mit unseren Pferden, sondern auch die Tatsache, daß Pferde ein sehr gutes Gedächtnis und Erinnerungsvermögen haben, da sie aufgrund von Wiederholungen lernen. An all das, was mit ihren Verhaltensmustern in Verbindung steht, z.B. Flucht- und Herdentrieb und Wehren, erinnern sie sich sehr stark.
Dies kann z.B. beim Herdentrieb der Fall sein, wenn man dem Pferd bei einer längeren Tour einmal einen schönen Platz zum Rasten zeigt.
Einen Platz, an dem es gutes Gras, Wasser, Windschutz und Ruhe findet, vergißt es nie. Das merkt man, wenn man einmal daran vorbeireiten will, dann strebt das Pferd immer zu diesem Rastplatz hin, wenn es ihn einmal erkannt hat.
Genauso trifft dies auf den Fluchttrieb zu: Die Stelle, an der sich ein Pferd einmal sehr erschreckt hat, wird es auch in Zukunft immer etwas vorsichtiger passieren, weil es sich deutlich an die einmal aufgetretene Gefahr erinnert und damit rechnet, daß sich dies wiederholt.
Zudem hat das Pferd ein sehr gutes Orientierungsvermögen und ist sehr geschickt im Herausfinden bestimmter Richtungen, z.B. nach Hause. *Reynir* erzählt dazu folgendes Beispiel: *„Ich kannte eine Stute, die nach Spiekeroog exportiert wurde. Sie bekam dort so starkes Heimweh, daß sie ins Meer ging und einfach in Richtung Island schwamm. Sie mußte mit zwei Booten zurückgetrieben werden. Und das Erstaunliche war, daß sie genau in die richtige Richtung geschwommen war."*
Gerade in Island ist diese gute Orientierung eine Fähigkeit, die schon oft Menschen, die im Hochland in Schneestürme oder Nebel kamen, das Leben gerettet hat. Die Pferde brachten sie einfach alleine nach Hause und *Reynir* betont auch den Mut der Tiere dabei:
„Manche sagen, das Pferd sei feige wegen seiner Art zu flüchten oder zu weichen, aber meines Erachtens ist das seine Natur. Es weicht vor allem, was es nicht kennt oder als unbequem oder gefährlich empfindet, aber es kann gut sein, daß es dabei manchmal ‚grinst'. Aber Mut habe ich oft bei ihm erlebt, bei dem, was es kennt und versteht. Dabei zeigt es oft unheimlichen Mut."
Pferde verfügen über ein sehr ausgeprägtes Zeitgefühl.
Wenn man z.B., wie es in Island üblich ist, eine Herde, die im Winter draußen ist, immer zur gleichen Zeit füttert, kann man nach einer Weile die Uhr danach stellen, wann sie zur Futterstelle kommen.
Und dementsprechend fühlt sich ein Pferd sicher, wenn es Regeln gibt. Es hat seine eigenen Regeln und fühlt sich dann sicher und wohl, wenn wir auch regelmäßig im Umgang mit ihm sind.

Allerdings dürfen wir es trotz der Regelmäßigkeit im Umgang, wie z.B. den Fütterungszeiten oder den Zeiten, wo es auf die Weide darf, nicht bei der Arbeit langweilen. Dabei sollten wir stets für Abwechslung sorgen, um zu vermeiden, daß es abstumpft und sich langweilt.

Ein Pferd hat entweder an etwas Interesse oder eben nicht. Was es nicht kennt, sind Schuldgefühle.

Ähnlich wie beim Menschen spiegelt auch beim Pferd das Auge, aber auch sein ganzer Körper, seine Stimmungs- und Gefühlslage wieder:

„An den Augen kann ich erkennen, ob es Interesse oder kein Interesse hat, ob es Angst hat und flüchten will oder etwas nicht versteht oder gar ärgerlich ist. Aber auch das Ohr zeigt sehr viel davon, wie es sich fühlt oder was es denkt: Liegen beide zurück, dann wehrt es sich oder ist unzufrieden. Der Schweif zeigt auch interessante Signale. Klemmt es ihn zwischen die Beine, dann wehrt es sich oder es hat Angst, bewegt es ihn schnell und hektisch unregelmäßig hin und her, dann ist es böse, wehrt sich oder droht. Bewegt es ihn langsam hin und her, ohne daß es berührt wird, dann gibt es irgend etwas, das es nicht versteht, es ist unsicher. Wenn wir sehen, daß sich der Schweif im Takt mit einer treibenden Hilfe bewegt, die gut verstanden wird, dann antwortet es damit auf die treibende Hilfe. Hält es den Schweif in aufrechter Haltung etwas vom Körper weg, dann ist das Pferd gelöst und fühlt sich wohl. Dies ist allerdings auch etwas vom Gebäude abhängig, nicht jedes Pferd kann dies so deutlich. Ab und zu hält es den Schweif auch steil nach oben gerichtet: dann zeigt und präsentiert es sich, oft in Verbindung mit schwebenden Gängen. Ein Pferd, das den Schweif in einem Kreis hin und her schlägt, zum Beispiel, wenn es vom Stall oder der Koppel weggeritten wird, ist unzufrieden, arbeitet nicht gut mit und daraus läßt sich wohl manchmal ein Charakterfehler ablesen.“

Es gibt vieles, was wir über das Benehmen der Pferde lernen müssen, daß wir selbst als Pferd denken lernen und uns auf einer Ebene mit ihm verständigen.

Bevor wir unser Pferd zum Reiten besteigen, müssen wir wieder lernen, genau zu beobachten, was es uns über seine tägliche Stimmung und sein Befinden mit seinen Ausdrucksmitteln Körperhaltung, Ohren, Augen, Nüstern, Schweif und Verhalten zeigt. Wenn wir gelernt haben, diese Signale zu erkennen, zu deuten und auf die drei Grundverhaltensmuster der Pferde umzusetzen, dann können wir auch mit unserem Verhalten richtig antworten. Denn nur dann werden wir die Hilfengebung, die das Pferd von uns benötigt, auch richtig geben können. Wir sollten bei dieser Art von Kommunikation nie vergessen, daß das Pferd aufgrund seiner feinen Beobachtungsgabe auch den

Menschen sehr genau im Blick behält. Wir können ihm nichts vorspielen. Treten wir besonders forsch auf ein Tier zu, vor dem wir eigentlich Angst haben, so merkt es dies sehr genau. Unser Pferd kennt vermutlich unsere eigenen „Schwächen“ besser als wir selbst und besser als wir die Schwächen unseres Pferdes. Unser Pferd erkennt an jedem Tag, an dem wir ihm gegenübertreten, sofort in welcher Stimmung wir sind. Aber nehmen wir uns denn jeden Tag aufs Neue die Zeit und Aufmerksamkeit, um zu beobachten, wie es unserem Pferd geht? Achten wir auf seinen Biorhythmus oder verlangen wir viel zu oft reibungsloses Funktionieren?

Aber auch dann, wenn wir schon so weit sind, daß wir die Grundlagen der Kommunikation mit dem Pferd beherrschen, müssen wir lernen, die Feinheiten in der Umsetzung beim Reiten beizubehalten.

Es geht darum, zu lernen, sich in die jeweilige Situation des Pferdes beim Training hineinversetzen zu können und dabei zu warten, bis uns das Pferd antwortet. Und genau dies erscheint in manchen Situationen auf dem Pferd so entsetzlich schwierig, z.B. dann, wenn wir wirklich in Bedrängnis sind, weil ein Pferd unter uns durchgeht oder wenn ein Pferd im Tölt nicht taktklar läuft, sondern in ziemlichem Durcheinander dahinstürmt und wir es korrigieren müssen.

Diese Korrekturen und Verbesserungen werden uns aber leichter fallen, wenn wir uns die Wesenszüge unseres Pferdes, speziell sein Bedürfnis nach Freiheit, immer wieder vor Augen halten. Wir werden in den folgenden Kapiteln lernen, daß wir dem Pferd zwar mit Nachdruck und Konsequenz, aber nicht mit bloßem Zwang begegnen dürfen, denn wir können seine Natur nicht umgestalten. Nur wenn wir ihm gestatten frei zu sein, werden wir uns in einer harmonischen Partnerschaft mit ihm zusammen bewegen.

Fákur *achtet genau auf seine Reiterin, während er von ihr geputzt wird.*

EIMS

Das Spiel mit dem Gleichgewicht

Das Spiel mit dem Gleichgewicht zwischen Reiter und Pferd beinhaltet eine ganze Palette von Verhaltensweisen. Es tritt bei jeder Situation im Umgang mit dem Pferd und beim Reiten auf. Im Umgang mit dem Pferd spielt weniger das physische, dafür mehr das psychische Gleichgewicht zwischen Mensch und Tier eine Rolle. Beim Reiten dagegen haben beide Momente eine Bedeutung.
Beim Reiten gibt es eine Vielzahl von beeinflussenden Komponenten: Der Sitz des Reiters und der gemeinsame Schwerpunkt mit dem Pferd, das Treiben und Nachgeben der Schenkel, das Lösen und Versammeln des Pferdes, die Regelmäßigkeit und Abwechslung bei der Arbeit, das Lernen und Loben, das Annehmen und Nachgeben bei der Zügeleinwirkung, das Geraderichten und das Biegen und Stellen des Pferdes.

Die Balance des Pferdes

Sie ist die Grundlage für das entspannte, lockere Bewegen unseres Pferdes. Nur, wenn das Pferd sich selbst sicher und zwanglos zu tragen gelernt hat und in Selbsthaltung geht, dann kann es auch den Reiter tragen und mit ihm zusammen erfolgreich laufen. Ein körperliches Gleichgewicht kann aber nur dann erreicht werden, wenn sich ein Lebewesen auch in seinem inneren Gleichgewicht befindet, sich also wohlfühlt mit sich und seinem Umfeld und keinen Ängsten oder Zwängen ausgesetzt ist, die es beeinträchtigen.
Gerade beim Gangpferd muß man verstärkt darauf achten, ob es psychisch überfordert wird durch zu hohen Leistungsdruck, z.B. durch ständiges „Getöltetwerden“, vielleicht sogar immer alleine ohne Pferdegesellschaft, mit zuviel Druck und zu wenig Entspannungsphasen.
Erst wenn unser Pferd im Schritt, Trab und Galopp sicher und mit richtig ausbalancierter Körperhaltung geht, werden wir es im Tölt locker und mit der richtigen positiven Spannung in guter Selbsthaltung reiten können.

Das Gleichgewicht

Gleichgewicht bedeutet ein ausgewogenes Verhältnis zwischen zwei Dingen zu finden, bei dem es keine Verschiebung auf eine Seite gibt. Befindet sich bei einer Waage der Schwerpunkt auf einer Seite, dann entsteht ein Ungleichgewicht. Ähnlich ist es auch in dem Verhältnis zwischen Pferd und Mensch bzw. Reiter. Dabei geht es aber nicht nur um den Schwerpunkt, den wir verändern, wenn wir auf unserem Pferd sitzen, sondern auch um die Ausgewogenheit zwischen den Äußerlichkeiten, die wir sehen können. Also der Größe, den Proportionen und dem Abstand

Reynir *demonstriert, daß die meisten Pferde auf die Vorhand fallen.*

Das Gewicht liegt dabei zu weit vorne und das Pferd verliert seine Balance. Es kann sich und uns nicht gut tragen.

zwischen Mensch und Tier. Das Gleichgewicht darf aber nicht nur ein sichtbares Äußerliches, sondern soll auch ein fühlbares Innerliches, also ein psychisches Gleichgewicht sein. Denn auch das, was wir fühlen, setzt einen Schwerpunkt oder übt Gewicht und Druck aus.

Der Reiter sollte natürlich das Gleichgewicht mit seinem Pferd jederzeit wahren, egal, ob das mit einem korrekten wirkungsvollen Sitz auf ihm passiert oder durch seine Position neben ihm und bei der Bodenarbeit oder im verständnisvollen Umgang und der Einigung mit ihm.

Um dieses Verständnis und die Einigung mit dem Pferd zu erreichen, sollten sich beide aber darüber einig sein, wer der Ranghöhere ist und somit das Sagen hat. Für das Pferd hat dieses Gleichgewicht den Sinn, daß es sich zwanglos und ohne Angst in allen Übungen und in allen Gangarten, egal,

Deshalb müssen wir so reiten, daß es sich mit der Hinterhand besser trägt.

Nur dann setzt es sich hinten, wird vorne in der Bewegung freier und geht mit höherer Aufrichtung.

ob mit oder ohne Reiter, bewegen kann. Es vertraut der Führungsposition des Menschen und verläßt sich auf ihn.

Der Schwerpunkt

Ein Schwerpunkt ist in jedem Wesen enthalten und jedes Wesen bemüht sich, seinen Schwerpunkt möglichst mühelos zu finden und zu halten, d.h. es versucht sich auszubalancieren, indem es sein Gleichgewicht findet. Jeder kennt diesen Moment, wo er durch ein zu starkes Neigen in eine Richtung, z.B. beim Tragen eines schweren Rucksacks spürt, daß er gleich fallen oder straucheln wird, weil der Schwerpunkt einseitig verschoben ist und er aus dem natürlichen Gleichgewicht gerät. Mit genau diesem Moment hat ein Pferd, das sich im Umgang mit dem Menschen befindet, ständig zu tun. Besonders stark natürlich dann, wenn der Mensch aufsitzt und erwartet, daß das Pferd locker und gelöst unter ihm geht, obwohl es eigentlich gerade durch den Reiter in einen zunächst instabilen Zustand versetzt wurde, weil sich der Gesamtschwerpunkt verändert hat und es sich in seinem Gleichgewicht wieder neu ausbalancieren muß.

Aber nicht nur das Gerittenwerden, sondern auch der Umgang mit dem Menschen bringt Gleichgewichtsprobleme für das Pferd mit sich, denn wir beeinflussen durch unseren Willen direkt die freie Bewegung des Pferdes. Gerade deshalb ist es so wichtig, daß uns das Pferd als Ranghöherem frei folgen kann, denn dadurch bleibt das psychische Gleichgewicht des Tieres stabil, weil es daran gewöhnt ist und sich sicher fühlt, wenn es einem Rangübergeordneten folgen kann. Und wenn sich das Pferd sicher fühlt und zufrieden ist, fällt es ihm wesentlich leichter, sich mit dem Ausbalancieren seines Schwerpunktes zu beschäftigen. Muß es sich in diesen Momenten auch noch gegen einen psychischen Druck wehren, ist es in zweierlei Hinsicht aus dem Gleichgewicht geraten.

„Die meisten Pferde werden mit viel zu hoher Aufrichtung über die Hand geritten. Dadurch bekommen sie Probleme mit dem Gleichgewicht und dem Rücken."

Wenn ein freies Pferd einfach so dasteht, trägt es sein Gewicht ungefähr zu 60% auf der Vorhand und zu 40% auf der Hinterhand. Es trägt von Natur aus sein Gewicht stärker auf der Vorhand, denn sie liegt näher am Schwerpunkt, und deswegen sind auch die Hufe der Vorhand größer und anders geformt als die Hufe der Hinterhand.

Wenn nun ein Reiter aufsteigt, dann belastet er mit seinem Gewicht zusätzlich die Vorhand, auch wenn er dann gar nichts weiter macht, als oben zu sitzen. Zudem bewirkt der aufgesessene Reiter eine Verlagerung des Schwerpunktes in die Höhe und dadurch wird es für das Pferd schwerer, sich auszubalancieren.

Der Schwerpunkt eines Pferdes liegt je nach Gebäude recht individuell, z.B. Pferde, die hinten überbaut sind, tragen mehr Gewicht als normal auf der Vorhand.

Wenn wir nichts machen, also in keiner Weise auf das Pferd einwirken, dann läuft das Pferd in der Gangart, in der es sich sicher im Gleichgewicht bewegen kann. Bei Islandpferden ist das häufig

Trab oder langsamer Paß. Wollen wir ein Pferd allerdings richtig und schonend reiten, dann müssen wir unser Pferd dahingehend trainieren. Das ganze Training wird darauf abgestimmt, daß das Pferd lernt, mehr Gewicht auf die Hinterhand zu legen, und uns gemeinsam besser zu tragen. Wenn man sagt „tragen“, dann bedeutet das die Gewichtsverlagerung auf die Hinterhand.

Nur ein Pferd, daß vermehrt untertritt, beugt die Hanken und „setzt sich“. Dadurch wird es hinten „tiefer“ und bekommt eine freiere Vorhand, wird also vorne „höher“ und ist dadurch leicht in der Hand. Dies erreichen wir durch Übungen, bei denen das Pferd eine leichte, schöne Selbsthaltung lernt. Nichts stört das Gleichgewicht mehr, als ein Pferd, das die Hand findet und sich darauf legt.

Deswegen ist es wichtig zu wissen, zu lernen und besonderen Wert darauf zu legen, daß das Gleichgewicht der Grundstein für alle Übungen, für das leichte Lernen und jede zwanglose Bewegung ist.

Psyche und Körper im Gleichgewicht

Das Gleichgewicht und somit der Schwerpunkt wirken nicht nur physisch, sondern auch psychisch auf das Pferd, weil sie direkt auf den Fluchtinstinkt und somit auf die Fluchtreaktion des Pferdes Einfluß nehmen.

Genauso, wie wir durch unsere Position dem Pferd gegenüber sein Verhalten vom Boden aus beeinflussen, also vorwärtstreibend oder verhaltend einwirken können, können wir sein Verhalten auch von seinem Rücken aus bestimmen. Die Verlagerung unseres Schwerpunktes auf ihm wirkt nicht nur rein physisch, sondern beeinflußt auch seine Psyche und erzeugt das Bedürfnis, zu weichen oder zu verhalten.

Diese psychische Auswirkung der Schwerpunktverlagerung versuchen wir

Das Pferd ist nicht in seinem Gleichgewicht und beginnt den Tölt in Paßverspannung. Die Reiterin hilft ihm einfühlsam aus dieser Verspannung heraus, indem sie ihr Gewicht nur leicht nach vorne verlagert.

Dieses Pferd ist sehr verspannnt und traut Reynir *nicht. Wir sehen das an seiner steifen Körperhaltung und dem eingeklemmten Schweif. Deshalb entlastet er es von den Hilfen und bietet ihm den Weg in die Tiefe an.* Moldi *reagiert vorsichtig darauf, gibt aber noch nicht völlig nach.*

auch für unsere Gewichtshilfen zu nutzen. Zum Beispiel wirkt ein leichter oder halbleichter Sitz, also eine Schwerpunktverlagerung nach vorne, beruhigend und verlangsamend auf das Pferd und stellt auch eine Hilfe zum Rückwärtsrichten dar, wogegen jede Gewichtsverlagerung zurück, also hinter den natürlichen Schwerpunkt vorwärtstreibend wirkt.
Dies entspricht der Regel, daß alles, was vor dem Pferdeauge passiert, verhaltend und alles, was hinter dem Auge geschieht, vorwärtstreibend wirkt.
Liegt der Schwerpunkt mehr auf dem einen Gesäßknochen des Reiters, wirkt das seitwärtstreibend oder hilft dem Pferd gebogen zu gehen, dann natürlich im Zusammenspiel mit Zügeln und treibenden Hilfen.
Wir spielen auch mit dem Schwerpunkt etwas auf die Gangarten ein. Z.B. wenn wir das Pferd tölten lassen, versuchen wir ihm zu helfen, den Schwerpunkt korrekt oder eventuell mehr zurückliegend zu tragen, damit es sich trägt und hinten setzt.
Wenn es Rennpaß laufen soll, dann erlauben wir uns den Schwerpunkt etwas nach vorne zu verlagern, wir sind dabei im treibenden Sitz und lassen das Pferd etwas mehr auf die Vorhand fallen. Somit läuft das Pferd sozusagen relativ schnell hinter seinem Schwerpunkt her, um sein Gleichgewicht zu halten. Diese Schwerpunktverlage-

rung nach vorne darf jedoch nicht zu stark werden, sonst kommt das Pferd dabei in Schwierigkeiten, denn ein guter Passer darf den Schwerpunkt nicht überholen, sondern nur einfangen.
Oder z.B. der Galopp: Dabei legen wir den Schwerpunkt verstärkt auf eine Seite und helfen somit dem Pferd, im richtigen Galopp anzuspringen.
Es gibt also verschiedene Möglichkeiten mit dem Schwerpunkt zu spielen und sich dadurch helfen zu lassen, aber man kann auch sehr viel durch die falsche Einschätzung des Schwerpunktes kaputtmachen. Dann stören wir das Pferd im Gleichgewicht so, daß es Probleme bekommt und gezwungen geht. Das sind wohl die Probleme der meisten Reiter.
Häufig ist dies beim Antölten der Fall. Viel zu viele Pferde werden nur über die Hand getöltet. Der Reiter richtet sein Pferd mit der Hand viel zu hoch auf, das Pferd kommt ihm mit dem Kopf entgegen und drückt die Muskeln des Unterhalses nach vorne. Dadurch bleibt die Schulter tief, Rücken und Kruppe sind zu hoch und tragen kein Gewicht. Das Pferd geht im Körper bergab.
Wir spüren ein nicht ideales Gleichgewicht in allen Gangarten daran, daß der Bewegungsfluß, der Schwung im Vorwärts nicht da ist. Ein Pferd kann zwar dabei schnell laufen, aber der wei-

Reynir *entlastet erneut Rücken und Maul und bietet ihm sein Vertrauen an. Dann gibt der Wallach nach und lehnt sich vertrauensvoll an die Hand seines Reiters.*

che Fluß der Bewegung fehlt. Es kommt zu einem negativen, verspannten Bewegungsablauf, bei dem es mit der Schulter tief und im Rücken fest ist. Für den Reiter fühlt sich das so an, als ob vor dem Sattel ein „Loch“ ist. Der Reiter spürt ein vorwärts-abwärts-Gefühl ohne Schulterbewegung. Das Pferd läßt ihn nicht gut sitzen und er fühlt sich über dem Pferd schwebend. Im Schritt fühlt man die häufig zu kurzen Tritte, der Rücken schwingt nicht, und das Pferd liegt schwer in der Hand. Auch im Trab fehlt der Schwung und dadurch ist er schwer zu sitzen. Beim Leichttraben bleibt das Gefühl aus, vom Pferderücken in die Bewegung mitgenommen zu werden.

Der Galopp ist sehr flach und hat keine gesprungene vorwärts-aufwärts-Bewegung.

Der Tölt ist in der Bewegung sehr verhalten und wird häufig sofort unbequem zu sitzen, wenn das Pferd mit der Hinterhand nicht untertritt. Bei Pferden mit Taktschwierigkeiten ergibt sich oft eine Verschiebung zum Paß oder zum Trab.

Wird das Pferd beim Paß im Gleichgewicht gestört, wird es in den Galopp umspringen. Bei all diesen Störungen wird das Pferd stets versuchen, sich auf die Hand des Reiters zu stützen, um sein fehlendes Gleichgewicht auszubalancieren.

Es genügt aber nicht zu glauben, daß das einmal gefundene Gleichgewicht immer stabil bleibt. Während des Reitens ergibt sich häufig die Notwendigkeit, mit dem Schwerpunkt spielen zu müssen, um das Gleichgewicht zu erhalten. Zum Beispiel kann es passieren, daß ein Pferd erst in guter Haltung galoppiert, dann aber plötzlich zu schnell wird und wir es durch eine Verlagerung unseres Körpers nach vorne wieder verlangsamen müssen. Hierbei spielen wir mit dem physischen und dem psychischen Moment. Auch beim Tölt kann es wichtig sein, mit dem Schwerpunkt zu spielen. Wenn wir spüren, daß unser Pferd zwar taktklar und in guter Haltung töltet, aber sich zunehmend negativ verspannt, dann ist es notwendig, es kurz zu entlasten. Wir verändern unseren Schwerpunkt kurz nach vorne, signalisieren dem Pferd damit zu verhalten und gehen dann wieder in unsere normale Haltung zurück. Dadurch spielen wir mit dem Tempo und erreichen oft eine Verschiebung von einem negativen Bewegungsfluß zum positiven.

Dieses Spiel mit dem Gleichgewicht wird immer dann notwendig, wenn wir spüren, daß ein Pferd nicht locker, frei und vorwärts in Selbsthaltung geht und uns dabei so trägt, daß wir die Bewegung gut sitzen können.

Wir spielen wie schon erwähnt natürlich auch mit dem Gleichgewicht vom Boden aus oder beim Umgang mit den Pferden. Der Reiter soll lernen, die Reaktionen des Pferdes zu verstehen und dies für alle möglichen Momente, z.B. Führen, Treiben und Boden- oder Longenarbeit zu nutzen. Das Pferd lernt, daß der Reiter es versteht, und die Zusammenarbeit wird harmonisch. z.B. beim Seitwärtsweichen, Stehenbleiben oder Vorwärtstreiben. Dies geschieht durch unseren Standpunkt, d.h. unsere Position und natürlich auch durch die Rangordnung und den Respekt, bei dem es gilt, einen gewissen Abstand zu wahren und die erforderliche Aufmerksamkeit zu erhalten. Wenn wir dies alles beachten, dann können wir mit dem Fluchtinstinkt und dem Herdentrieb spielen. Aber dieses Gleichgewicht durch Rangordnung, Aufmerksamkeit und Respekt besteht nur dann zwischen Pferd und Mensch, wenn der Mensch die Rolle des Führenden, sozusagen des Alphatieres übernimmt und dabei konsequent und gerecht bleibt. Nur dann gewinnt der Reiter das Vertrauen des Tieres und seinen Respekt. Das ist ein notwendiger Moment für die psychische Balance. Das Pferd gibt sich dem Trainer in die Hand, weil es ihn versteht und ihm traut, es spürt Geborgenheit und Sicherheit, genau das, was es aus seiner Herde kennt, aber es bekommt trotzdem noch genug Freiheit und es lernt, dem Ranghöheren zu weichen.

Reiter und Pferd im Einklang

Wir sollten uns immer vor Augen halten, daß das Pferd mit uns auf dem Rücken einen instabilen Moment erlebt.
Selbst, wenn das Pferd in seinem Gleichgewicht läuft, vermögen wir es durch eine Änderung unserer Haltung und somit einer Gewichtsverlagerung aus dem Schwerpunkt heraus in Gleichgewichtsprobleme zu versetzen.
Während eines Reitkurses erlebten wir die Auswirkung einer Haltungsänderung des Reiters und deren Folgen in recht anschaulicher Art:
Manfred saß auf *Fákur* und beobachtete *Reynir*, der uns in völlig übertriebener und dadurch lustiger Art und Weise in der Reitbahn stehend demonstrierte, wie der Reiter im leichten Sitz aussehen soll. Das sah so aus, daß *Reynir* in völliger Übertreibung sein Hinterteil in die Luft streckte und dazu ein fürchterliches Hohlkreuz zeigte. Manfred sah dies, grinste uns an, erhob sich in den Steigbügeln und streckte ebenfalls seinen Po provokant aus dem Sattel in Richtung Himmel.
Er hatte jedoch nicht an *Fákurs* Empfindsamkeit gedacht. Dieser reagierte sofort auf die Gewichtsverlagerung und trat heftig nach vorne an, um sein Gleichgewicht zu halten. Dabei verlor sein Reiter fast das Gleichgewicht, weil er die Bewegung nicht erwartet hatte. Gottlob ging aber alles gut aus!

Also sollte nicht nur unser Pferd im Gleichgewicht gehen, sondern auch wir müssen besseres Gleichgewicht, einen unabhängigeren Sitz und eine unabhängige Zügelführung lernen. Sind wir unsicher und schwanken, dann wird unser Pferd unsicher und unruhig. Der Reiter muß dem Pferd bei den verschiedenen Gangarten mit seiner Balance helfen. Es ist bekannt, daß man durch kleine Gewichtsverlagerungen im Sattel dem Pferd bei seiner eigenen Balance – oder beim Traben oder Tölten behilflich sein kann. Besonders beim Fünfgangpferd spielt diese Balance eine große Rolle. Somit müssen wir es beim Reiten dahingehend unterstützen, sein Gleichgewicht im Tölt zu finden und zu behalten.

Der gerade Sitz

Diese Haltung bedeutet, daß der Reiter mit aufrechter lockerer Haltung, geradem Rücken, entspannten Schultern und belastetem Gesäß auf dem Pferd sitzt. Er selbst soll dabei gut ausbalanciert und fähig sein, den Bewegungen des Pferdes geschmeidig zu folgen. Aber auch bei diesem geraden Sitz liegt immer noch der größte Teil des Reitergewichts vor dem Schwerpunkt des Pferdes. Ändert der Reiter seine Haltung durch ein Vorbeugen des Oberkörpers, belastet er die Vorderbeine des Pferdes verstärkt.
Legt er seinen Oberkörper zurück, dann verlagert er sein Gewicht nach hinten. Der Reiter erreicht diese Verlagerung mühelos dadurch, daß er in aufrechter Haltung bleibt, aber nur sein Becken leicht nach hinten abkippen läßt und dadurch ein Hohlkreuz vermeidet. Durch diese Veränderung erreicht der Reiter den Einklang mit dem Schwerpunkt des Pferdes.

Der treibende Sitz

Der Reiter kann sich von seinem Pferd einfach mitnehmen lassen und es möglichst wenig in der Bewegung behindern, wenn sein Schwerpunkt mit dem des Pferdes im Einklang ist. Dies geschieht beim geraden Sitz. Allerdings kann er den Bewegungsfluß auch unterstützen, indem er mit seinem Kreuz einwirkt. Grundlage für die Kreuzeinwirkung ist eine aufrechte Haltung mit entspannter Schulterhaltung und zwanglos anliegenden Schenkeln. Das Becken des Reiters schwingt locker im Rhythmus der Pferdebewegung mit. Um nun mit dem Kreuz einzuwirken, verstärkt der Reiter die Bewegung des Beckens so, als ob er die Gesäßknochen auf dem Sattel nach vorne drücken will. So unterstützt der Reiter den Fluß der Bewegungen.

Der halbleichte Sitz

Als halbleichten Sitz bezeichnen wir einen entlastenden Sitz, bei dem der Oberkörper des Reiters leicht nach vorne geneigt ist. Das Gewicht und somit der Schwerpunkt des Reiters liegt nicht mehr im Sattel, sondern etwas weiter vorne, stärker auf den Oberschenkeln, den Knien und den Füßen in den Steigbügeln. Das Gesäß geht dabei nicht weiter nach hinten zurück, sondern bleibt in der Haltung wie beim geraden Sitz, nur der Oberkörper neigt sich vor und es lastet nicht so viel Gewicht auf dem Gesäß. *Reynir* beschreibt diese Haltung sehr treffend:
„Die Reithosen sind im Sattel, die Unterhose jedoch nicht.“
Das Pferd wird durch diesen Sitz weniger belastet als durch den geraden Sitz. Das Entlasten des Rückens und der Hinterhand hat eine verhaltende, beruhigende Wirkung.

Der leichte Sitz

Der leichte Sitz hat immer eine beruhigende Wirkung auf unser Pferd. Der Reiter beeinflußt das Pferd dabei nicht im Rücken und kann dort auch nicht störend auf das Gleichgewicht einwirken, da der Oberkörper im leichten Sitz vorgebeugt, das Hinterteil des Reiters aus dem Sattel erhoben ist und das Gewicht auf den Steigbügeln, also mehr an den Seiten des Pferdes liegt. Der Reiter hat nur durch die Knie und die Innenseiten der Oberschenkel Kontakt zum Pferdekörper. Beim Reiten im leichten Sitz ist es hilfreich, die Steigbügel zu verkürzen.

Wir sehen also, daß es alleine durch die unterschiedliche Art auf einem Pferd zu sitzen, möglich ist, auf sein Gleichgewicht und sein Verhalten einzuwirken. Nicht zuletzt hat der Sitz eine entscheidende Rolle dabei, wenn wir ein Pferd lösen oder versammeln.

Anmerkungen zur Losgelassenheit des Pferdes

Ein Pferd geht dann losgelassen, wenn es mit unverkrampfter Gesamtmuskulatur in freier Selbsthaltung leicht an der Hand des Reiters ist. Je leichter es in der Hand wird, desto besser ist seine Losgelassenheit im Genick. Dies kann nur dann sein, wenn sich das Pferd in psychischem und körperlichem Gleichgewicht befindet.
Wir wissen, daß die Losgelassenheit des Pferdes ein Ziel der dressurmäßigen Arbeit mit ihm sein soll. Aber was bedeutet dies nun eigentlich für unser Islandpferd?
Wer schon einmal ein wirklich durchlässiges lockeres Pferd geritten hat, wird von diesem Gefühl begeistert gewesen sein und wird sich wünschen dieses schöne und elegante Reitgefühl auch mit seinem Pferd zu erreichen.
Um ein solches Pferd zu besitzen, ist allerdings einiges an Arbeit, besonders in der Grundausbildung notwendig. Und gerade bei Pferden mit Gebäude-, Temperaments- und somit Gangproblemen muß die Ausbildung sehr fein auf die Problematik des Tieres abgestimmt werden. Es gibt eine Reihe von Problemen beim Islandpferd, wie z.B. zu stark ausgeprägter Trab- oder Paßtölt, Galopprolle, kein lockerer, bzw. überhaupt kein Trab. Oder denken wir daran, wie labil das Gleichgewicht eines Isländers sein kann: Ein Pferd, das heute recht gut töltet, kann dies übermorgen schon „vergessen" haben.
Wir sind also dazu angehalten, uns immer wieder auf eine zum Teil wechselnde Problematik mit unserem Pferd einzustellen.
Um mit diesen unterschiedlichen Problemstellungen richtig und wirkungsvoll umgehen zu können, müssen wir uns mit der Rittigkeit, der Geschmeidigkeit und der psychischen Verfassung unseres Pferdes beschäftigen und wissen, welche Art der Arbeit in bestimmten Momenten einzusetzen ist.
Gerade beim Tölten braucht unser Pferd die richtige Unterstützung, sowohl psychisch, als auch im Bewegungsablauf, speziell zum verstärkten Einsatz der Hinterhand. Hat unser Pferd gelernt, auf unsere Hilfengebung richtig zu reagieren, dann können wir ihm in den entsprechenden Momenten durch Einsatz dieser Hilfen wirklich

Das Pferd schwebt in freier Bewegung.

„helfen". Erst dann besteht die Möglichkeit, das Pferd im Tempo differenzierter zu reiten, was sonst häufig dadurch erschwert wird, daß die meisten Islandpferde nur in einem bestimmten Tempo Tölt gerne und gut gehen können. Um dies zu erweitern, ist es notwendig, unser Pferd feiner in der Hilfengebung und in seinen Reaktionen zu machen und dazu benötigen wir die Boden- und Dressurarbeit.

Aber nicht nur das Pferd lernt durch die Gymnastizierung in der Dressur besser mit seinem Körper umzugehen, sondern auch der Reiter lernt durch die unterschiedlichen Reaktionen seines Pferdes sehr viel über das Tier und sein Verhalten selbst. Wir verstehen dann z.B. viel besser, in welchen Situationen sich unser Pferd wehrt, indem es den Rücken wegdrückt oder sich im Genick festmacht. Und wir können mit den entsprechenden Dressurübungen so einwirken, daß unser Pferd aus diesen Verspannungen mit unserer Hilfe herauskommt. Schließlich sind wir als Reiter ja oft selbst die Ursache für die Probleme unserer Pferde.

Unser erstes Ziel wird also die Losgelassenheit unseres Pferdes sein. Dabei müssen wir aber stets darauf achten, in welcher psychischen Verfassung das Tier ist. Denn ein Pferd kann nur dann entspannt gehen, wenn auch seine Psyche ausgeglichen ist. Ein hektisches oder nervöses Pferd kommt schnell in eine noch größere Verspannung hinein und behindert sich somit selbst beim Laufen und Lernen. Wir müssen unser Training somit sehr sorgfältig aufbauen

und immer wieder neu darauf abstimmen, in welcher Tagesform unser Pferdes ist und welchen Ausbildungsstand es hat. Wir können dabei nie nach einem starren Arbeitsschema vorgehen, sondern müssen uns immer wieder von neuem auf unser Pferd einstellen.
Zunächst werden wir versuchen, unser Pferd zu lösen. Dies bedeutet, daß der Körper, sprich die Muskeln, genauso wie die Psyche des Islandpferdes auf die Arbeit im Training vorbereitet werden. Das Lösen soll bewirken, daß die Pferde aufmerksam werden und ihrem Reiter besser zuhören, aber trotzdem locker und entspannt dabei bleiben.
Wir stellen in diesem Buch lösende Übungen vor, wobei stets darauf zu achten ist, daß die Pferde sehr unterschiedlich reagieren. Es gibt solche, die so temperamentvoll sind, daß bei ihnen einige Runden lockerer Galopp sicher mehr bewirken, als zu langsames Arbeiten am Anfang. Ein träges Tier muß dagegen erst einmal interessiert, sprich aufgeweckt werden, und dies erreicht man durch verstärkte Konzentration.
Ein wirklich gelöstes Pferd reagiert aufmerksam und geht dabei willig und gerne vorwärts, ohne zu eilen.
Wir dürfen nie vergessen, daß ohne die Losgelassenheit niemals eine wirkliche Versammlung stattfinden wird.

Die Versammlung des Pferdes

Die Versammlung unseres Pferdes bedeutet, daß es in guter Selbsthaltung mit gesetzter Hinterhand fein an den reiterlichen Hilfen steht. Wir können dies nur dann erreichen, wenn das Pferd die Losgelassenheit kennt und alle Hilfen des Reiters zu verstehen gelernt hat. Auch hierbei gilt es, das Gleichgewicht der gegenspielenden Komponenten zu beachten. Das Annehmen der Zügel kann nur dann Sinn und Erfolg haben, wenn das Pferd gelernt hat, vom Zügel wegzukommen, also nachzugeben. Ebenso verhält es sich mit verwahrenden und treibenden Hilfen. Dem biegenden Schenkel oder Zügel muß immer der verwahrende, gegenhaltende Pol gegenüberstehen. Es gibt keine Versammlung ohne vorherige Entspannung, kein Setzen und Verkürzen ohne Dehnen und Langwerden, kein Treiben ohne Verwahren, kein Stellen ohne die gegengehaltene führende Anlehnung, kein Biegen ohne Geraderichten, keine Aufrichtung der Vorhand ohne das Setzen der Hinterhand, kein Folgen ohne Weichenlassen, keinen Erfolg ohne Loben, keine innere, gebogene Seite des Pferdes ohne seine äußere, gedehnte. Und mit all diesen Gegenspielern müssen wir nun beim Reiten im Gleichgewicht bleiben, um zu einer Harmonie mit unserem Pferd zu gelangen.

Versammelter Trab in vorbildlicher Weise geritten

Das Zusammenspiel der reiterlichen Hilfen ist ein ständiges Spiel mit dem Gleichgewicht. Deshalb ist es um so wichtiger, daß unser Pferd lernt, sie zu verstehen und fein auf die Hilfengebung zu reagieren. Je feiner und sensibler es reagiert, um so weniger stark oder lange müssen wir ihm die Hilfen geben, d.h. das Pferd kommt schneller von unseren Hilfen davon und kann sich in seinem Gleichgewicht und seiner Selbsthaltung mit dem Reiter gemeinsam harmonisch und sicher bewegen.
Als Fluchttier muß das Pferd immer eine gute Balance haben, um zwanglos laufen und weichen zu können. Ein verspanntes Tier kann nicht schnell oder lange genug flüchten. Wir dürfen diesen Wesenszug unseres Pferdes nie außer Acht lassen und sollten es nie in eine Gangart, eine zu hohe Aufrichtung oder zu hohes Tempo hineinzwingen. Das Pferd wird auf diesen Zwang nur mit Verspannung reagieren. Deswegen ist es so wichtig, das Pferd richtig vorzubereiten und ihm zu ermöglichen, daß es sich auch unter dem Reiter frei fühlen darf. Nur dann wird es sich selbst und uns zum Glänzen bei harmonischen Bewegungen bringen.

Die Bodenarbeit

Vom freien Spiel zum erfolgreichen Reiten

Bodenarbeit bedeutet, daß wir nicht vom Pferderücken aus, sondern an seiner Seite, also vom Boden aus mit ihm arbeiten. Wir führen mit ihm Übungen an der Hand aus, die später „von oben" wiederholt werden. Dabei gehen wir schrittweise vor.

Wir beginnen mit einfachen Bodenübungen und tasten uns immer mehr zur verfeinerten Arbeit mit dem Pferd vor. Wir fangen mit lösenden Übungen an, wie z.B. dem freien Führen am langen Zügel, dem Weichen und den Seitengängen. Dann folgt die Vorbereitung zum Aufsteigen, das ruhige Stehen, später die Bodenarbeit in verschiedenen Tempi und die versammelnden Übungen an der Hand, wie z.B. Rückwärtstreten.

Diese Übungen bilden die Grundlage dafür, unser Pferd in eine natürliche, stabile Balance und Körperhaltung zu bringen und ihm dadurch die Voraussetzungen für ein entspanntes, taktklares und gleichmäßiges Gehen in allen seinen Gangarten unter dem Reiter zu ermöglichen. Denn gerade das Islandpferd als Vier- bzw. Fünfgänger muß unter dem Reiter seine Balance und sein Gleichgewicht finden, um sich im Tölt bzw. Rennpaß in guter Aufrichtung und Selbsthaltung tragen zu können. Ist dies nicht der Fall, haben wir bald ein Pferd unter uns, das vor lauter Verspannung nicht mehr taktklar und freudig laufen kann, sich nicht mehr wohlfühlt und uns die Freude am Tölt durch ein ständiges „sich wehren" gegen den Reiter oder das Laufen im falschen Takt verdirbt.

Die Arbeit an der Hand hat den großen Vorteil, daß wir das Pferd, vom Boden aus neben ihm stehend oder gehend, wesentlich besser beobachten können. Wir können besser auf die Feinheiten achten, auf seinen Ausdruck, das Spiel der Ohren, die Augen und seine Aufmerksamkeit insgesamt. Wenn wir diese Signale im Blick behalten, haben wir die beste Chance zu verhindern, daß sich unser Pferd bei der Arbeit langweilt und dadurch stumpf in seinen Reaktionen und seinem Verhalten wird. Diese Art der Beobachtung ist vom Sattel aus natürlich nur begrenzt möglich.

Wichtig für den harmonischen Umgang zwischen Pferd und Reiter ist, daß wir unserem Pferd zeigen, daß wir es verstehen.

Um das zu erreichen, ist es notwendig, sich erneut die zwei wichtigen Elemente, die das Pferd beherrschen, nämlich den Herdentrieb, der es zum Folgen veranlaßt und den Fluchttrieb, der es zum Weichen bringt, vor Augen zu halten.

Ein Pferd wird ständig von diesen zwei Komponenten beeinflußt. Auf der einen Seite fühlt es sich zum Menschen hingezogen und auf der anderen genau-

„Wir kleben zu oft am Kopf des Pferdes".

Der Mensch ist aber entgegen diesem Wissen häufig verunsichert, wenn das Tier von ihm weglaufen möchte, deswegen fördert er zu oft den „Klebeinstinkt".
Er selbst ist sicherer, wenn das Pferd an ihm klebt, weil er fürchtet, daß es von ihm weglaufen könnte. Jeder kennt die Situation, in der ein Pferd auf dem Weg nach Hause besser läuft als in fremder Umgebung, wo es unsicherer ist und es psychisch diesem Wechselspiel zwischen flüchten und bleiben wollen stärker ausgesetzt ist.
Häufig wird im Gegensatz zu der Arbeit mit Pferden in Island vergessen, daß das „vom Menschen wegtreiben" für die Islandpferde ein gewohnter Moment ist. In Island werden die Pferde als Herde vom Menschen getrieben und sie kennen es, daß sie vor dem Menschen weichen müssen, während hier durch den oft zu engen Umgang mit den Tieren ständig an ihnen geklammert wird, so daß sie den Respekt vor dem Reiter verlieren und gar nicht mehr interessiert zuhören.
Um dieses Abstumpfen zu vermeiden, ist es wichtig, mit den Fluchtreaktionen der Tiere zu spielen, bzw. spielerisch zu arbeiten.
Diese spielerische Arbeit mit Flucht- und Herdentrieb benutzen wir dazu, um unser Pferd entweder anzutreiben, also von uns oder unseren Hilfen weichen zu lassen, oder um es zu verlangsamen und zu veranlassen, uns zu folgen.

so zur Flucht vor ihm animiert. Wir müssen also lernen, mit diesen Antagonisten umzugehen.

„Es ist sehr wichtig zu akzeptieren und zu wissen, daß sich ein Pferd wohlfühlt, wenn es weichen darf."

Versuchen wir unserem Pferd ein Verhalten aufzuzwingen und versuchen wir es gewaltsam festzuhalten, obwohl es weichen möchte, dann kann dies eine panikartige Erfahrung für das Pferd bedeuten.

Reynir *zeigt* Ilona *und* Herkules *die vorantreibende Position. Menschen und Pferd sind in harmonischem Gleichgewicht.*

Auf jeden Fall funktioniert dieses Spiel nur dann gut, wenn wir eindeutig die Führungsrolle übernommen haben und das Pferd uns vertraut. Ist das nicht der Fall, dann können wir gerade durch die Übungen vom Boden aus diese Position wieder festigen, weil wir dabei von unserem Pferd das Weichen verlangen und dies kennt es von den führenden Tieren in der Herde.
Unsere Position, unser Auftreten und unser Verhalten bestimmen, wie sich unser Pferd verhalten wird. Wir übermitteln dem Pferd ständig kleinste, feinste und verschiedenartigste Signale durch unser Benehmen ihm gegenüber, die wir selbst selten bewußt wahrnehmen. Das Pferd jedoch muß aus dieser Vielfalt aussortieren und herausfinden, auf welche unserer Impulse es reagieren soll. Es muß erst lernen, wann wir etwas meinen und wann nicht. Dadurch entstehen häufig Mißverständnisse, da unser Pferd durch diese Vielfalt eher verwirrt wird und wir uns ihm gegenüber nicht eindeutig verhalten. Gerade dafür machen wir uns die Bodenarbeit mit ihm zu nutze. Sie ermöglicht uns und dem Pferd eine Art Verständigungsbasis zu erlangen, die für die spätere Kommunikation beim Reiten sehr wichtig ist. Ist dieses Verständnis und somit das Vertrauen zwischen Mensch und Tier geschaffen, dann kann sich z.B. eine solche Situation ergeben, wie sie uns *Reynir* schildert:

„Ich könnte diese kleine Geschichte ‚Das Vertrauen, das auf Verständnis gebaut ist' nennen.
Sie erzählt von meiner ersten Erfahrung mit einem grenzenlosen Vertrauen und dem Gefühl, daß du ein und alles für das Pferd bist.
Du erlebst dann zum ersten Mal, daß die Konzentration und Aufmerksamkeit deines Pferdes auf dich als Trainer so fixiert und ungeteilt ist, daß du ein und alles für das Pferd bist. Diese Aufmerksamkeit bleibt jedoch so nicht für immer und

ewig bestehen, du mußt jedesmal an diesem Zustand arbeiten. Man kann diesen Zustand Unterwerfen oder Gehorsam nennen, aber ich nenne ihn gerne das Vertrauen, das auf Verständnis gebaut ist.
So war das mit Selur.
Ich ließ Selur am langen Zügel gehen, einfach dahin, wo er selber innerhalb der Ovalbahn wollte. Er streckte sich abwärts und vorwärts im Schritt, wobei er ab und zu schnaubte. Es war früh morgens, absolut still und es lag überall Schnee. Zudem war es auch so ein bißchen neblig, was typisch in dieser Jahreszeit auf dem Kontinent ist. Es war im November in Österreich. Der Nebel war auf den Bäumen gefroren und bildete durch den Rauhreif ein weißes Laub. Wie in den letzten Tagen würde der Nebel so gegen Mittag, wenn die Sonne herauskommt, verschwinden.
Selur war ein Viergänger und ich war an der Töltarbeit. Er war an diesem Morgen so gut gegangen, es hatte uns beiden sehr viel Spaß gemacht, und ich war der Meinung, daß er nicht besser gehen konnte. Und ich wußte genau, wenn ich jetzt mit ihm weiterarbeiten würde, könnte es nur schlechter werden.
Ich stieg ab und streichelte das Pferd, streichelte an seinen Beinen leicht hinunter, meistens an der Vorhand. Irgendwann nahm ich ein Bein auf, nahm die Zügel gleichzeitig ganz leicht an und ließ ihn sich auf das „Knie" fallen. Ich beschäftigte mich so mit ihm, weil ich glaubte, beim Reiten zu wenig Zeit mit ihm verbracht zu haben.
Aber plötzlich ließ er sich auf beide ‚Knie' fallen und ich zog ihn ein bißchen mit Hals und Widerrist an mich heran. Dann zog ich ziemlich fest und lange, und er legte sich einfach auf die Seite, in den Schnee. Daraufhin legte auch ich mich hin und lehnte mich an ihn. Und als wir da so zusammen im Schnee lagen, hörte ich hinter mir jemanden sagen: ‚Das wäre eine schöne Schau in unserer Vorführung am nächsten Wochenende.' Brigitta lehnte am Zaun der Ovalbahn und hatte uns beobachtet. Sie war der Haupttrainer in Ampflwang und war gerade dabei, eine Vorführung zu organisieren, die am kommenden Wochenende stattfinden sollte.
Und ich sagte zu.
Als es soweit war, ließ ich Selur mit kurzem Doppelzügel neben mir zur Reithalle hergehen und wartete darauf, daß wir hinein konnten. Die anderen Vorführungen liefen bereits. Es gab Dressurvorführungen mit Großpferden, eine Quadrille mit Isländern, Töltquadrillen, Springen, Ungarische Post und vieles mehr. Selur und ich waren die letzten im Programm und wir wurden mit dem Titel ‚die Arbeit an der Hand mit kurzem Doppelzügel' angekündigt. Ich hatte mit Selur fleißig trainiert und jetzt legte er sich leicht und freiwillig immer hin, wenn ich ein Vorderbein aufnahm und ihn gleichzeitig einen halben Schritt rückwärts gehen ließ, mit beiden gleich-

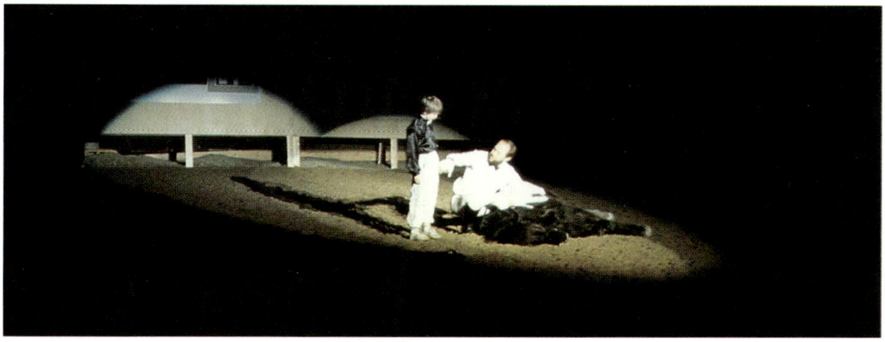

Voller Vertrauen hat sich das Pferd hingelegt.

mäßig angenommenen Zügeln. Dann fiel er auf das eine ‚Knie'. Ich nahm den äußeren Zügel etwas mehr auf, drückte seinen Kopf und Hals mit der äußeren Hand etwas von mir weg, und er legte sich dann auf die Seite. Wenn ich bei ihm blieb und die Hand auf seinem Widerrist und Hals liegen ließ, lag er still. Schließlich konnte ich aufstehen, ein bißchen von ihm weggehen, und er lag so lange still, bis ich ihn treibend antippte. Erst dann stand er wieder auf.
Es hatte alles gut geklappt. Für das Ende der Schau hatten wir geplant, alle Teilnehmer in die Halle kommen zu lassen. Die Pferde sollten abgesattelt und abgetrenst werden, und es sollte ihnen erlaubt werden, sich frei zu bewegen, einfach aneinander zu knabbern oder sich wälzen zu können. Die Reiter sollten sich in kleinen Gruppen zusammenfinden, sich unterhalten, und es würden Erfrischungen gebracht werden. Die Schau sollte in einer zwanglosen Atmosphäre für Pferde und Reiter enden, unorganisiert und spontan.
Ich hatte Selur abgetrenst und wollte gerade zu den Reitern gehen, als ich merkte, daß er hinter mir blieb. Er folgte mir auf Schritt und Tritt. Ich fing an, zwischen den Reitern und Pferden hin und her zu gehen und zum Schluß auch zu laufen. Selur blieb immer bei mir. Schließlich begann ich zu laufen, so schnell ich konnte, aber er blieb immer hinter mir, wie angeklebt.
Das war meine erste Erfahrung, die Konzentration und Aufmerksamkeit eines Pferdes ganz bei mir zu haben. Es braucht unheimlich viel Vertrauen, daß sich das Pferd für dich hinlegt, denn ein Pferd, das liegt, ist hilflos, weil es nicht schnell flüchten kann.
Aber es muß nicht so weit gehen, daß es sich mit diesem Vertrauen für dich hinlegt. Du kannst diese Aufmerksamkeit auch durch Bodenarbeit, durch Verständnis und durch seine Konzentration bekommen, wenn du mit ihm alleine arbeitest, so daß es dich als ranghöheres Wesen oder als Leittier annimmt."

Viele Pferde sehen die Bodenarbeit am Anfang als ungewohntes, aber spannendes Verhalten ihres Reiters. Gerade Pferde, die temperamentvoll vorwärtsgehen wollen, sind zunächst regelrecht irritiert. Daß die Pferde recht unterschiedlich auf diese Art der Anforderung reagieren, sieht man während eines Reitkurses sehr gut. Sofort wird klar, welches Pferd von seiner Art her so interessiert an seinem Umfeld und allem Neuen ist, daß es sofort begeistert mitmacht, oder welches zu sehr an seinem Besitzer klebt, so daß es an der Hand seines Reiters, zu Beginn der Bodenarbeit fast schüchtern, nicht mehr von dessen Seite weicht und stets dicht bei ihm bleiben will. Solche Pferde müssen umlernen. Sie müssen lernen, daß ihr Reiter nicht nur von oben aus agiert, sondern neben ihnen steht und bestimmte Verhaltensweisen fordert. Dadurch bekommen sie aber auch ein neues Interesse am Menschen und lernen sich mehr auf ihn zu konzentrieren, weil sie aufpassen müssen, was der Mensch als nächstes von ihnen verlangen wird.

Diese Arbeit kann man sich sehr gut zunutze machen, wenn man mit dem Pferd an einem Punkt in der Ausbildung angelangt ist, an dem es nicht weitergeht. Dann ist es oft hilfreich, mit dieser Art von Bodenarbeit das Verhältnis zwischen Mensch und Pferd wieder spannend und interessant zu gestalten. Die Ablenkung von aktuellen Problemen durch Übungen, die Erfolgserlebnisse für das Pferd bieten, bringen Entspannung und neue Motivation.

Und dann können auch Übungen, an

Pferd und Reiter konzentrieren sich auf das Rückwärtsrichten an der Hand.

denen unser Pferd zuvor gescheitert war, wieder mit neuem Mut und größerer Zuversicht aufgenommen werden. Wir sollten nie mit Sturheit auf dem Gelingen einer Übung bestehen, denn dies bedeutet für unser Pferd Zwang, vor dem es ausweichen, also flüchten möchte. Besser ist es, das Pferd mit Übungen, die es beherrscht, wieder im Erfolg zu bestätigen und aufzubauen. Erst dann können wir an höheren Anforderungen weiterarbeiten. Wir sollten stets beachten, daß wir bei Mißerfolgen immer wieder bis zu dem Punkt in der Ausbildung zurückgehen, bei dem wir sicher sind, daß ihn unser Pferd versteht und beherrscht.

Außerdem dürfen wir nicht vergessen,

daß wir Übungen rechtzeitig abbrechen sollten, um unser Pferd nicht zu ermüden. Wir sollten sofort, wenn es eine Übung begriffen und richtig ausgeführt hat, loben und aufhören. Denn das Aufhören stellt schließlich eine Art von Belohnung oder Lob dar. Beenden sollten wir unsere Arbeit also immer mit einer Übung, die das Pferd richtig macht. Es verliert sonst schnell den Mut zur weiteren Arbeit und wird dadurch hoffnungslos.

Der Ausbildungsstand: Für welche Pferde gelten die Übungen?

Die Übungen, die wir in unserem Buch beschreiben, sind vorwiegend für gerittene Pferde gedacht, zur Korrektur, damit sie wieder aufmerksamer werden und feiner an den Hilfen stehen und somit besseres Verständnis, Vertrauen, Gleichgewicht und zwangloseres Laufen finden. Erst wenn die Pferde dies wiedergefunden haben, können wir ihnen viel besser im Tölt und Paß helfen.
Dieses Buch ist kein Ausbildungsleitfaden für Jungpferde, dazu ist es nicht ausführlich genug. Außerdem wendet es sich weder an reine Berufsreiter, noch an völlige Anfänger. Es ist für alle Reiter gedacht, die Probleme mit ihrem Pferd haben und sie lösen möchten, um eine feinere Harmonie mit ihrem Pferd zu erreichen.

Die Arbeitsphasen und die Ausrüstung

Die vollständige Bodenarbeit, die *Reynir* anwendet, gliedert sich in die folgenden Phasen:

1. Das freie Spiel. Mit einem Pferd arbeiten wir anfangs freilaufend und üben das schon beschriebene Spiel mit Flucht- und Herdentrieb. Durch unsere Körpersprache verdeutlichen wir unserem Pferd, wie es reagieren soll und helfen ihm dadurch, später vom Zügel wegzukommen. Dazu benötigen wir keine besondere Ausrüstung, aber einen begrenzten, eingezäunten Platz.

2. Danach folgt das Longieren mit einer Longe. Hierbei ist ein Jungpferd mit einem Halfter gezäumt, ein älteres Pferd mit einer Trense, wobei die Longe in die Trense und den Nasenriemen eingeschnallt wird, um das Pferdemaul zu schonen. Älteren Pferden dient diese Arbeit zum freien Laufen, Lösen und Ausbalancieren. Es ist einfacher für das Pferd, wenn der Longierzirkel mit einer Begrenzung versehen ist. Wir unterstützen auch hierbei das Pferd durch unsere eindeutige Körperhaltung, die es bereits vom freien Spiel her kennt.

3. Nach der Arbeit an der langen Longe folgt die Arbeit mit der verkürzten Longe oder dem langen Zügel.

Die Arbeit am langen Zügel. Der Zügel ist nur auf einer Seite in die Trense geschnallt. Dies entspricht der Arbeit mit einer verkürzten Longe.

Die Arbeit an der Doppellonge.

Die Bodenarbeit am Doppelzügel. Reynir *gewöhnt den Braunen vom Boden aus an die isländische Kandare.*

Jungpferde sind hierbei mit Halfter gezäumt. Setzen wir diese Übung direkt vor dem Reiten ein, dann ist das Pferd gesattelt und mit Trense gezäumt, und wir haben anstelle der Longe den Zügel nur auf einer Seite in die Trense eingehakt oder geschnallt. Dadurch entspricht er einer verkürzt gehaltenen Longe. Weiterhin benötigen wir eine Gerte, die lang genug sein sollte, um das Pferd damit gut zu erreichen, und sie sollte nicht zu biegsam sein.
Außer bei jungen Pferden, nutzen wir diese Arbeit auch bei älteren Pferden, die zuwenig Aufmerksamkeit oder zuviel Herdentrieb zeigen und zu dicht am Menschen kleben.

4. Nach der Arbeit mit einem Zügel (Longe) folgt die Arbeit mit der Doppellonge. Dazu ist es sinnvoll, nicht nur mit Trense, sondern auch mit Sattel oder einem Bauchgurt zu arbeiten, um die Longe dort einhängen zu können. Wir fahren das Pferd sozusagen vom Boden aus. Auch hierbei benötigen wir eine Gerte.

5. Später arbeiten wir mit dem kurzen „Doppelzügel“, d.h. der einfache Zügel ist auf jeder Seite der Trense eingeschnallt und wird mit einer Hand aufgenommen. Das entspricht der sehr kurz gehaltenen Doppellonge. Dies wendet man auch bei älteren Pferden an, die im Maul etwas stumpf geworden sind oder zur Verbesserung der anderen

Hilfen, z.B. der treibenden Hilfen. Dies geschieht entweder mit Trense und Sperrhalfter oder man gewöhnt ein Pferd mit der Kandare an die Arbeit mit dem kurzen „Doppelzügel". Natürlich benutzen wir generell bei der Bodenarbeit auch die Gerte, denn die Arbeit am Boden ist auch eine Art von Spiel mit der Gerte, bei dem das Pferd lernt, ob es mit der Gerte getrieben oder nur berührt wird. Wir fördern dabei die sensiblere Reaktion des Pferdes auf den Einsatz der Gerte.
In diesem Buch werden nicht alle Arbeitsphasen ausführlich und in allen Einzelheiten beschreiben. Die korrekte Arbeit mit Longe und Doppellonge sind Themen, die wesentlich ausführlicher dargestellt werden müssen, als dies in unserem Rahmen hier möglich ist.

Das freie Spiel

Die freie Arbeit mit dem Pferd ist besonders wichtig für Jungpferde, bevor sie an die Longe genommen werden. Sie lernen hierbei die Signale des Menschen kennen und verstehen. Somit lernen sie die richtigen Reaktionen und werden später bei der Longenarbeit weniger auf der Hand liegen, als Pferde, die dies nicht kennengelernt haben. Aber auch zur Korrektur und Verfeinerung des Verhaltens von älteren Pferden können wir diese Arbeit anwenden.
Wir können dieses Spiel mit dem Flucht- und Herdentrieb natürlich am besten mit einem konzentrierten, angstfreien und aufmerksamen Pferd durchführen. Diese Aufmerksamkeit bekommen wir am besten, wenn wir mit ihm alleine arbeiten, d.h. in einer Halle, einer kleinen Reitbahn oder einem abgesteckten Zirkel. Die Größe des Platzes spielt dabei keine Rolle, und wir benötigen keine besondere Ausrüstung dazu. Das Pferd darf freilaufen, also seine Freiheit haben, aber es darf nie soweit von uns entfernt sein, daß wir uns nicht mehr bei ihm bemerkbar machen können. Es darf sich freilaufend um uns herum bewegen, egal in welcher Gangart, und wir machen uns ihm durch verschiedene Körpersignale verständlich, d.h. wir dirigieren unser Pferd in seinen Bewegungen, sprich Tempo und Richtung, durch unsere eindeutigen Bewegungen. Es registriert sehr aufmerksam, ob wir uns groß und breit oder klein und dünn machen, und dabei spielen unsere Arm- und Handhaltung eine große Rolle.
Wir wirken vorwärtstreibend, wenn wir hinter dem Pferdeauge etwa auf Höhe der Schulter seitlich stehen oder gehen und verlangsamend oder anhaltend, wenn wir groß und breit mit ausgestreckten Armen von vorne kommen. Verlangsamt das Pferd seinen freien Lauf, bleibt aber mit seiner Aufmerksamkeit bei uns, dann wird es seinen Kopf zu uns drehen, langsamer werden

Die eindeutige Handhaltung signalisiert dem Pferd die Aufforderung zum Weichen. Die linke Hand gibt die Richtung an, die rechte ist heruntergenommen. Der Braune folgt dieser Aufforderung und weicht.

oder stehen bleiben und uns beobachten. Wir drehen uns dann um, gehen von ihm weg und laden es dadurch ein, zu uns zu kommen bzw. zu folgen. Auf diese Weise kann man ein frei oder an der Longe laufendes Pferd wunderbar dirigieren und zu einem Handwechsel veranlassen. Wir nutzen das Balancieren zwischen Flucht- und Herdentrieb dazu, um unser Pferd von uns weichen oder uns folgen zu lassen.

Sehr sensible Pferde kann man sogar nur durch die richtige Körpersprache aus einem größeren Abstand rückwärtsweichen lassen, in dem man vor dem Pferd mit ausgestreckter innerer Hand ruhig und „breit“ steht, die äußere Hand halb ausgestreckt hat, so daß sich unser Pferd nicht umdrehen kann und dann selber zurücktritt. Das Pferd wird dann ebenfalls zurückgehen. Wollen wir den Fluchtinstinkt des Pferdes aktivieren, dann machen wir uns groß, breit und zeigen ihm die offene Hand. Wollen wir uns einem Pferd nähern, dann machen wir uns kleiner und zeigen ihm die obere Handfläche.

Basisübungen an der Hand

Die Basisübungen gelten für alle Bodenarbeitsmethoden, ob beim freien Spiel, am langen Zügel oder am „Doppelzügel“.

Der Standpunkt

Zunächst wichtigster Moment im Umgang mit dem Pferd ist der Standpunkt, den wir ihm gegenüber einnehmen. Die Position des Führenden gibt unserem Pferd deutliche Hinweise auf das, was er von ihm verlangt.
Steht der Mensch auf Augenhöhe oder vor den Augen, so bremst er das Pferd. Wenn er auf Schulterhöhe steht, dann fühlt sich das Pferd vorwärts getrieben. Auch hier gilt:
„Alles, was hinter dem Pferdeauge passiert, heißt vorwärts und alles, was vor dem Auge passiert, bedeutet halt oder langsamer.“

Es gibt einen Punkt oder Bereich zwischen Auge und Schulter, der neutral ist. Wenn wir dort stehen, dann ist das Tier hin- und hergerissen zwischen vorwärts und rückwärts. Diesen Punkt sollten wir zum Beispiel ansteuern, wenn wir ein Pferd auf der Koppel einfangen wollen.

Wie man es falsch machen kann, erzählt *Reynir* durch ein Beispiel aus Island:
„Ein Schmied, aber kein Hufschmied, also jemand, der den Umgang mit Pferden nicht gewohnt war, hatte ein Fohlen gekauft und aufgezogen. Als es viereinhalb Jahre alt war, meinte ich zu ihm, es sei die Zeit gekommen, das Tier auszubilden. Der Mann hatte schon oft gesehen, wie das vor sich geht und nahm sein

Wichtigster Moment bei der Bodenarbeit ist unser richtiger Standpunkt. Der Schimmel läßt sich nicht problemlos am langen Zügel führen. Deshalb erklärt Reynir, *daß sich der Mensch in seiner Haltung nicht zu klein machen darf.*

Das Pferd weicht dem Führenden nach hinten aus, um sich der Einwirkung zu entziehen. Reynir *folgt ihm, hält es am lockeren Zügel und versucht von hinten mit der Gerte vorwärtstreibend einzuwirken.*

Reynir *erklärt die richtige Führposition. Der Schimmel zeigt mit seinem linken Ohr bereits Aufmerksamkeit.*

Und es funktioniert. Das Pferd läßt sich willig von seiner Reiterin führen.

Pferd selbst an die Longe. Da dies spielerisch leicht aussieht, sah er auch kein Problem darin, es selbst zu versuchen. Aber was passierte nun? Er bekam gar nicht den notwendigen Abstand zu dem Tier, denn das Jungpferd stellte sich ihm gegenüber, Auge in Auge, und wollte nicht laufen, sondern betrachtete den Menschen argwöhnisch und in kämpferischer Haltung. Jedesmal, wenn der Schmied nun versuchte zu treiben, stellte es sich ihm sofort direkt gegenüber, und er lief immer wieder um das Pferd herum, das sich nur jeweils auf der Stelle drehte. Drehte es sich schneller, so lief auch der Mann schneller! Somit longierte das Pferd den Menschen, der gehorsam herumlief.“

FEHLVERHALTEN BEIM STANDPUNKT:

Wir verhalten uns nicht eindeutig, sind z.B. zu unruhig und verlangen vom falschen Standpunkt aus ein richtiges Verhalten.

KORREKTUR:

Wir müssen unser Verhalten bewußter beobachten und für das Pferd eindeutig erkennbar machen durch eindeutige Körperhaltung, wie in der Einleitung beschrieben.

Reynir *treibt das Pferd zum „Vorwärtsdenken". Der Doppelzügel ist nur leicht angenommen. Das Pferd kann dabei entweder mit Kandare oder Trense gezäumt sein.*

Das Aufmerksam-Machen

Um den richtigen Standpunkt zur Kommunikation nutzen zu können, ist das „Aufmerksam-Machen" durch Stimme oder Gerte der nächste Schritt. Wir sprechen unser Pferd an oder tippen es, falls es mit seiner Aufmerksamkeit ganz woanders ist, mit einer Gerte an die Schulter. Danach müssen wir warten, bis es eine Reaktion zeigt.

Das Pferd gibt durch Abknicken im Genick nach.

FEHLVERHALTEN BEIM AUFMERKSAM-MACHEN

Der Reiter stellt sich zwar neben sein Pferd, verlangt aber sofort eine Übung von ihm, die das Pferd in einem solchen Moment überfordert, da es mit seiner Aufmerksamkeit vielleicht bei seiner Umgebung oder sogar anderen Pferden in seinem Umfeld ist, aber nicht unbedingt bei dem Menschen neben ihm.

KORREKTUR:

Mit Ruhe, Zeit und Aufmerksamkeit dem Pferd begegnen und warten, bis es auf das erste Ansprechen, sozusagen auf das „guten Tag" geantwortet hat. Auch ein leichtes Antippen mit der Gerte hilft uns, die geforderte Aufmerksamkeit zu bekommen.

Führen am Doppelzügel mit treibender Gertenhaltung. Die Gerte muß zum Vorwärtstreiben nicht unbedingt tief gehalten werden, sondern sie kann auch in der hier gezeigten Art einwirken.

Die Arbeit an der Hand mit langem Zügel

Das richtige Führen: Treiben und Halten

Hört uns das Pferd zu, dann beginnen wir mit unserer vorbereitenden lösenden Arbeit. Wir haben unser Pferd auf Trense gezäumt, nur Jungpferde arbeiten wir am Halfter.

Entweder wir haken den Zügel nur einfach auf einer Seite in die Trense ein oder wir arbeiten mit einem „Doppelzügel".

Zunächst bewegen wir das Pferd in einem Kreis um uns herum. Es soll auf diese Art und Weise lernen, sich so auf den Führenden zu konzentrieren, daß es auf kurzes Körperkommando antritt oder stehenbleibt und dabei keinesfalls nach innen zum Menschen strebt.

Das Antreten, also Treiben des Pferdes erreichen wir, in dem wir unsere Position auf Schulterhöhe des Pferdes einnehmen. Wir treiben das Pferd vorwärts und ermuntern es zum Gehen, indem wir mit bewußter aufrechter Körperhaltung einen halben Schritt zurückgehen, dadurch geht das Pferd nach vorne weg, und wir folgen ihm. Versteht dies unser Pferd am Anfang noch nicht recht, so können wir von hinten mit der Gerte durch eine Berührung an den Flanken oder durch bloßes Hochhalten der Gerte auf der Höhe der Kruppe die treibende Hilfe unterstützen oder verstärken.

Wenn wir unser Pferd anhalten möchten, verändern wir unsere Position, treten deutlich vor unser Pferd und heben richtungsweisend als Signal zum Halt

die Hand, die die Gerte bislang treibend hinter der Schulter eingesetzt hatte, deutlich vor das Pferd.
In diesem Wechsel üben wir, während wir unser Pferd am langen Zügel nicht nur im Kreis, sondern auch geradeaus führen, das feine Zusammenwirken von Treiben und Anhalten. Wir bereiten das Pferd auf die später erfolgenden Hilfen beim Reiten vor, indem wir es vom Boden aus sensibel für das Befolgen unserer Hilfen bzw. Signale jeglicher Art machen.
Zudem hat es hierbei gelernt, den Abstand zum Führenden zu halten und die Gerte als Respektinstrument zu betrachten.

Führen am einseitig eingehakten Zügel.

Wir sollten darauf achten, das Pferd nicht nur von der linken Seite aus zu führen. In Island wird zum größten Teil von rechts aufgestiegen oder geführt. Wir sollten also nicht stoisch an dieser europäischen Gewohnheit festhalten, denn für unser Pferd ist es wichtig, daß es auf jeder Seite nachgiebig, weich und geschmeidig ist. Das kommt uns beim Reiten zugute.

FEHLVERHALTEN BEIM FÜHREN UND HALTEN:

(1) Das Pferd weicht, bevor es sich in eine Richtung führen läßt, vor dem Reiter, dreht ihm den Kopf zu und entzieht sich der treibenden Einwirkung, indem es den Menschen nicht auf den richtigen Standpunkt kommen läßt.

KORREKTUR:

(1) Um dem Pferd besser zu verdeutlichen, was wir von ihm erwarten (bzw. um ihm ein Ungehorsam dieser Art nicht zu ermöglichen, je nach Charakter des Tieres) bedienen wir uns einer äußeren Begrenzung, wie z.B. einer Bande in der Reitbahn, zu der wir uns parallel aufstellen. Wir haben somit eine einfachere Ausgangsposition zum Führen, weil das Pferd nur vor oder zurück kann. Sollte es versuchen, den Reiter zur Mitte hin zu bedrängen, dann ist das Pferd in seiner Rangordnung zu hoch und muß erst den Menschen

als Leittier begreifen lernen. Oft sind wir zu nahe am Kopf des Pferdes und laden es dazu ein, seinem Herdentrieb zu folgen, weil der notwendige Abstand, das Weichen, fehlt.

FEHLVERHALTEN:

(2) Es läßt sich zwar in die richtige Richtung leiten, stürmt aber vor und läßt sich im Tempo nicht regulieren oder anhalten.

KORREKTUR:

(2) Stürmt es sofort los, müssen wir mit Kleinstschritten beginnen: Nach jedem richtigen Antreten wird das Pferd sofort wieder durch die beschriebenen Signale angehalten. Bei sehr widersetzlichen, charakterlich schwierigen Pferden kann es sogar notwendig werden, sie mit dem Knauf der Gerte kurz auf die Nase zu tippen. Dies darf aber keinesfalls ein Schlag sein.
Solch ein Verhalten kann allerdings auch auftreten, wenn das Pferd einen sehr ausgeprägten Fluchtinstinkt oder Angst hat. Dann kann es auch richtig sein, wenn wir es auf einem begrenzten Platz und am passenden langen Zügel etwas laufen lassen, damit es zunächst seinem Instinkt folgen und sich frei fühlen und beruhigen kann.

FEHLVERHALTEN:

(3) Es bewegt sich nicht vorwärts.

KORREKTUR:

(3) Sollte es jegliches Antreten verweigern, dann ist es entweder sehr stur oder es versteht uns nicht. Zur Verdeutlichung kann jetzt auch ein Helfer zusätzlich von hinten treibend einwirken, in dem er mit den Händen klatscht oder mit einer Gerte aufmuntert.
Kommt die erste richtige Reaktion des Tieres, sollte es ausführlich gelobt werden und danach nochmals zum Antreten aufgefordert werden. Klappt es noch nicht alleine, sollte nochmals ein Helfer einwirken, bis es das Pferd als angenehm empfindet, der Aufforderung Folge zu leisten.

Das ruhige Stehenbleiben

Wir üben mit unserem Pferd nicht nur das Antreten und Halten, sondern auch das korrekte und ruhige Stehenbleiben, z.B. um die Führseite zu wechseln. Dieses freie Stehenbleiben ist eine Prüfung dafür, ob sich das Pferd auf uns konzentriert, und gibt uns die beste Gelegenheit, den Unterschied zwischen Weichen und Abstand halten und Folgen und Kleben zu beobachten. Je nachdem, welche Körperhaltung wir dabei einnehmen, wird es stehenbleiben, weggehen oder uns folgen.
Wir halten unser Pferd an, in dem wir die vorher beschriebenen Signale ein-

Die Reiterin entfernt sich von ihrem Pferd. Die Ohren des Tieres zeigen Aufmerksamkeit. Da es keine treibenden Signale bekommt, bleibt es frei stehen.

setzen. Zunächst loben wir es für das gelungene Halten: durch die Stimme oder ein Klopfen am Hals. Und jetzt müssen wir darauf achten, daß uns das Pferd nicht folgt, wenn wir uns langsam von ihm entfernen.

Haben wir zuvor mit einem Zügel gearbeitet, dann haken wir jetzt die Zügel beidseitig ein, streifen sie über den Kopf des Pferdes und legen sie locker auf den Hals. Dann bewegen wir uns in einem größeren Abstand vor unserem Pferd auf seine andere Seite. Ist es aufmerksam und gehorsam, dann wird es uns interessiert nachschauen, aber nicht folgen, sondern stehenbleiben. Wichtig ist hierbei zur Unterstützung die Signalwirkung unserer offenen Hand und der Gerte. Um zu prüfen, ob es diese Übung sicher beherrscht, sollten wir in aller Ruhe um unser Pferd herumgehen können oder uns sogar von ihm entfernen können, ohne daß es an uns klebt und nachläuft. Auf diese Art bekommen wir ein zuverlässiges Pferd, das wir getrost auch einmal loslassen können, ohne Angst haben zu müssen, daß es wegläuft. Eine wichtige und praktische Übung.

Wenn es diese Übung noch nicht begreift und versucht, uns zu folgen, dann müssen wir es wieder durch Hochheben der Gerte bzw. Antippen mit der Gerte vor die Brust daran erinnern, daß es stehenbleiben muß.

Und immer wieder müssen wir es für jeden noch so kleinen Fortschritt loben, denn es sollte stets mit dem Gefühl bei der Arbeit sein, daß es angenehm ist, die Dinge zu tun, die wir von ihm verlangen.

FEHLVERHALTEN BEIM STEHENBLEIBEN:

1. Wir vergessen das Aufmerksam-Machen.

KORREKTUR:

1. Wir sollten die eigene Konzentration und Aufmerksamkeit überprüfen, denn häufig ist der Mensch nicht bei der Sache, die er vom Pferd verlangt.

Wir können uns um das Pferd herumbewegen, ohne daß es wegläuft.

Fehlverhalten:

(2) Das Pferd läuft ständig mit oder entfernt sich in eine andere Richtung oder zu anderen Pferden.

Korrektur:

(2) Das Pferd hat keinen Respekt vor dem Menschen und konzentriert sich nicht auf ihn. Wir gehen zur Korrektur wieder ein oder zwei Schritte zurück, setzen beim Umgang mit ihm an, d.h. wir klären die Dominanz und überprüfen die Wirkung unserer Körperhaltung, am besten im freien Spiel.
Generell ist es wichtig zu beachten, daß die Konzentration und Aufmerksamkeit des Pferdes durch die Bodenarbeit und die dazugehörenden Aufgaben verbessert werden.
Wir sollten konsequent mit dem Pferd umgehen und nicht erlauben, daß es ständig zu nah bei uns ist, z.B. mit dem Maul an den Taschen, oder es uns anrempelt und bedrängt.
Wenn wir ihm dieses Verhalten erlauben, ordnet es uns als rangniedrigerstehend ein, denn ein solches Verhalten erlauben sich Pferde nur bei niedriger eingestuften Artgenossen. Bei einem Leittier ist ein solches freches Verhalten nicht erlaubt, es würde den Bedrängenden kurz und präzise durch einen gezielten Biß oder Tritt in seine Schranken weisen.
Da wir im Umgang und beim Reiten die Leitfunktion übernehmen sollen, müssen wir darauf achten, daß solche grundsätzlichen Verhaltensweisen zwischen Mensch und Pferd geklärt sind. Unser Pferd wird sich wohler und sicherer fühlen, wenn die Rollenverteilung für beide Partner klar ist.
Wir dürfen nicht den Fehler machen, ein bestimmtes Verhalten im Stall oder auf der Weide lustig zu finden und zu tolerieren, aber das gleiche Verhalten beim Reiten oder der Arbeit mit dem Pferd plötzlich zu bestrafen. Damit werden wir es nur verunsichern, weil es dies nicht verstehen kann.

Führen von der anderen Seite

Hat das Pferd gelernt, stehenzubleiben, bis wir es erneut auffordern weiterzugehen, dann können wir unsere Führübungen von seiner anderen Seite aus fortsetzen.
Das Pferd soll unbedingt lernen, uns auf beiden Seiten anzuerkennen und im Umgang nicht nur auf eine Seite fixiert zu sein. Es soll beweglich und flexibel sein.

Fehlverhalten beim Führen von der anderen Seite:

( ) Das Pferd läßt sich auf der ihm ungewohnten Seite nicht geraderichten, sondern läuft in sich gebogen geradeaus.

KORREKTUR:

Wir können dies nur sehr schonend und durch stetige Wiederholung dieser Übung langsam korrigieren. Es muß zunächst lernen, uns in dieser Führposition zu akzeptieren.
Es genügt für den Anfang, das Pferd mit dieser Seite des Geführtwerdens vertraut zu machen, in dem wir es nur kurz zum Geradeausgehen veranlassen und dann wieder auf seine „einfachere Seite" wechseln.
Wir dürfen keinesfalls zu lange in dieser Position führen, sonst gewöhnt sich das Pferd diese gebogene Haltung beim Geradeauslaufen an und empfindet diese Verspannung zwar als unangenehme Haltung, aber als ansonsten richtiges Verhalten.
Zusätzlich sollten wir für eine bessere Gymnastizierung des Pferdes durch viel Abwechslung in der Arbeit sorgen, wie z.B. durch das Treten über Stangen oder Cavalettis, so daß sich unser Pferd beim Darübergehen ausbalancieren muß und beweglicher wird.

Wir führen nicht nur von einer Seite, sondern wechseln. Das Pferd soll uns auf beiden Seiten anerkennen.

Traben oder Tölten an der Hand

Wie bereits beim Führen am langen Zügel, veranlassen wir unser Pferd nach den vorherigen Gehorsamkeitsübungen (ruhiges Stehen und Antreten im Schritt) zum schnelleren Vorwärtsgehen. Dabei nehmen wir die treibende Haltung auf oder hinter der Schulterhöhe des Pferdes ein. Je nach Länge unserer Zügel haken wir sie entweder nur auf einer Seite ein oder wir nehmen den über den Kopf nach vorne gestreiften Zügel in die Hand.
Anfangs werden wir unser Pferd, je nach Temperament, energischer vorwärtstreiben müssen, bis es versteht, daß es an der Hand am langen Zügel traben soll. Es kann hierbei notwendig sein, das Pferd nicht nur durch unser

energisches Loslaufen zum Mitlaufen aufzufordern, sondern es zudem durch treibende Gerten- und verstärkende Stimmhilfen zu unterstützen. Wir dürfen unser Pferd ruhig mit der Gerte von hinten durch ein kurzes energisches Antippen oder Anklopfen berühren. Dabei müssen wir aber stets unsere richtige Körperhaltung beibehalten. Wir stehen so, daß das Pferd zwischen Bande und Reiter steht, z.B. auf der linken Hand links neben dem Pferd, und halten den Zügel in der rechten Hand. Die linke Hand hält die Gerte nach hinten in Richtung Flanke oder Kruppe und tippt dort treibend an. Wir schauen in die Bewegungsrichtung und gehen vorwärts. Unser Pferd muß durch unsere eindeutige Körperhaltung und unser Verhalten erkennen können, daß es vorwärts gehen soll. Trabt es nun willig an, müssen wir darauf achten, daß es geradeaus neben uns trabt und nicht in einer Biegung um uns herum läuft. Ziel dieser Übung ist ein Pferd, das locker, taktklar und freudig neben uns trabt, ohne daß es am Zügel in irgendeine Richtung zerrt oder sich hinterherziehen läßt. Unser Pferd sollte Spaß an diesem „freien" Laufen neben seinem Menschen haben. Wenn unser Pferd dieses „an der Hand Laufen" in unterschiedlichen Gangarten beherrscht, können wir dies nicht nur als Programm auf dem Platz einsetzen, sondern auch hin und wieder als Abwechslung zum Reiten einplanen. Gerade im Winter, wenn die Wege zum Teil zu gefährlich zum Reiten sind oder wenn die Temperaturen so stark gefallen sind, daß wir selbst das Laufen vorziehen, können wir durch einen solchen Spaziergang viel Spaß mit dem Pferd haben.

Mein Pferd *Dreyri* liebt solche Jogging-Touren, bei denen er an meiner Seite munter laufen kann, am liebsten in allen Tempophasen des Galopps, und er richtet dabei sein Tempo nach meiner Laufgeschwindigkeit. Allerdings sieht er mich manchmal etwas verständnislos an, wenn ich diese Rennerei nicht so lange durchhalte wie er. Meine Kondition ist eindeutig schlechter!

Nicht nur das gleichmäßige und soforti-

Freier Trab an der Hand. Der Hengst Rauður *bewegt sich im Gleichklang mit* Steini.

ge Antraben müssen wir mit ihm üben, sondern auch das Stehenbleiben aus dem Trab, bzw. das Tempo verkürzen zum Schritt. Dazu ist wieder unsere Körperhaltung von Bedeutung. Wir laufen neben dem Pferd her, wenden uns aber, wenn wir stoppen wollen, in einer leichten Drehung des Körpers vor seiner Schulterhöhe ihm zu und führen dabei die Gerte, die vorher von hinten treibend kam, in einem Bogen nach vorne vor seinen Kopf, so daß es dieses Signal, das es vom Schritt her kennt, versteht. Wir selbst müssen mit unserem Körper deutlich stoppen, also richtig stehenbleiben. Unser Pferd wird nach einigem Training mit seinem Körper folgen. Wir konnten dies bei den Pferden während der Reitkurse sehr gut beobachten. Es gab dabei Pferde, die stark auf ihren Reiter konzentriert waren und seiner Körperhaltung mit gewaltigem Stop aus der Hinterhand, ähnlich dem Stop eines Quarterhorses, gefolgt waren und standen.

Das Stoppen sollten wir in der unterschiedlichsten Form üben, also: antraben, ein Stück durchtraben, stoppen, loben und wieder antraben, kurz traben lassen und stoppen und loben.

Wir müssen den Rhythmus dabei verändern und nicht immer im selben Zeittakt traben und halten, sondern mehrfach kurz hintereinander oder länger und kurz. Unser Pferd soll dabei die Aufmerksamkeit nicht verlieren und nicht einfach neben uns herlaufen, sondern unseren Anweisungen folgen. Außerdem gibt es Pferde, die so eifrig, intelligent und aufnahmefähig sind, daß sie nach Verstehen einer Übung diese alleine ausführen, und das wollen wir nicht. Unser Pferd soll die Konzentration trainieren.

Wir werden es bei dieser Übung, je nach Pferdeveranlagung, mit unterschiedlichen Problemen zu tun bekommen. Nicht jedes Pferd beherrscht den freien und taktklaren Trab, weder unter dem Reiter noch an der Hand. Ein sogenannter Naturtölter wird in jedem Fall beim schnelleren Antreten in den Tölt fallen, weil für ihn diese Gangart angenehmer ist. Das sollte uns aber nicht irritieren, wir sollten ihm das am Anfang ruhig gestatten und uns darauf konzentrieren, daß er die treibenden und verhaltenden Hilfen an der Hand versteht und annimmt. Es ist besser, ihn dabei in einer Gangart gehen zu lassen, bei der er sich nicht verspannt und locker läuft.

Selbst beim sogenannten „Schweinepasser“, also dem Pferd mit einer Taktverschiebung zum Paß, ist dies nicht der Moment, den Gang an der Hand zu korrigieren. Dies findet später vom Sattel aus und durch versammelnde Übungen an der Hand statt. In diesem Fall sollten wir das Pferd nur nicht zu lange in dieser ungewünschten Weise laufen lassen, sondern häufig zwischen Antreten und Halten wechseln, damit es

nicht den paßverschobenen Tölt als richtig empfindet.
Wir sollten zu Beginn dieser Übung auch stets mit der Stimme unterstützend einwirken, entweder beruhigend oder energisch vorantreibend. Später wird das Pferd so fein reagieren, daß dies nicht mehr nötig sein wird. Trotzdem ist es gut, wenn ein Pferd unsere Stimmeinwirkung versteht, denken wir zum Beispiel an das Reiten mit Handpferd. Dadurch vereinfacht sich das Mitführen ungemein.

FEHLVERHALTEN BEIM TRABEN UND TÖLTEN AN DER HAND:

(1) Das Pferd reagiert nicht auf unsere Aufforderung zu traben und verweigert eine schnellere Gangart und somit das Mitlaufen.

KORREKTUR:

(1) In diesem Fall sind entweder unsere Hilfen zu undeutlich oder unser Pferd ist lustlos und träge. Wir sollten unsere Körperhaltung überprüfen: Vielleicht laufen wir vor dem Pferd und wirken dadurch verhaltend oder wir selbst laufen lustlos und ohne Spannung und wirken somit wenig treibend. Auf jeden Fall müssen wir unser Pferd zunächst aufmerksam machen, indem wir es hinstellen und erst einmal im Schritt antreten lassen. Kurz darauf veranlassen wir es zum Halten. Diesen Wechsel betreiben wir solange, bis wir das Gefühl haben, daß uns das Pferd zuhört. Dann probieren wir nochmals durch eindeutige Körpersprache und energisches Auffordern, unser Pferd zum Traben zu bewegen.
Folgt es jetzt immer noch nicht unserer Aufforderung, dann sollten wir einen Helfer bitten, das Pferd von hinten kräftig durch Stimme und Gerte anzutreiben. Dies probieren wir einige Male hintereinander und werden bald merken, daß das Pferd besser reagiert.
Keinesfalls sollten wir so lange erfolglos probieren, bis wir nervös und hektisch und vor allem ungerecht dem Pferd gegenüber werden. Es wird uns dadurch nämlich gar nicht mehr verstehen, verliert zudem noch das Vertrauen zu uns, und wir laufen Gefahr, die führende Rolle als „Leittier" und somit unsere Autorität zu verlieren.

FEHLVERHALTEN:

(2) Das Pferd trabt nur kurz an und fällt dann sofort wieder in den Schritt.

KORREKTUR:

(2) Wenn das Pferd nur kurz antrabt und danach wieder in Schritt fällt, haben wir uns vermutlich nur auf den Moment des Antrabens konzentriert, und wenn dieser gelungen ist, vergessen wir unser Pferd durch unsere Körperhaltung weiterzutrei-

ben. Wenn wir dem Pferd nicht signalisieren, daß wir laufen wollen, dann wird es das auch nicht tun. Also sollten wir die treibenden Hilfen nicht vergessen und unser Pferd nicht „nur so“ neben uns laufen lassen. Wir müssen jede Übung sehr bewußt und mit ganzer Konzentration durchführen.

FEHLVERHALTEN:

(3) Das Pferd stürmt nach Aufforderung voran und reagiert nicht auf das Signal zum Halten.

KORREKTUR:

(3) Sollte das Pferd so heftig reagieren, müssen wir es beruhigen, indem wir die Übung einige Male im Schritt durchführen und dabei den Gehorsam überprüfen. Erst wenn dies klappt, versuchen wir unser Pferd vorsichtig in den Trab zu treiben. Stürmt es erneut los, müssen wir wieder zum Schritt durchparieren. Je nach Temperament des Pferdes kann es sein, daß es zwar sehr heftig losrennt, sich aber kurz darauf beruhigt und kontrollierter und lockerer trabt. Dies muß jeder Reiter selbst beobachten. Sollte dieses Stürmen jedoch Ungehorsam sein, sollten wir nicht darauf beharren, die Übung auszuführen, sondern auf andere Bodenübungen im Schritt ausweichen und uns erst allmählich immer wieder an das Führen im Trab oder Tölt herantasten. Als Grundlage muß ein zuverlässiges Reagieren auf unser Signal zum Halten vom Pferd begriffen sein.

FEHLVERHALTEN:

(4) Es läßt sich mitziehen.

KORREKTUR:

(4) Ist das Pferd unwillig und läßt sich gar nicht vorwärts bewegen, dürfen wir nicht den Fehler machen, es mitziehen zu wollen. Dadurch würden wir unserem Pferd nur zeigen, daß wir dazu nicht in der Lage sind, denn das Pferd ist eindeutig stärker als der Mensch. Zudem würden wir durch ein Ziehen von vorne die verkehrte Position einnehmen, denn ein Vorwärtstreiben funktioniert nur auf oder hinter Schulterhöhe, aber niemals von schräg vorne. Also müssen wir zunächst unsere treibende Position überprüfen. Sollte sie richtig sein, und das Pferd tritt trotzdem nicht an, dann müssen wir uns fragen, warum das Tier lustlos ist. Vielleicht motivieren wir es nicht eindeutig genug. Sollte als letztes Moment nur noch die Erkenntnis offen bleiben, daß es sich einfach ohne besonderen Grund widersetzt, dann sollten wir uns einen Helfer holen, der es von hinten energisch vorwärtstreibt. Wir dürfen uns niemals auf ein Mitziehen einlassen, sondern unser Pferd immer wieder

durch vorwärtstreibendes Führen im Schritt weiter trainieren.

FEHLVERHALTEN:

(5) Das Pferd trabt zwar an, läuft aber dabei so gebogen um uns herum, daß es nicht geradeaus läuft und den Führenden zur Mitte hin wegdrängt.

KORREKTUR:

(5) Drängt es uns zur Mitte weg, dann klebt es zu sehr an uns. Wir müssen durch einfache Führübungen im Schritt erneut darauf bestehen, daß es Abstand zu uns hält. Dabei sollten wir die Gerte ruhig als Abstandhalter verwenden und das Pferd an der Schulter antippen. Wenn dieses Verhalten im Schritt korrigiert ist, probieren wir wieder anzutraben. Dabei achten wir auf die korrekte treibende Haltung und lockeren Zügel. Macht es erneut den Versuch, uns zu verdrängen, dann setzen wir wieder die Gerte zur Korrektur ein, indem wir kurz auf die Schulter tippen oder die Gerte richtungsweisend vor uns seitlich zum Pferd führen.

FEHLVERHALTEN:

(6) Es läuft nur im verspannten, zum Paß tendierenden Tölt oder es galoppiert an.

KORREKTUR:

(6) Läuft unser Pferd im sogenannten Schweinepaß, Galopp oder Tölt an, dann lassen wir es kurz in dieser Gangart nach richtigem Antreten laufen und bringen es kurz darauf zum Halten. Das Pferd soll bei dieser Übung lernen, vom Schritt aus in eine schnellere Gangart überzugehen, einige Zeit locker neben dem Reiter herzulaufen und wieder zum Schritt zurückzugehen. All das soll am lockeren Zügel geschehen, um unser Pferd in seiner Reaktionsfähigkeit zu verfeinern.
Wie schon erwähnt, gilt es die Paßverschiebung des Tölts an anderer Stelle zu korrigieren.
Das langsamere Laufen im Trab anstelle des Galopps ist reine Übungssache. Je öfter wir diese Übung mit unserem Pferd machen und dabei beruhigend einwirken, desto leichter wird es mit der Zeit den lockeren Trab annehmen.
Töltet es anstatt zu traben, dann ist dies für uns durchaus akzeptabel, wir können später vom Sattel aus an der Verbesserung des Trabes arbeiten. Das Pferd soll sich zunächst in einer schnelleren Gangart an der Hand locker bewegen und sich dabei wohlfühlen.

Zusammenfassung

Wir haben durch diese einfachen Bodenübungen sehr viel Basisarbeit für das spätere Reiten geschaffen:

- die Aufmerksamkeit des Pferdes gegenüber seinem Reiter geschult,
- den Respekt des Pferdes gefestigt,
- die feinen Hilfen für Treiben und Anhalten gelehrt,
- das ruhige Stehenbleiben als Voraussetzung für das Aufsteigen geübt,
- dem Pferd gezeigt, daß es sich in Anlehnung an den Reiter frei und in guter Selbsthaltung bewegen darf,
- ihm gezeigt, daß der Umgang mit dem Menschen interessant sein kann.

Wir können diese Übungen im Umgang mit dem Pferd immer wieder einfließen lassen. Dazu benötigen wir nicht unbedingt einen Reitplatz. Es genügt, z.B. beim Putzen, darauf zu achten, daß unser Pferd auch alleine, nicht angebunden stehenbleibt oder daß wir, bevor wir in den Sattel steigen, eine kurze Übung machen, indem wir es ein Stück am langen Zügel vorwärts führen und wieder anhalten lassen. Dazu bedarf es nicht immer einer Dressurstunde auf dem Reitplatz.
Zudem sollten wir darauf achten, daß wir es nicht übertreiben und nun ständig Bodenarbeit mit ihm machen. Wir sollten sie zur Erweiterung, d.h. Abwechslung einsetzen und immer auch dann, wenn wir am Gehorsam oder der Aufmerksamkeit unseres Pferdes zweifeln. Auch für den Reiter ist diese kleine Wiederholung hilfreich, schließlich lernen wir immer wieder aufs Neue auf unsere Körpersprache und Eindeutigkeit in unseren Hilfen für das Pferd zu achten.
Um für unser Pferd interessant zu bleiben, kann man vielfältigste Wege gehen. Es bietet sich auch an, zwischendurch einen Spaziergang mit dem Pferd zu machen, wobei man diese Übungen wunderbar einflechten kann.
Oder die freie Arbeit im Longierzirkel. Mein Pferd *Vafi* ist von Natur aus so neugierig und interessiert, daß er solche Abwechslungen mit Begeisterung annimmt. Als ich mit ihm vor kurzem im Longierzirkel ohne Longe frei gearbeitet habe, gab es eine Unterbrechung, als mich Matthes, ein Reiter, der ebenfalls auf dem Platz arbeitete, bat, ihm kurz die Hilfen zur Vorhandwendung zu erklären, weil sein Pferd dabei etwas nicht verstand. Ich ließ *Vafi* also im Zirkel stehen und erklärte Matthes die Hilfengebung am Pferd. Es dauerte etwas länger, weil wir mit *Stigur* wieder bei der Vorhandwendung vom Boden aus beginnen mußten. Irgendwann drehte ich mich dann um, um zu sehen, was mein Pferd in der Zwischenzeit anstellte. Die Überraschung war groß: Er stand aufmerksam an der Absperrung des Zirkels und beobachtete uns sehr genau. Ein gutes Zeichen, wenn das Pferd mit seiner Aufmerksamkeit bei seinem Reiter und bei seinem direkten Umfeld ist, denn nur dann wird es auch mit Interesse mitarbeiten.

Die freie, lösende Bodenarbeit haben wir jetzt in verschiedenen Gangarten am langen Zügel kennengelernt und werden nun zu den Übungen mit aufgenommenem, verkürztem Zügel und später zu der versammelnden Arbeit mit dem Pferd übergehen. Nur wenn wir diese Grundlagen sinnvoll mit unserem Pferd erarbeitet haben, dann ist die Basis für ein in Balance sicher vorwärtsgehendes, die Hilfen des Reiters verstehendes Pferd geschaffen, das auch mit dem Reitergewicht gut umgehen kann und fähig sein wird, sein Gangvermögen wirklich ausschöpfen und präsentieren zu können. Nur dann bekommen wir unseren lockeren Tölter, den Gaedingar. Aber wir sollten auch nie vergessen, die wirklichen Fähigkeiten und die Grenzen unseres Pferdes zu sehen und zu akzeptieren, wobei es sich jedoch immer lohnt, die Fähigkeiten unseres Pferdes zu verbessern und zu stabilisieren.

Die Arbeit an der Hand mit verkürztem Zügel

Unser Pferd kennt die Grundlagen der Bodenarbeit und ist durch die vorhergehenden Übungen so gelöst, daß wir nun zu den Übungen mit verkürztem „Doppelzügel" übergehen können. Wir erwarten dabei von unserem Pferd, daß es gut konzentriert mitarbeitet und zeigen ihm die Übungen, die wir später beim Reiten von ihm verlangen werden. An der Hand lernt es die Hilfen besser kennen.

Durch die Berührung mit der Gerte tritt das Pferd rückwärts.

Wichtig ist es, daß unser Pferd lernt dem aufgenommenen Zügel nicht nur im Stehen nachzugeben, sondern auch in der Bewegung das Gehen am Zügel und das Treten durch das Genick beizubehalten. Gerade bei den Übergängen zeigen sich die meisten Schwierigkeiten. Deshalb sollten wir bei allen Übergängen darauf achten, daß das Pferd seine Haltung auf den angenommenen Zügel nicht verliert, sonst begin-

nen hier schon unsere weiteren Probleme.
Durch das Zügelannehmen und im Genick Nachgebenlassen können wir unserem Pferd auch den Weg in die Tiefe zeigen und es sich im Hals dehnen lassen.

Der Reiter hat die Zügel leicht angenommen und das Pferd hat nachgegeben.

Zügelaufnehmen

Wir lassen unser Pferd ruhig stehen und stellen uns in seine Blickrichtung daneben, so daß wir eine vorwärtstreibende Haltung einnehmen. Obwohl wir zunächst im Stand mit dem Pferd arbeiten, treiben wir es zum Vorwärtsdenken, auch wenn es nicht wirklich vorwärts geht. Wir treiben das Pferd zur Hand, ohne daß es sich bewegt. Und dies erreichen wir durch unsere Position, die Stimme und eventuell die Gerte.
Die Zügel liegen über dem Hals und werden jeweils mit einer Hand gehalten. Wir verkürzen sie gleichmäßig, um unser Pferd aufmerksam zu machen und zum Vorwärtsdenken zu animieren. Zunächst warten wir ab, wie unser Pferd auf den jetzt anstehenden Zügel reagiert. Gewünschte Reaktion soll ein deutlich spürbares Nachgeben durch ein Abknicken im Genick sein. In diesem Augenblick müssen wir mit der Hand sofort der Bewegung nachgeben. Durch dieses Nachgeben entlasten wir das Pferdemaul, geben die Bewegung nach unten frei und belohnen unser Pferd durch das „Beseitigen des Zwanges“, den es zunächst spürte. Unser Pferd soll lernen, sich in dieser nachgebenden Bewegung wohl und sicher zu fühlen.
Es wird jetzt auch beginnen, spielerisch auf dem Mundstück zu kauen. Dieses „Abknicken“ im Genick ist für uns ein wichtiges Signal des Zuhörens, denn wir wissen in dem Moment, in dem das Pferd nachgibt, daß es sich auf uns bzw. auf unsere Zügelhilfe konzentriert und bereit ist mitzudenken. Und eine solche Konzentration ist für alles weitere richtungsweisend. Deshalb sollten wir nie auf das Pferd aufsteigen oder Übergänge in eine andere Gangart von ihm verlangen, bevor wir es so aufmerksam

gemacht haben. Das Zügelannehmen und Nachgeben des Pferdes ist sozusagen das *„hallo, es passiert gleich etwas“* für unser Pferd.
Wenn wir unser Pferd zum Schritt antreten lassen, dann muß es bei diesem Übergang am Zügel bleiben und weiterhin durch das Genick treten. Wir dürfen die Anlehnung nicht verlieren, deshalb sollten wir bei der Bodenarbeit nicht nur das Zügelaufnehmen im Stand üben, sondern auch das Gehen am aufgenommenen Zügel. Dabei können wir üben, das Pferd vom inneren Zügel weg zu arbeiten und diese Seite weicher zu machen. Das Pferd geht dann mit mehr Anlehnung an den äußeren Zügel stärker über die äußere Seite.

FEHLVERHALTEN BEIM ZÜGELAUFNEHMEN:

1 Das Pferd wehrt sich in dem Moment, in dem der Zügel verkürzt wird, mit einer heftigen Gegenbewegung nach vorne oder mit Kopfschlagen.

KORREKTUR:

1 In dem Augenblick, in dem wir die Gegenbewegung spüren, dürfen wir nicht mit der Hand nachgeben, d.h. wir dürfen das Pferd nicht dafür loben, daß es gegen den Zügel geht und dadurch seine Freiheit findet. Wenn es sich gegen den Zügel wehrt und zieht, halten wir leicht dagegen, mindestens solange, bis es nicht mehr aktiv gegen den Zügel zieht. Dann geben wir nach und loben es somit dafür, daß es nicht mehr kämpft, sozusagen für diese Art von Waffenstillstand.
Danach üben wir wieder etwas mehr Druck auf das Maul aus, und sollte das Pferd nun auch nur etwas nachgeben, dann loben wir es sehr ausführlich. Wir dürfen unserem Pferd keinesfalls einen ständigen Kampf gegen den Zügel erlauben, denn die Wirkung auf das empfindliche Pferdemaul hätte ein baldiges Abstumpfen zur Folge. Hat das Pferd gelernt, daß die zügelführende Reiterhand unangenehm ist, Zwang ausübt, Schmerzen bereitet und zudem das Freiheitsgefühl des Pferdes einschränkt, wird es sich nicht mehr vertrauensvoll und leicht in ein Nachgeben fügen. Und das Ziel des Annehmens soll immer das Nachgeben sein. Zur Unterstützung des Nachgebens können wir den Hals des Pferdes in eine leichte Stellung in unsere Richtung bringen.
Manchen Pferden fällt das Nachgeben in Stellung leichter.

FEHLVERHALTEN:

2 Es tritt zur Seite weg.

KORREKTUR:

2 Tritt unser Pferd zur Seite weg, dann versuchen wir nicht, es mit Gewalt

an dieser Stelle zu halten, sondern folgen ihm in der Bewegung, geben also selbst nach, lassen es einige Schritte gehen, und halten es ganz bewußt wieder an und beginnen die Übung von Neuem. So bekommt das Pferd das Gefühl, daß wir es bewußt zum Weitergehen veranlaßt haben und nicht, daß es sich gegen den Reiter gewehrt hat.

FEHLVERHALTEN:

(3) Es nimmt zwar den Kopf nach unten, gibt aber nicht spürbar, d.h. im Genick, nach, sondern entzieht sich der Reiterhand durch Einrollen nach unten.

Das Pferd rollt sich im gesamten Halsbereich bis zur Brust hin ein.

KORREKTUR:

(3) Rollt es sich ein, dann müssen wir sofort mit der Hand nachgeben, um es aus dieser Haltung herauszubekommen. Wir sollten das Pferd sofort, wenn es anfängt nachzugeben, ausführlich durch Streicheln des Halses loben, denn der Körperkontakt beruhigt es und es verspannt sich nicht in ein übertriebenes „Nachgeben". Zudem sollten wir es stärker zur Hand treiben und darauf achten, im richtigen Moment nachzugeben.

Das Weichenlassen zur Vorhandwendung

Nachdem wir unser Pferd vorbereitet haben, können wir das Weichen zur Seite probieren.

Dazu brauchen wir die unterstützende Wirkung der Gerte, die als Verlängerung des Armes dient und die später vom Sattel aus durch den seitwärtstreibenden Schenkel ersetzt wird. Also ist es zunächst erforderlich, daß wir den richtigen Umgang mit der Gerte beherrschen.

„Der Einsatz der Gerte," betont *Reynir „darf nie aus heiterem Himmel erfolgen, sondern wir müssen unser Pferd erst vorwarnen."*

Nicht umsonst kann man beobachten, daß isländische Trainer ihren Pferden die Angst vor der Gerte nehmen, indem sie das Tier überall damit berühren und somit daran gewöhnen. Die Gerte ist kein Strafmittel, sondern ein Verständigungsmittel, vor dem das Pferd keinerlei Furcht empfinden sollte. Das Pferd muß der Gerte so vertrauen können, daß wir es damit treiben oder auch be-

Wir müssen das Pferd mit der Berührung der Gerte vertraut machen. Bevor Reynir *das Pferd weichen läßt, streicht er behutsam mit der Gerte über die Flanke.*

ruhigen können. Wir sollten die Gerte so einsetzen, daß das Pferd sehen kann, wo sie ist. Wir dürfen es nicht einfach von hinten plötzlich berühren, so daß es erschrickt, weil es ohne Vorwarnung mit der Gerte in Kontakt kommt. Es muß lernen, immer auf die Gerte zu reagieren.

Nun zurück zu unserer Übung, die das Weichen des Pferdes um die Vorhand als Ziel haben wird. Dazu stellen wir uns auf die linke Seite des Pferdes auf Schulterhöhe und mit Blickrichtung zum Schweif, nehmen die Zügel mit der linken Hand auf und halten die Gerte in der rechten. Wir warten, bis unser Pferd die richtige Anlehnung an die Hand hat und im Genick abknickt. Dann biegen wir den Hals des Pferdes leicht in unsere Richtung und halten den äußeren rechten Zügel verwahrend, also kürzer anstehend, so daß es nicht einfach vorwärts ausweichen kann. Wir führen jetzt die Gerte behutsam an das Pferd heran und beginnen es am Rücken entlang abzustreichen. Wir streichen dann weiter über die Flanke, verhalten dort in der Bewegung und drücken die Gerte gegen das Pferd. Dann tippen wir mit der Gerte kurz gegen die Flanke und warten, bis es auf dieses Tippen reagiert und vor der Gerte zur Seite weicht, also nachgibt. Dabei darf es solange zur Seite weichen wie es möchte.

Erst dann ist Schluß mit diesem ersten Übungsschritt. Wir loben es ausführlich, wobei wir aber unsere Position neben ihm, die mit einer Hand aufgenommenen Zügel und seine Haltung

Der Fuchs Dalvar *reagiert richtig auf die seitwärtstreibende Berührung: Er weicht.*

beibehalten. Wir loben mit unserer Stimme und durch kurzes Nachgeben mit der Hand.
Unser Pferd soll begreifen, daß sein Weichen auf die Gertenhilfe die richtige Reaktion ist und durch das Aufhören des Druckes belohnt wird. Danach wiederholen wir das Weichen erneut, d.h. das Pferd wird wieder aufmerksam gemacht, es wird angetippt, weicht mit der Hinterhand und wir geben nach und hören auf. Erst wenn wir die Antwort des Tieres auf unsere Aufforderung, etwas Bestimmtes auszuführen, bekommen haben, geben wir nach und beginnen mit dem nächsten Schritt. Wir führen das Weichen um die Vorhand solange in kleinen Schritten durch, bis wir eine Vorhandwendung an der Hand ausgeführt haben.
Klappt diese Übung auf der linken Hand, dann wechseln wir die Seite und probieren die Übung auch auf der rechten Hand. Allerdings werden wir feststellen, daß sich unser Pferd nicht auf beiden Seiten gleich verhält, sondern daß eine Seite die unbeweglichere ist.
Wichtig ist immer die Deutlichkeit, mit der wir uns unserem Pferd mitteilen. Je eindeutiger wir uns bewegen und ihm gegenüber verhalten, desto schneller erreichen wir, daß das Pferd richtig reagiert, weil es versteht, was wir von ihm fordern. Dabei dürfen wir nie zuviel von ihm verlangen, sonst wird es hoffnungslos und verwirrt. Wenn es eine Lektion verstanden hat, dann müssen wir lernen, mit diesem Erfolg zufrieden zu sein und aufhören zu können.

FEHLVERHALTEN BEIM WEICHENLASSEN ZUR VORHANDWENDUNG:

(1) Das Tier reagiert panisch auf die Berührung durch die Gerte und stürmt zur Seite weg.

KORREKTUR:

(1) Reagiert unser Pferd so hektisch, dann müssen wir zunächst den Grund für das Verhalten herausfin-

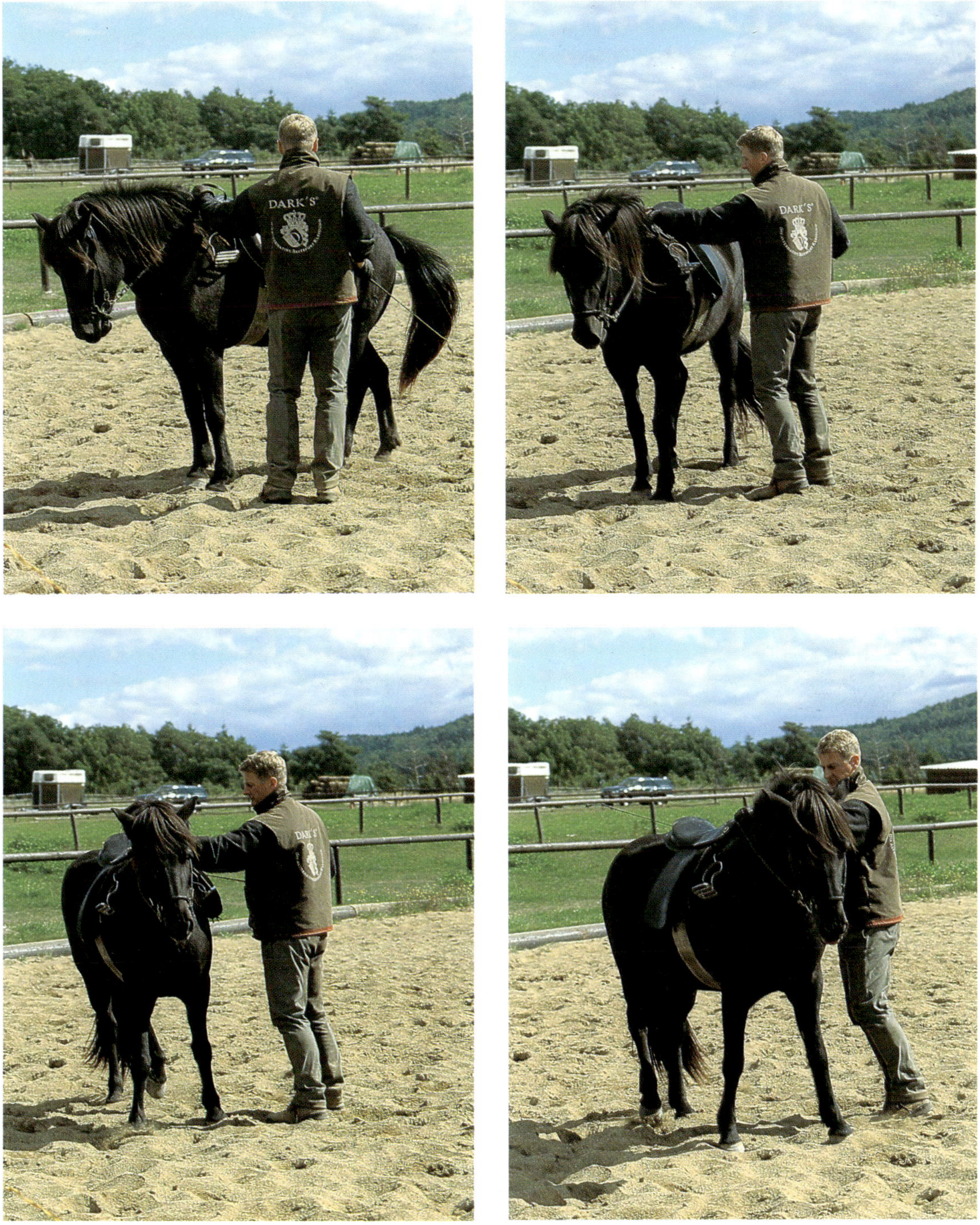

1 2 3 4

Die Vorhandwendung an der Hand. Der Reiter hält die Zügel in einer Hand und fordert mit der Gerte zum Seitwärtstreten auf. Die Stute tritt mit ihrer Hinterhand um die Vorhand herum. Dies geschieht in Ruhe und in einzelnen Schritten.

den. Es gibt mehrere mögliche Ursachen für ein solches Verhalten. Um auf die richtige Spur zu kommen, müssen wir uns zunächst mit der Körpersprache unseres Pferdes beschäftigen: Wie sehen der Ausdruck der Augen, das Ohrenspiel, das Maul und die gesamte Mimik des Tieres während dieses Weglaufens aus?
All diese Zeichen, die uns das Pferd gibt, geben uns wichtige Hinweise. Wir können daraus ablesen, ob es sich vor dieser Gerte fürchtet oder ob es einfach nur übellaunig und unwillig auf die Berührung reagiert und sich dieser widersetzt.
Wenn unser Pferd Angst hat, müssen wir es sehr langsam und vorsichtig mit dem Umgang mit der Gerte vertraut machen. Wir streichen es vorsichtig mit der Gerte am Körper ab und legen sie leicht auf die Stelle, an der wir es treiben wollen. Wir lassen sie dort so lange leicht auf dem Pferd liegen, bis es ruhig steht. Dann erst treiben wir durch Verstärken des Drucks oder durch Antippen.
Sehen wir dagegen die pure Unwilligkeit im Gesicht unseres Pferdes, sollten wir darauf bestehen, daß es der Gerte weicht. Wir sollten ihm ruhig durch unsere Stimme zu verstehen geben, daß wir sein Verhalten nicht billigen.
Es kann auch hilfreich sein, wenn wir das Pferd erst einige Schritte vorangehen lassen, dann betont anhalten lassen und die Übung von neuem beginnen. Erfolgt jetzt eine Reaktion, müssen wir sofort aufhören und überschwenglich loben, damit es begreift, daß es etwas Richtiges ausgeführt hat.

FEHLVERHALTEN:

(2) Unser Pferd weicht bei der Berührung nach hinten aus.

KORREKTUR:

(2) Wenn das Pferd einfach nach hinten läuft, sollten wir unseren Standpunkt ihm gegenüber korrigieren. Vermutlich stehen wir zu sehr vor seinem Auge und signalisieren ihm durch unsere Haltung ein Rückwärts.

FEHLVERHALTEN:

(3) Es weicht nach vorne.

KORREKTUR:

(3) Geht unser Pferd nach vorne, dann ist unser äußerer Zügel zu wenig verwahrend eingesetzt, also zu locker.

FEHLVERHALTEN:

(4) Es weicht gar nicht vor der Gerte, sondern bleibt stehen.

KORREKTUR:

(4) Weicht unser Pferd gar nicht und wehrt sich dadurch indirekt gegen die Gerte, dann hat es noch nicht

herausgefunden, daß es von der Gerte wegkommen kann, wenn es weicht. Wir sollten erneut versuchen, das Pferd aufmerksam zu machen und das Weichen eventuell durch eine stärkere Stellung des Halses nach innen zu unterstützen.

FEHLVERHALTEN:

(5) Es hat die Übung begriffen, hört aber nicht auf unser Signal, sondern weicht ständig weiter und rennt somit mehr um uns herum, d.h. es übertreibt die weichende Bewegung.

KORREKTUR:

(5) Weicht es nur noch um uns herum, dann ist dies zwar nicht in dieser Form erwünscht, aber es ist kein schlimmer Fehler. Wir haben später vom Sattel aus die Möglichkeit, dies mit dem äußeren Schenkel zu korrigieren. Trotzdem sollten wir überprüfen, ob unser äußerer Zügel wirklich verwahrend wirkt. Ansonsten lassen wir das Pferd weichen, bis es sich von selbst wieder beruhigt hat. Natürlich gibt es auch widersetzliche Pferde, die sich durch ein solches Verhalten generell dem Reiter zu entziehen versuchen. Dann ist es notwendig, das Verhältnis zwischen Pferd und Mensch neu zu betrachten. Erkennt das Pferd die Leitposition des Menschen nicht an, dann werden diese Übungen erst funktionieren, wenn der Mensch (das Pferd in seine Schranken gewiesen und somit) die führende Rolle übernommen hat. Wir beginnen wieder mit dem freien Spiel und den Basisübungen.

Halbe-Schulterherein im Schritt

Die Vorbereitung auf Reynirs *Halbe-Schulterherein*

Für das Halbe-Schulterherein muß unser Pferd die Paraden verstanden haben und weich im Genick sein. Beim Halbe-Schulterherein werden nur Kopf und Hals des Pferdes gebogen und gestellt, unabhängig und frei vom restli-

Vorsichtig zeigt Reynir *der Scheckstute das Halbe-Schulterherein nach rechts. Der äußere linke Zügel steht an.*

chen Körper, ansonsten bleibt das Pferd gerade gerichtet, d.h. es handelt sich hierbei um eine reine Zügelarbeit, die „vor dem Sattel“ passiert.
Wir dürfen dies nicht mit dem Schulterherein verwechseln, bei dem das Pferd ganz gebogen ist und auf drei Hufspuren geht.

Beim Halbe-Schulterherein versuchen wir Kopf und Hals in der Bewegung unabhängig vom Körper zu machen und sind bemüht, das Pferd vom inneren Zügel wegzubekommen und die Anlehnung an den äußeren finden zu lassen. Haben wir diese Unabhängigkeit erreicht, so daß wir Kopf und Hals nach rechts und links unabhängig stellen können, können wir unser Pferd später beim Reiten in allen Gangarten und besonders im Tölt in der Bewahrung des Gleichgewichts gut unterstützen, weil der Hals des Pferdes als „Balancestange“ benutzt werden kann.
Um diese Übung vom Boden aus vorzubereiten, stellen wir uns zunächst neben unser Pferd, nehmen die Zügel mit beiden Händen auf und warten, bis es im Genick nachgibt. Wenn wir es jetzt durch Nachgeben „gelobt“ haben und wissen, daß es konzentriert zuhört, können wir vorsichtig versuchen, seinen Kopf bzw. Hals in unsere Richtung, z.B. nach links zu biegen. Das Pferd darf hierbei keinesfalls aus seinem Gleichgewicht kommen.

Sie gibt im Genick nach und dreht den gesenkten Kopf nach rechts. Der innere Zügel ist locker und der äußere bleibt anstehend.

Um diese Stellung zu erreichen, gehen wir folgendermaßen vor: Der äußere Zügel steht an, d.h. die äußere Hand bewahrt die Haltung des Pferdes und begrenzt die Bewegung des Halses. Wir geben unserem Pferd dadurch außen eine leichte Anlehnung und führen mit unserer inneren Hand den Hals des Pferdes in die Stellung. Wir treiben mit der Stimme oder tippen mit der Gerte auf die Schulter. Wenn das Pferd in der Halsbewegung mitgeht und nicht innen gegen unsere Hand zieht, dann führen wir unsere innere Hand leicht nach vorne und loben es durch das Lockern des Zügels.
Wir wechseln jetzt die Seite und führen die Übung von rechts aus. Nach einigen Wiederholungen dieser Stellung werden Kopf und Hals des Pferdes frei beweglich und nachgiebig, so daß es mit einer leichten Anlehnung außen und lockerem inneren Zügel steht. Dadurch macht man das Pferd auf der inneren Seite „leicht". Wir führen diese Übung aber nur solange durch, bis sie funktioniert, und nicht nach dem Motto: „Je mehr desto besser."
Wenn wir sehen, daß unser Pferd diese Übung im Stand problemlos beherrscht, dann können wir diese Stellung auch im Vorwärtsgehen probieren. Wir müssen darauf achten, daß das Pferd gerade auf dem Hufschlag, also auf zwei Hufspuren geht, und nicht im Körper gebogen ist.

Fehlverhalten bei der Vorbereitung zu *Reynirs* Halbe-Schulterherein:

(1) Es kann die Biegung des Halses nicht unabhängig vom restlichen Körper ausführen und drängt als Gegenbewegung mit dem gesamten Körper nach außen weg.

Korrektur:

(1) Das Pferd hat entweder diese Übung noch nicht verstanden, wir haben ihm die falschen Hilfen übermittelt oder es ist noch nicht so weit gymnastiziert, daß es diese Kopf- und Halsstellung ohne unangenehme Verspannung durchführen kann. Wir sollten die Übung noch einmal langsam angehen und das Pferd möglichst mit der äußeren Seite an eine Begrenzung, wie z.B. die Bande der Reitbahn, stellen. Wir versuchen es nun mit richtiger Hilfengebung: d.h. der äußere Zügel ist verwahrend, begrenzt die Biegung und verhindert ein Vorantreten, und die innere Hand zeigt dem Pferd die Halsbiegung. Sobald die kleinste Reaktion des Pferdes erfolgt, geben wir nach und loben. Dabei sollten wir es zunächst belassen, denn ein verspanntes Pferd muß erst langsam an diese Bewegung herangeführt werden.

Fehlverhalten:

(2) Es steht und läßt sich nicht im Halsbereich biegen.

Korrektur:

(2) Bleibt unser Pferd einfach stehen und läßt sich nicht biegen, müssen wir die Aufmerksamkeit überprüfen und feststellen, ob es „vorwärtsdenkt“ oder völlig unaufmerksam neben uns steht. Wir beginnen zunächst mit erneutem Aufmerksam-Machen und treiben dabei etwas stärker zur Hand. Dann kontrollieren wir unsere Zügelführung und versuchen es erneut.

Das Rückwärtsrichten

Als letzte Übung, die wir vom Boden aus vorbereiten, steht das Rückwärtsrichten an. Diese Übung dient nicht nur der später angestrebten Versammlung, sondern sie erleichtert dem Pferd das Wegkommen von der Reiterhand. Um dies zu erreichen, muß der Zügel sozusagen durch das ganze Pferd auf die Hinterhand wirken.
Um unser Pferd zum Rückwärtsweichen zu veranlassen, nehmen wir eine ähnliche Position wie vom Sattel aus ein, d.h. wir stellen uns neben unser Pferd mit Blickrichtung nach vorne, nehmen beide Zügel in jeweils eine Hand und warten, bis unser Pferd im Genick nachgegeben hat. Dann halten wir die Zügel in einer Hand, nehmen sie erneut an und treiben unser Pferd mit der Stimme zur Hand. Als unterstützende Hilfe tippen wir es mit der

Gerte aufs Vorderbein und ermuntern es zusätzlich mit der Stimme zurückzutreten. Tritt das Pferd jetzt rückwärts, geben wir sofort mit der Hand deutlich nach und loben es.
Wenn wir diese Aktion üben, sollten wir darauf achten, daß jeder einzelne Schritt vom Nächsten zu unterscheiden ist, also Aufmerksam-Machen, Treiben, Nachgeben und Loben.
Auch wenn unser Pferd am Anfang vielleicht nur ein Bein rückwärts bewegt, müssen wir es ausführlich loben und in kleinen Schritten weiter arbeiten, bis es zügig, aber nicht zu schnell jeweils diagonal mit einem Vorder- und Hinterbein gleichmäßig rückwärts tritt, wobei es möglichst gerade nach hinten treten soll.

FEHLVERHALTEN BEIM RÜCKWÄRTSRICHTEN:

1. Das Pferd weicht nicht rückwärts, sondern bleibt stehen.

KORREKTUR:

1. Reagiert unser Pferd gar nicht, dann kann es sein, daß es die treibende Hilfe nicht versteht. Wir müssen vor dem Zurücktreten sicher sein, daß das Pferd nachgegeben hat und von der Hand wegkommt.

FEHLVERHALTEN:

2. Es geht zwar zurück, aber in solcher Hast, daß es sich entzieht und nicht bewußt auf die treibende Hilfe ak-

Der Grauschimmel ist aufmerksam und achtet auf Reynirs *Hilfengebung mit der Gerte.*

Er tritt auf die treibende Berührung der Gerte mit dem jeweiligen Bein zurück.

zentuiert rückwärtsgeht. Das Zurücktreten sollte genauso wie das Vorantreten mit Nachdruck passieren.

KORREKTUR:

(2) Wenn es unserer Aufforderung mit Hast und Eile nachkommt, dann versteht es zwar, was wir von ihm erwarten, führt aber die Übung so aus, daß sie eigentlich erfolglos ist. Wir möchten unser Pferd schließlich dazu bringen, daß es seine Hinterhand möglichst aktiv einsetzt und gut untertritt. Eilt es nach hinten, ist es nicht richtig versammelt und versucht sich dieser „unangenehmeren" Bewegung zu entziehen, in dem es zu schnell tritt und somit nicht in die Verlegenheit kommt, sich „zu setzen". Wir müssen diesen Bewegungsablauf deutlich unterbrechen, aber ohne das Pferd zu verwirren, denn richtig war das, was es ausführte, im Prinzip schon. Also achten wir auf deutliche Aufmerksamkeit und richten es nur einen oder zwei Schritte zurück, d.h. wir lassen es früher halten.
Reagiert es trotzdem mit deutlichem Zurückstürmen, dann stellen wir es so auf, daß es hinten an eine Begrenzung stößt, wenn es mehr als gewünscht zurückweichen will.
Dazu können wir z.B. die Bande der Reitbahn benutzen. Wir sollten aber darauf achten, daß es nicht erschrickt. Unser Pferd wird dadurch bald begreifen, daß es nicht endlos lange zurücktreten soll. Trotzdem sollten wir auch in diesem Fall die Grundübungen wie Führen und Anhalten verstärkt üben, um die Durchlässigkeit unseres Pferdes zu festigen.

FEHLVERHALTEN:

(3) Es geht nicht gerade, sondern stark gebogen rückwärts.

KORREKTUR:

(3) Geht unser Pferd zu stark gebogen und nicht geradeaus zurück, dann kann es sein, daß wir mit einem Zügel zu sehr nachgegeben haben und das Pferd somit zwangsläufig biegen.
Außerdem sollten wir nur langsam mit einigen Schritten zurück beginnen und darauf achten, daß das Pferd langsam zurücktritt und nicht aus dem Gleichgewicht gerät.

Zusammenfassung

Nach Abschluß des Rückwärtsrichtens an der Hand haben wir jetzt die grundlegenden Übungen der Bodenarbeit mit dem Pferd kennengelernt.
Diese laut *Reynir „kleine Bodenarbeit"* hat uns bereits viel über unser Pferd, sprich seinen Charakter, sein Temperament, seine Lernfähigkeit, seine

Schwächen und Stärken verraten. Wir sind jetzt besser in der Lage zu erkennen, wo wir mit ihm verstärkt arbeiten und wie wir vorgehen müssen, um bestimmte Fähigkeiten auszubauen. Da wir unser Pferd bereits vom Reiten her kennen, wissen wir auch, wo dort seine Schwächen und Stärken liegen, und wir wissen, was wir dabei verbessern wollen. Die Übungen der Bodenarbeit haben nicht zuletzt den Zweck, gezielt die Fehler, die beim Reiten auftreten, zu bearbeiten. Wir stellen uns also bestimmte Aufgaben, die wir durch gezielte Bodenarbeit bearbeiten, z.B.: „Ich reite mein Pferd mehr nach oben, um eine verbesserte Aufrichtung zu erreichen, oder nach unten, d.h. ich zeige ihm den Weg in die Tiefe. Oder ich reite mein Pferd von dem linken oder dem rechten Zügel weg, indem ich Halbe-Schulterherein am Boden übe." Diese „*kleine Bodenarbeit*" bereitet unser Pferd besser auf die reiterlichen Anforderungen vor und verstärkt seine Aufmerksamkeit und Lernfähigkeit, d.h. seine Durchlässigkeit und sein Wohlbefinden werden gesteigert und die Basis für eine gute Reitausbildung ist gegeben.

Reynir sagt zur Dressurarbeit folgendes: „*Das Grundsätzliche in der Dressur ist, daß der Reiter weiß, was er tut, wenn er das Pferd reitet. Wir reiten Dressur schließlich nicht um der Dressur willen. Es gibt kein Reiten ohne Dressur, denn sie ist beim Reiten immer dabei. Es gibt ausgezeichnete Bücher über Dressur, die uns beim Lernen helfen. Aber das Gefühl für die Bewegungen des Pferdes bekommt man, indem man viel reitet, gerne im freien Gelände und auch ohne Sattel. Es ist aber auch wichtig und gut, hin und wieder in der Reitbahn zu arbeiten. Ist man in einer Reithalle, hat es das Pferd leichter, sich darauf zu konzentrieren, was der Reiter will.*

Ich arbeite oft mit den in diesem Buch beschriebenen verschiedenen Gymnastikübungen für Pferde. Das Wichtigste ist, vom Pferd nichts perfekt zu verlangen, was es noch nicht beherrscht. Dann

Reynir *auf einem Rapphengst während einer Dressurübung*

Reiter und Pferd in voller Konzentration. Die Gerte wirkt auf der Schulter ein und Reynirs *rechter Schenkel treibt seitwärts.*

verliert es die Lust, und es wird schwierig weiterzuarbeiten. Dressur ist notwendig, damit das Pferd im Tölt und Rennpaß richtig gut sein kann. Ich reite oft Schenkelweichen, Vorder- und Hinterhandwendung und Galopp auf beiden Händen. Das balanciert das Pferd aus und lockert es, vor allem im Schulter- und Halsbereich, was für Fünfgangpferde besonders wichtig ist. Das Pferd wird leichter und mit einem besseren Verständnis an den Hilfen stehen."

Diese Bodenübungen erleichtern dem Pferd das Verständnis für die Dressur vom Sattel aus und können nach Bedarf immer wieder vor dem Reiten ausgeführt werden. Welche Übungen man wählt, hängt von der Veranlagung und von den Problemen des einzelnen Pferdes ab. Außerdem sollte man diese Übungen von Zeit zu Zeit als Abwechslung in der Arbeit benutzen und als Mittel zur Überprüfung der Durchlässigkeit unseres Pferdes.

Das Reittraining des Gangpferdes

Die Ausrüstung

Bevor wir aufsitzen, sollten wir einen Blick auf unsere Ausrüstung werfen und darauf achten, daß das Zaum- und Sattelzeug gut sitzt und korrekt auf dem Pferd liegt.

Der Sattel

Unsere Islandpferde haben aufgrund ihrer unterschiedlichen Gangtypen auch sehr unterschiedliche Gebäudemerkmale.
Es gibt eine Vielzahl von Islandpferdesätteln, die für die unterschiedlichsten Gegebenheiten entwickelt wurden. Alle sind recht flach gehalten, um den Reiter nicht auf einen Sitzpunkt zu fixieren, sondern um ihm die Möglichkeit zu geben, durch eine Sitzverschiebung unterschiedlich auf die Gangarten und Geschwindigkeiten des Pferdes einzuwirken.
Reynir sagt dazu folgendes: „*Wichtig ist, daß der Sattel nicht irgendwo direkt auf die Vorhand oder die Nierenpartie drückt. Außer der Paßform mache ich mir wenig Gedanken über Sättel.*“
Die Sättel unterscheiden sich nicht nur in der Kammerweite, der Ausführung von glattem oder Rippsattel oder der Länge der Trachten, sondern vorwiegend in der Lage des Schwerpunktes, d.h. wie der Sattel den Reiter setzt. Wenn wir uns verschiedene Sättel in ihrer Lage auf dem Pferd anschauen und probesitzen, dann spüren wir, ob ein Sattel z.B. den Schwerpunkt etwas weiter nach hinten verlagert hat. Beim Reiten spüren wir einen für das Pferd ungeeignet liegenden Sattelschwerpunkt daran, daß wir ständig unseren Sitz, z.B. nach hinten, durch Zurücksetzen im Sattel korrigieren müssen.
Wir müssen deshalb darauf achten, was für einen Sattel unser Pferd benötigt.
Es gibt Pferde, die eine sehr schlechte Sattellage besitzen, sie haben z.B. einen wenig ausgeprägten Widerrist, einen sehr geraden Rücken oder sind vielleicht etwas überbaut. Bei diesen Gebäudemerkmalen wird es immer Probleme mit der richtigen Lage des Sattels geben. Selbst wenn wir ihn zu Beginn richtig auflegen, wird er seine Lage während des Reitens nach vorne verschieben. Dies darf aber keinesfalls passieren, weil dadurch unser Pferd in der Bewegungsfreiheit der Schulter behindert wird. Außerdem wird der Schwerpunkt mit dem Reiter zu weit nach vorne gelegt, so daß es Balanceprobleme bekommen muß. Bei solchen Pferden ist die Verwendung eines Schweifriemens oder eines Vorgurtes angebracht. Bei der Verschnallung des Schweifriemens sollten wir darauf achten, daß er nicht zu straff sitzt: Eine aufgestellte Hand zwischen Rücken und Riemen sollte Platz haben.
Mittlerweile gibt es im Reitsportfachhandel auch sehr gute Satteldecken, die

Die Schimmelstute Héla *mit charakteristischer isländischer Zäumung*

am vorderen Teil durch einen Gummiwulst erhöht sind und deren Material ein nach vorne Rutschen des Sattels sehr gut verhindert.
Wir müssen also darauf achten, daß wir die zu unserem Pferd passende Ausrüstung verwenden und daß der Sattel in der idealen Lage nicht zu weit vorne, im Gegensatz zur Sattellage bei Großpferden, aber auch nicht zu weit hinten liegt.

Die Zäumung

Welche Art von Trense wir verwenden, wird sich sicherlich nach Geschmack des Reiters und nach dem Verhalten des Pferdes richten.
Die isländischen Reithalfter bestehen häufig aus einem Genickstück mit Gebiß, das es mit oder ohne Stirn- und Kehlriemen gibt und einem separaten Sperrhalfter, das dann wie bei einem Hannoverschen Reithalfter verschnallt wird. Wir müssen ausprobieren, wie und mit was sich unser Pferd am wohlsten fühlt und welches Mundstück am besten zu ihm paßt.
Auf jeden Fall müssen wir auf die richtige Größe achten. Bei Pferden mit relativ kleinem Maul kann es durchaus sein, daß sie sich mit einem dünneren Gebiß wohler fühlen als mit einer weicheren, dicken Wassertrense, bei der sie viel zu viel im Maul haben.
Das zweifach gebrochene Gebißstück erscheint zwar weicher in der Wirkung, ist aber unpräziser, da es zu wenig auf das Maul, dafür aber zu viel auf die Zunge einwirkt. Zudem kann es das Kinn zusammenziehen. *Reynir* betont

dabei: „*Das weiche Gebiß alleine bringt keine weiche Hand. Darüber muß man sich Gedanken machen.*“

Die isländische Kandare

Die isländische Kandare hat eine Sonderstellung unter den Zäumungen, und deshalb gehen wir an dieser Stelle ausführlicher darauf ein.
Die isländische Kandare ist ein Hebelgebiß, dessen Mundstück beweglich in den Bäumen eingehängt ist. Es existieren dafür unterschiedliche Ausführungen des Gebisses: ein- oder zweimal gebrochen oder als Stange. Das zweifach gebrochene Mundstück ist hierbei weniger problematisch als bei der Trensenzäumung, weil es durch die verschnallte Kette stabiler und genauer in der Einwirkung ist. Die Gestaltung von Ober- und Unterbaum ist der typischen Haltung der Islandpferde beim Gehen von Tölt oder Paß angepaßt.
Beim Gebrauch der isländischen Kandare wird auf die Verwendung des Hannoverschen Sperrhalfters verzichtet. Allenfalls wird ein Englischer Nasenriemen verwendet, am besten gar keiner, weil das Pferd ja bereits sicher an den Hilfen stehen soll.
Die Wirkung der Kandare beruht auf der Wirkung der Kinnkette. Je nachdem, wie eng bzw. kurz diese verschnallt wird, entsteht ein unterschiedlich starker Druck auf den Unterkiefer. Ist die Kette locker oder gar nicht eingehängt, wirkt die Kandare wie eine Wassertrense. Ist sie dagegen eingehängt, dann kommt die Hebelwirkung dazu.
Die isländische Kandare ist mittlerweile in eine umstrittene Position geraten. Dies kommt dadurch zustande, daß man sie häufig falsch angewendet sieht, z.B. so, daß Reiter mit ständig fest angenommenen Anzügen reiten oder auf Pferden sitzen, die sich heftig dagegen wehren. Oder man kann eine viel zu grobe, meist einseitige Einwirkung beobachten, die den Pferden Schmerzen bereitet, weil die Kinnkette viel zu fest verschnallt ist und bei angenommenen Zügeln einen schmerzhaften Druck auf den Kiefer ausübt, wenn das Pferd nicht von der Hand wegkommt. All dies ist aber ein Zeichen für den unsachgemäßen Gebrauch dieser Zäumung.
Die isländische Kandare ist eine Zäumung, die ein wirklich feines Instrument in der Hand eines guten Reiters

Das Pferd galoppiert mit leichter Anlehnung und in guter Selbsthaltung.

„Wir müssen ein Pferd vom Boden aus immer langsam an die Kandare gewöhnen. Es muß Gelegenheit bekommen, sich damit vertraut zu machen". Dieser Braune reagiert zuerst gelassen. Sobald der Reiter ihn im zweiten Bild etwas zum Vorwärtsdenken treibt, wirkt er skeptisch.

ist. Für einen Reiter mit einem unabhängigen Sitz, einer feinfühligen, ruhigen Hand und für ein gut ausgebildetes Pferd ist sie eine echte Unterstützung zur besseren und ausdrucksvolleren Selbsthaltung. Pferd und Reiter sollten eine gewisse „Kandarenreife" besitzen. In der Islandpferde Reitlehre von Andrea-Katharina Rostock und Walter Feldmann heißt es sehr treffend auf Seite 341: *„Die isländische Kandare ist eine ideale Zäumung, wenn sie zum Reiter, seinem Können und seinem Reitstil, zum Pferd, seinem Gangvermögen und seiner Ausbildung sowie zur Situation, in der sie angewandt werden soll, paßt."*

Aber lassen wir am besten *Reynir* selbst einiges dazu sagen:

„Diejenigen, die wissen, was für eine Haltung ein Islandpferd braucht, um gut zu tölten, müssen die Wirkung der isländischen Kandare verstehen und wissen, wie man sie richtig einsetzt. Es ist wichtig zu erkennen, ob sie richtig eingestellt, also verschnallt ist. Leider sehen wir viel zu häufig falsch verschnallte Islandkandaren. Oder sie wird zu früh angewendet, bevor das Pferd eigentlich gelernt hat, von der normalen Trenseneinwirkung zu weichen. Es ist immer die wichtigste Frage, wie etwas angewendet wird. Ich erinnere mich noch gut daran, als ich ein Kind war, benutzten die alten

Reitkünstler nichts anderes als Kandaren beim Reiten, und sie waren der Meinung, daß normale Trensen nur zum Handpferdereiten oder zum Führen da waren. Aber sie ließen die Kette anfangs sehr lang, so daß die Kandare wie eine Trense wirkte. Nach und nach, wenn sie mehr Haltung von ihrem Pferd verlangten, schnallten sie die Kette kürzer, aber nie soviel, daß das Pferd nicht freikam, wenn es im Genick nachgab und somit von der Hand und vom Zügel weichen und sich selber tragen konnte. Diese Pferde, die so gelernt hatten sich zu tragen, gingen mit einem gewölbten Hals und der höchste Punkt lag im Nacken. Sie kauten regelmäßig, was zeigte, daß sie sich wohlfühlten, die Ohren bewegten sich vor und zurück, sie gingen mit offenen Augen und strahlten: Sie hatten Ausstrahlung. Ein Pferd mit einer solchen Haltung und einem solchen Hals bekommt natürlich einen stärkeren Rücken. Das Pferd hat es einfacher sich zu tragen und in den Gelenken hinten zu beugen und dadurch kommt der Widerrist höher, d.h. die Vorhand wird leichter.

Meistens sind es zwei Dinge, die uns heute in unserer Reiterei im Weg stehen. In erster Linie reiten wir zuviel mit den Hilfen, besonders mit den zu lange dauernden Zügelhilfen, und zweitens sind die Pferde oft zu hoch aufgerichtet. Und

Die Skepsis wandelt sich zum mißmutigen Gesichtsausdruck. Er kaut heftig auf dem Gebiß und verzieht die Nüstern dabei. Aber nach kurzer Zeit akzeptiert er die isländische Kandare und reagiert gelöst darauf.

das, obwohl sie nicht immer den Hals für diese Aufrichtung haben, die verlangt wird. Ein Pferd mit einem kurzen oder einem tief angesetzten Hals, das zu sehr aufgerichtet wird, wird im Genick steif, es bekommt einen Unterhals, wird im Hals kurz vor dem Widerrist schwach und das wiederum schwächt den Rükken, weil er direkt in Verbindung mit dem Hals steht. Ein Pferd, das mit seinem Rücken nicht richtig tragen kann, macht sich steif, es bekommt Schwierigkeiten mit der Balance, und wegen des schlechten Verständnisses in der Zügelanlehnung sind oft Verspannungen und Paßverschiebungen die Folge davon.

Auch ein Viergänger mit einer etwas schwächeren Hinterhand oder einem hoch angesetzten Hüftgelenk schafft es nicht immer, richtig unterzutreten.

Wenn ich von Aufrichtung spreche, dann meine ich natürlich die Aufrichtung in der richtigen Art. So, daß das Pferd im Maul und Genick weich und nachgiebig ist und sich selber trägt. Es wird dazu von hinten zur Hand getrieben und die Aufrichtung entsteht, weil es sich setzt und besser untertritt. Der Reiter hält mit der Hand leicht dagegen, so daß es nicht einfach schneller wird, sondern kürzer und höher und in allen Gelenken hinten nachgibt. Die Schulter wird dabei frei und der Widerrist kommt höher. Der Reiter kommt nicht mit der Hand zum Pferd, sondern das Pferd kommt zur Hand.

Wir können mit Wassertrensen dieselben Erfolge haben wie mit der Kandare, aber wir müssen dabei viel genauer mit unserer Handhaltung sein. Bei einer Hand, die ein bißchen zu hoch gehalten wird, schafft das Pferd es nicht richtig im Genick nachzugeben, kommt dann nicht von den Paraden weg, geht gegen sie und ist zu hoch aufgerichtet.

Die Anlehnung zu verstehen und zu lernen, ist eine der schwersten Aufgaben für den Reiter, und hier ist die größte Gefahr für Mißverständnisse gegeben. Wir hantieren ja schließlich mit dem empfindlichsten Teil des Pferdes. Das Pferd weicht der Anlehnung von Zügel oder Hand, weil ihm der Druck im Maul unangenehm ist. Das Allerwichtigste ist, daß wir ihm ermöglichen müssen, von der Zügeleinwirkung zu weichen. Wenn wir fühlen, daß das Pferd versucht zu weichen, dann müssen wir ihm das auch erlauben und es mit dem nachgebenden Zügel loben, so daß es ein angenehmes Gefühl bekommt.

Es ist nicht der Reiter, der das Pferd nachgeben läßt, sondern es ist das Pferd, das nachgibt. Ein Pferd, dem wir dieses Nachgeben durch starres Festhalten verweigern oder eines, das uns nicht voll vertraut, daß es einen lockeren Zügel bekommt, wenn es weicht, wird damit aufhören. Es wird sich nicht mehr trauen zu weichen oder nachzugeben und liegt unangenehm auf der Hand.

Die isländische Kandare hilft dem Pferd, eine richtige Haltung für Kopf und Hals zu finden, also eine ideale Haltung.

Wenn wir die Kette richtig verschnallt haben, nämlich so, daß die Kette lose ist, wenn das Pferd seinen Kopf in der mittleren Aufrichtung mit weichem Genick senkrecht trägt, dann wirkt die Kandare wie eine Wassertrense. Wenn das Pferd aber gegen die Hand, also mit dem Kopf zu hoch kommt, dann übt die Kette einen gewissen Druck auf den Unterkiefer aus. Wenn das Pferd diesen Druck spürt, dann sollte es zuerst von der Kette und dann vom Gebiß weichen und in die ideale Haltung kommen. Und dann wird es für uns einfach, diese Anlehnung zu nutzen und das Pferd noch etwas mehr aufzurichten, aber ohne daß die Kopfhaltung zu hoch wird. Somit bekommen wir das Pferd an den Zügel, aber in der richtigen Selbsthaltung.
Ist die Kette zu kurz, dann besteht die Gefahr, daß das Pferd versucht nachzugeben, aber in diesem richtigen Augenblick nicht davonkommt, wenn der Reiter etwas zu lange mit einem oder beiden Zügeln dagegen hält. Beim Pferd entsteht dadurch eine Hoffnungslosigkeit und durch die Schmerzen, die es zudem dabei spürt, wird es sich wehren, es legt sich auf einen oder beide Zügel. Dann entsteht ein Teufelskreis.
Auch ein anderes Problem kann auftauchen, wenn die Kette zu kurz ist: Das Pferd rollt sich im Hals ein. Selbst bei Pferden, die uns gut kennen und sonst gut nachgeben, kann folgendes passieren, wenn wir nicht geschickt aufpassen: Das Pferd gibt nach, hört dann aber nicht auf nachzugeben. Es gibt nicht nur im Genick nach, sondern auch im Bereich des Halses vor dem Widerrist, es rollt sich ein. Wenn es das macht, hat es natürlich Schwierigkeiten, sich zu tragen.
Es ist also sehr wichtig für das Pferd, daß die Kette nicht zu kurz ist, weil sich das Pferd danach richtet. Bei richtig verschnallter Kette nimmt es die ideale Haltung wie von selbst ein, weil es unserer Hand vertraut, auch wenn wir nicht so sehr darauf aufpassen.
Natürlich können wir nicht darauf verzichten, unserem Pferd vorher die Hilfen und Zügelhilfen mit der Trense beizubringen, bevor wir es mit der Kandare die ideale Selbsthaltung finden lassen.
Wichtig ist es auch, das Pferd zunächst vom Boden aus an die Kandare zu gewöhnen und ihm die Zeit zu ermöglichen, sich damit vertraut zu machen. Es muß vor allem die Hand verstehen und ihr vertrauen. Deswegen ist die isländische Kandare nicht für jeden Reiter geeignet, man muß schon viel Übung und eine unabhängige Hand haben, um damit mit Erfolg reiten zu können.“

Wir müssen beim Maßnehmen und Verschnallen der Islandkandare größte Sorgfalt anwenden. Zunächst achten wir darauf, daß das Mundstück richtig sitzt und nicht an die Zähne des Pferdes stößt. Dann schnallen wir die Kette ein und prüfen deren Wirkung, indem wir beide Zügel gleichmäßig anziehen. Wir

1

2

3

Bild 1: Das genaue Verschnallen der Kinnkette bei der isländischen Kandare.

Bild 2: Die Glieder der Kinnkette dürfen nicht in sich verdreht sein. Sie wird locker eingehängt. Um zu prüfen, ob sie in der richtigen Länge eingehängt ist, nehmen wir die Zügel probeweise an.

Bild 3: So fein sollte das Pferd auf die isländische Kandare reagieren.

sehen jetzt, wieviel Spielraum zwischen Kette und Kiefer des Pferdes bleibt. Die Kette sollte bei angenommenen Zügeln nur eine leichte Berührung mit dem Kiefer haben, aber keinesfalls straff anliegen oder gar einschnüren. Ist die Kette zu stramm, wird unser Pferd meist schon beim prüfenden Anziehen der Kette abwehrend reagieren, wir müssen dann auf jeden Fall lockerer einschnallen. Am besten ist es für jeden unerfahrenen Reiter, sich in den Gebrauch der isländischen Kandare von einem Könner einweisen zu lassen. Auf jeden Fall sollte das Reiten mit Islandkandare mit größter Sorgfalt passieren, denn die isländische Kandare hat letztendlich deshalb einen schlechten Ruf bekommen, weil so viele damit reiten, ohne damit richtig umgehen zu können.

Zubehör

Je nach Gangfähigkeit werden wir zum Training auch Glocken oder Ballenboots verwenden, um unserem Pferd das taktklare Gehen durch die leichte Verzögerung, die dadurch beim Auffußen eintritt, zu erleichtern. Diese gibt es in recht unterschiedlichen Ausführungen und Gewichten, aber darauf gehen wir im Kapitel Tölt noch genauer ein.
Ansonsten verwenden wir eine längere Gerte, um dem Pferd die Hilfen zum Treiben und zum Takt zu verdeutlichen. Sie unterstützt die Anlehnung an die Hand und die treibende Wirkung der Schenkel.

Reynirs Trainingsaufbau

„Beim Reittraining gibt es folgende Phasen:

- *Das Pferd vorbereiten durch Aufmerksam-Machen und Nachgeben-Lassen,*
- *nach dem Aufsitzen nachkorrigieren, d.h. prüfen, ob das Pferd immer noch aufmerksam ist und nachgibt,*
- *Aufwärmen und Lockern, um die Balance zu ermöglichen,*
- *den Rhythmus in den Gangarten finden,*
- *die Zügel aufnehmen und das Pferd versammeln und nachgeben lassen,*
- *versammelnde Übungen, Tölten und Rennpaß (das gilt nur für gut trainierte Pferde),*
- *entspannen, damit das Pferd verschnaufen kann (dies kann auch zwischendurch, während der Arbeit notwendig sein).*

Es ist egal, ob wir mit einem Jungpferd oder mit einem Turnierpferd arbeiten, die Reihenfolge der Trainingsphasen bleibt gleich. Der Unterschied liegt in der Zeit, die wir benötigen, um sie alle zu durchlaufen. Mit dem Jungpferd können wir erst dann eine Stufe weitergehen, wenn es die vorherigen schon beherrscht. Also benötigen wir viel Zeit, um alle Phasen zu erarbeiten, oft die gesamte Ausbildungszeit. Beim Reitpferd können wir all diese Stufen in einer Trainingsstunde durchlaufen.

Im Einzelnen heißt das:
Vor dem Aufsteigen bereite ich das Pferd vor, indem ich es aufmerksam mache und deutlich nachgeben lasse. Dann sitze ich auf und wiederhole das Aufmerksam-Machen und Nachgeben, um zu vermeiden, daß das Reiten bereits falsch beginnt. Ich bereite das Pferd so richtig vor, damit es fein und bereitwillig auf meine Hilfen reagiert.
Wenn ich das Pferd aufwärme, lasse ich es erst am langen Zügel zwanglos laufen und ermögliche ihm dabei seine Balance zu finden. Es kann sich im Hals dehnen, somit seinen Rücken stärken und seinen Schwerpunkt richtig tragen. Wir müssen das Pferd unterstützen, damit es sich dehnen kann, deshalb zeige ich ihm den Weg in die Tiefe durch länger andauerndes Nachgeben der Zügel nach dem Abknicken im Genick, aber ohne zu treiben. Es kann sich dadurch fallenlassen, dehnen und im Rücken stark machen. Ich will, daß es sich entspannt und das Gewicht auf alle vier Beine gleichmäßig verteilt. Dabei darf es nicht auf die Vorhand kommen. Ich lasse das Pferd Schritt gehen, traben, vielleicht sogar tölten und am längeren Zügel galoppieren. Diese Phase kann relativ kurz sein, je nachdem, wie schnell das Pferd sein Gleichgewicht gefunden hat. Danach versammle ich das Pferd vorsichtig, nach und nach, bis ich merke, daß es sich selbst trägt, mehr Gewicht auf die Hinterhand verlegt und sich nicht auf das Gebiß legt. Nach solchen Übungen richtet sich das Pferd auf und bekommt eine korrekte Haltung. Ich beginne niemals damit, das Pferd von hinten an den Zügel zu reiten, bevor es nicht am langen Zügel im Schritt und Trab oder Galopp seine eigene Balance gefunden hat. Das ist meine Grundregel. Geht das Pferd in der richtigen Versammlung, dann reite ich es im Tölt in unterschiedlichen Tempi und trainiere es im Rennpaß. Natürlich ermögliche ich ihm nach der Arbeit zu entspannen und gebe ihm die Gelegenheit, sich wieder zu dehnen und lang zu machen. Dies ist nicht nur physisch wichtig, sondern auch unerläßlich für seine psychische Ausgeglichenheit.“

Aufwärmende und lösende Übungen am langen Zügel

Ziel der Arbeit am langen Zügel ist es, daß das Pferd sich gedehnt und entspannt in seiner Balance frei fühlen soll. Wir sind nur „Beifahrer“ und versuchen, es nicht zu stören. Wir müssen ihm ermöglichen, sich selbst auszubalancieren, vielleicht auch durch eine schnellere Gangart. In diese Balancefindung dürfen wir nicht zu früh eingreifen. Wird das Pferd am langen Zügel zu schnell, dann sollten wir immer daran denken, daß wir zum Beruhigen zuerst unsere Stimme, den leichten Sitz und den Körperkontakt haben. All das sollten wir einsetzen, bevor wir mit dem Zügel eingreifen.

Die Vorbereitung zum Aufsteigen

Nachdem unser Pferd das ruhige Stehenbleiben gelernt hat, stellen wir uns neben unser Pferd und nehmen die Zügel an. Wir steigen aber nicht einfach auf, sondern warten, bis das Pferd das Signal des Zügelaufnehmens angenommen hat und so reagiert, wie wir es von der Bodenarbeit her bereits kennen. Erst jetzt haben wir die Gewißheit, daß unser Pferd aufmerksam ist.
Als Reiter sollten wir eine gewisse Höflichkeit dem Pferd gegenüber wahren: Sich auf ein Pferd zu setzen, das man nicht vorbereitet hat, ist eine Art von Überfall und ein unhöfliches Verhalten. Das Zügelannehmen und Warten auf eine Antwort ist sozusagen die Anfrage des Reiters an das Pferd. Erst dann erfolgt das Aufsteigen.
Bei einem Pferd, das ein solches Reiterverhalten kennt und gewohnt ist, dauert dieser Moment des Vorbereitens nicht lange.

FEHLVERHALTEN BEIM AUFSTEIGEN:

(1) Es gibt Pferde, die beim Aufsteigen ihres Reiters nicht ruhig stehen bleiben. Dies müssen nicht immer temperamentvolle Pferde sein.

KORREKTUR:

(1) Das Pferd kennt das gewohnte Verhalten seines Reiters: Wenn er den Fuß in den Steigbügel stellt, wird er aufsitzen und losreiten. Das Pferd verknüpft dieses Signal mit der einzigen Reaktion: loslaufen. Dabei zeigt sich, daß es so in dieser Routine verhaftet ist, daß es auf die wirklichen Signale, die sein Reiter gibt, nicht mehr achtet.
Aber auch der Reiter macht den Fehler, daß er die einzelnen Schritte nicht deutlich genug trennt: 1. Stehenbleiben 2. Zügelannehmen 3. Warten auf das Nachgeben 4. Aufsitzen 5. Nachkorrigieren und die Selbsthaltung anbieten durch Annehmen und Nachgeben 6. Losreiten.
Wir sehen häufig, daß diesem kurzen „aufs Pferd steigen und losreiten“ viel zu wenig Aufmerksamkeit geschenkt wird. *Reynir* hat diesen Moment einmal damit verglichen, daß man einen Dieselmotor auch nicht ohne vorzuglühen startet, d.h. wir müssen unser Pferd immer auf das Kommende, wie z.B. das Aufsitzen vorbereiten, damit wir von ihm verstanden werden.

Fehlverhalten:

(2) Was können wir tun, wenn unser Pferd rückwärtsgeht, obwohl wir es aufmerksam gemacht haben?

Korrektur:

(2) Wir müssen diesen Kreislauf, den das Pferd im Kopf hat, wenn wir den Fuß in den Bügel setzen, unterbrechen, um es zu einer neuen Aufmerksamkeit zu bringen. Das bedeutet, daß wir in diesem Augenblick den Fuß wieder aus dem Bügel nehmen und unser Pferd rückwärtsgehen lassen, bis es stehenbleibt. Dann probieren wir es wieder, wahrscheinlich reagiert es wieder in altgewohnter Weise durch Rückwärtsgehen. Wieder nehmen wir den Fuß aus dem Steigbügel und lassen es bewußt rückwärts laufen. Wenn es erneut stehenbleibt, stellen wir den Fuß in den Bügel, bleiben aber stehen und machen keine Anstalten zum Aufsteigen. Das Pferd wird in diesem Moment überrascht sein, weil wir schließlich immer aufsteigen, wenn der Fuß in den Steigbügel tritt. Wir ziehen ihn sogar wieder heraus und stellen uns neben unser Pferd.

Nur durch unser geändertes Verhalten erreichen wir, daß unser Pferd von seinen stereotypen Verhaltensmustern abweicht. Allerdings dürfen wir dabei nicht die Geduld verlieren, denn solche Umerziehungen können recht viel Zeit und Wiederholungen erfordern, aber der Erfolg lohnt diese Mühe.

Anreiten am langen Zügel

Auch wenn das Pferd am langen Zügel geht, muß es fein sein für die Hilfen, und wir müssen vorher von ihm verlangen, daß es auf das Zügelannehmen mit Nachgeben reagiert. Deshalb ist es wichtig, nach dem Aufsitzen das Annehmen und Nachgeben zu überprüfen und dem Pferd die Selbsthaltung anzubieten, um zu vermeiden, daß das Reiten schon falsch beginnt. Oft liegt das Pferd bereits gleich nach dem Anreiten auf der Hand und ist schon stumpf. So beginnen alle Probleme schon beim Anreiten.

Zunächst wird unser Pferd nach dem Aufsitzen damit beschäftigt sein, sein Gleichgewicht unter dem Reitergewicht zu finden. Wir müssen ihm dafür Zeit zugestehen.

Also lassen wir es nach Aufforderung durch Stimme, Gerte, Kreuz oder Schenkel am langen Zügel antreten.

Wir bemühen uns jetzt, das Pferd nicht in eine Verspannung kommen zu lassen, reiten zwanglos geradeaus und dirigieren es zwischendurch durch Gewichtsverlagerung unseres Körpers, also durch eine stärkere Belastung des inneren Gesäßknochens, zum Gehen auf unterschiedlich großen Kreisen. Dies

„Wir müssen unserem Pferd am langen Zügel erlauben, seine Balance und den Weg in die Tiefe zu finden.“

geschieht möglichst ohne Zügeleinsatz oder, falls doch notwendig, mit einem führenden Zügel, der nur die Richtung zeigt.
Wenn wir das Pferd zu diesem freien Vorwärtsbewegen gebracht haben, spüren wir deutlich, wie bereitwillig es unserer Gewichtsverlagerung folgen wird. Es wird frei laufen, Kopf und Hals fallenlassen und im Körper entspannt und lang werden. Auf diese Art können wir es geradeaus und in unterschiedlich großen Zirkeln und Volten gehen lassen und vergessen dabei nicht die Hand zu wechseln, um unser Pferd nicht einseitig zu belasten. Wir verlangen in dieser Phase nur, daß es lernt, energisch in Selbsthaltung vorwärtszugehen und beenden sie sogar recht schnell, um zu verhindern, daß es träge und unaufmerksam wird, weil es sich langweilt. Die Übung sollte solange gemacht werden, bis wir spüren, daß unser Pferd im Gleichgewicht geht und „vorwärtsdenkt“. Wir merken das daran, daß das Pferd gelöst ist und dabei konzentriert nach vorne gehen will. Es ist nicht stockend oder verhaltend in seinen Bewegungen.

FEHLVERHALTEN BEIM ANREITEN AM LANGEN ZÜGEL:

(1) Wir sitzen auf und das Pferd geht mit falscher, zu hoher Aufrichtung ohne Einsatz der Hinterhand los.

KORREKTUR:

(1) Bevor wir losreiten, lassen wir unser Pferd im Genick abknicken und geben mit dem Zügel nach. Wir wenden aber keine treibenden Hilfen an, so daß es sich im Hals fallen lassen und dehnen kann und den Weg nach unten findet.

FEHLVERHALTEN:

(2) Das Pferd hat den Weg in die Tiefe noch nicht gefunden, geht verspannt und verhalten und wir beenden diese Arbeit trotzdem schon.

KORREKTUR:

(2) Wir müssen dem Pferd gegenüber aufmerksamer werden und wirklich auf die Signale achten, die es uns gibt. Wir sollten lernen zu spüren, ob sich das Pferd willig und freudig

in der Biegung oder im Geradeaus bewegt oder ob es sich bei manchen Bewegungen verkrampft.
Nur wenn wir uns bemühen, diese Beobachtungen zu machen und unserem Pferd die Zeit zur Entspannung unter und mit dem Reiter gestatten, wird es sich freudig bewegen. Beachten wir diesen Punkt nicht, haben wir für alle weiteren folgenden Übungen bereits ein von Anfang an verspanntes Pferd, das auch beim weiteren Reiten nicht mit Freude und Können dabei sein kann, weil ihm die Bewegung Schmerzen bereitet oder es so in seinem Gleichgewicht gestört ist, daß ihm dies Angst und Zwang bereitet, so daß es seiner Natur entsprechend davor flüchten möchte. Meist verhindert der Reiter dies in einem solchen Augenblick und versetzt das Pferd schlimmstenfalls in Panik und in ein widersetzliches Verhalten.

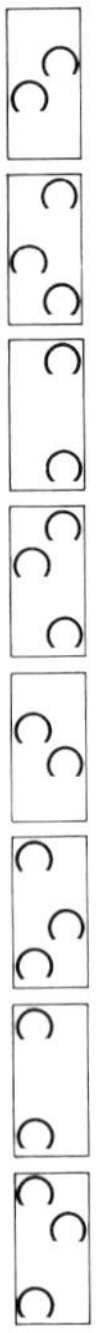

Der Schritt am langen Zügel

Der Schritt ist ein Viertakt mit acht Phasen, wobei sich in der Folge Dreibein- und Zweibeinstützen abwechseln. Zweibeinstützen sind abwechselnd lateral und diagonal.

Schritt ist generell die Grundgangart, die am meisten geritten wird. Wir reiten Schritt in unwegsamem, schwierigem Gelände, als Entspannungsgangart zu Beginn und zum Ende des Reitens und natürlich auch zwischendurch zum Erholen. Aber auch lösende und versammelnde Übungen werden im Schritt durchgeführt.
Wir beginnen den Schritt am langen Zügel. Das Pferd sollte gleichmäßig locker voranschreiten, wobei die Hinterhand deutlich über die Spur der Vorhand hinaus treten sollte. Wir achten darauf, daß das Pferd einen gewissen Schwung behält und sich gut gebogen in den Wendungen vorwärts bewegt. Dabei werden wir deutlich spüren, ob unser Pferd bereits im Gleichgewicht und somit in guter Balance und Selbsthaltung läuft.

FEHLVERHALTEN BEIM SCHRITTREITEN AM LANGEN ZÜGEL:

(1) Das Pferd geht nicht vorwärts.

KORREKTUR:

(1) Ist unser Pferd eher träge veranlagt, dann wird es im Schritt langsamer werden, wenn es nicht ständig getrieben wird. Das Treiben darf keinesfalls nur und ständig durch die Schenkel erfolgen, sonst gewöhnt sich das Pferd daran und stumpft völlig ab.
Wir setzen zum Treiben lieber die Gerte ein und achten darauf, es energisch zu einem konstanten, gleichmäßigem Schritt zu treiben. Hilfreich sind dazu auch die Boden-

übungen und das abwechslungsreiche Reiten im Gelände.

FEHLVERHALTEN:

(2) Das Pferd ist zu eilig und geht hastig mit immer kürzer werdenden Tritten.

KORREKTUR:

(2) Geht unser Pferd nur in einem hastigen Schritt mit kurzen Tritten, dann sollten wir es nicht vorwärtstreiben, sondern langsamer reiten und beruhigend einwirken. Wir sollten ihm den halbleichten Sitz zur Entlastung und Entspannung anbieten. Wir sollten immer versuchen, mit Körperkontakt, Stimme und halbleichtem Sitz zu beruhigen und nicht mit der Hand einzuwirken. Zuweilen kann es auch hilfreich sein, ein solches Pferd zunächst durch eine schneller gerittene Gangart zu lösen und erst dann den Schritt am langen Zügel erneut zu probieren.

FEHLVERHALTEN:

(3) Der Viertakt des Schrittes ist zum Paß verschoben.

KORREKTUR:

(3) Verschiebt sich der Viertakt zum Paß, dann liegt es daran, daß unser Pferd mit verkrampftem und festgehaltenem Rücken geht. Wir müssen daran arbeiten, daß unser Pferd sein psychisches und physisches Gleichgewicht wiederfindet. Wir reiten es möglichst ruhig, mit lockerem Zügel und auf unebenen Wegen, die es nicht zum Rennen, sondern zu konzentriertem Gehen auffordern. Wir üben den Schritt besonders dann, wenn das Pferd ruhig oder etwas müder ist.

FEHLVERHALTEN:

(4) Der Schritt verschiebt sich zum Trab. Das Pferd „zackelt" und trabt nahezu auf der Stelle.

KORREKTUR:

(4) Ist das Pferd zu aufgedreht und verschiebt die Bewegung zum Trab, d.h. es „zackelt", dann müssen wir das Pferd beruhigen. Wir lösen es in anderen Gangarten und lassen es sich entspannen. Außerdem sollten wir möglichst alleine reiten, um zu vermeiden, daß es durch Gesellschaft noch aufgeregter wird. Auch hierbei können wir wieder auf die Bodenarbeit zurückgreifen.

Für alle Fehler gilt, daß wir dem Pferd zuerst den Weg in die Tiefe zeigen müs-

Rauður *geht im fleißigen Schritt und gutem Gleichgewicht vorwärts.*

sen, indem wir es im Genick leicht abknicken lassen, so daß es danach den Hals dehnen und den Rücken stärken kann.

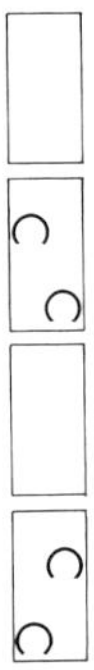

Der Trab im halbleichten Sitz

Der Trab ist ein Zweitakt mit vier Phasen. Das Pferd geht mit diagonaler Fußfolge. Dazwischen liegt eine Sprungphase.
Der Trab wird in unterschiedlicher Art geritten: ausgesessen, leichtgetrabt oder im halbleichten Sitz.
Es gibt viele Islandpferde, die im Trab sehr unsicher gehen, häufig in Tölt oder Galopp fallen oder ihn gar nicht anbieten. Deshalb ist es wichtig, dem Pferd einen freien und lockeren Trab zu ermöglichen. Am besten geht dies im halbleichten Sitz.
Nachdem unser Pferd seine Balance im Schritt gefunden hat, können wir versuchen, es im Trab am langen Zügel zu reiten. Dazu ist es besser, wenn wir es nicht durch unser Gewicht im Rücken zu sehr belasten, sondern möglichst in einer freien Bewegung laufen lassen, in der es sich zwangloser ausbalancieren kann und die es durch den halbleichten Sitz des Reiters ermöglicht bekommt.
Zunächst müssen wir unser Pferd zum Traben auffordern. Gerade Pferde, die zum Naturtölt oder zum Paßtölt neigen, tendieren dazu, auf die Trabhilfen mit Tölt, Galoppsprüngen oder mit „Schweinepaß“ zu reagieren, d.h. sie haben häufiger Probleme mit taktklarem, lockeren Trab.
Ein gutes Hilfsmittel zum Antraben ist der entlastete Rücken des Pferdes durch unseren Sitz und der Körperkontakt des Reiters mit dem Widerrist des Pferdes. Wenn wir beide Hände auf den Widerrist aufsetzen, reagieren die meisten Pferde sehr positiv auf diese Stimulanz. Sie traben entspannt los und genießen die Reiterhaltung, die durch den vorgebeugten Sitz und die ruhig gestellte Hand für sie angenehm sein muß. Unsere Hände massieren durch die Bewegung des Pferdes den Widerrist und bleiben dabei so ruhig stehen, daß sie das Pferd in der Bewegung nicht stören, weil sie direkt mit der Bewegung des Pferdes verbunden sind. Beim Antraben sollte man sich Zeit lassen und etwas fester auf den Widerrist drücken, als Signal gewissermaßen. Der Körperkontakt wirkt beruhigend auf die Pferde und der halbleichte Sitz verstärkt diesen Moment. Hat das Pferd bereits einen sicheren, lockeren und taktklaren Trab, dann können wir diese Handhaltung wieder aufgeben und in solchen Momenten einsetzen, wenn sich bei unserem Pferd eine Verspannung zeigt.

FEHLVERHALTEN BEIM TRABEN AM LANGEN ZÜGEL:

(1) Unser Pferd kommt der Aufforderung zum Antraben nicht nach und

springt im Galopp, Tölt oder paßverschobenen Tölt an.

KORREKTUR:

1 In diesem Moment ist das Pferd nicht locker genug, es hat so viel Spannung, daß es den Tölt, Galopp oder Paßtölt vorzieht. Wir sollten immer wieder, nachdem es in der unerwünschten Gangart läuft, beruhigend einwirken, indem wir es kurz in der Gangart laufenlassen, dabei aber beruhigend auf das Pferd einreden, ihm die Hände auf den Widerrist legen oder mit einer Hand seinen Hals berühren. Diese Art von Körperkontakt hat auf die meisten Pferde eine beruhigende Wirkung. Als nächsten Schritt parieren wir unser Pferd in den Schritt, lassen es einige Zeit darin gehen und beginnen das Antraben von neuem. Wir sollten dabei nicht die Geduld verlieren, bei einigen Pferden kann es recht lange dauern, bis sie den Trab finden.

Wir müssen darauf achten, daß wir häufiger die Gangarten wechseln und dem Pferd immer wieder durch zunächst halbleichten Sitz den Trab anbieten. Die treibenden Hilfen beim Übergang dürfen nicht zu schwach sein. Hilfreich kann auch das Reiten im Gelände sein, wo wir z.B. leicht bergauf reiten und dabei dem Pferd durch unsere Gewichtsentlastung nach vorne versuchen, den Trab anzubieten. Galoppiert es an, dann müssen wir verhaltend einwirken, so daß beim Tempoverlangsamen eventuell der Trab gefunden wird.

Selbst wenn anfangs nur einige Schritte getrabt werden und das Pferd wieder umspringt, ist das ein großer Schritt zum Erfolg, den wir keinesfalls unterschätzen sollten. Töltet unser Pferd, dann können wir es solange tölten lassen, bis die Hinterhand aktiv da ist, dann kommt auch der Trab. Über das Tölten wird die Hinterhand gefördert und so

Durch lange Zügel und entlastenden Sitz erleichtert der Reiter das Antraben. Die Bügel sind hier etwas zu lang.

Das Pferd ist noch nicht sicher in seinem Gleichgewicht. Die Reiterin entlastet durch halbleichten Sitz und lockerem inneren Zügel.

können wir auch einen „Schweinepasser“ zum Trab tölten, wenn wir die Hinterhand des Pferdes aktivieren. Wir müssen aber darauf achten, daß unser Pferd nicht zu lange im paßverschobenen Tölt auf der Vorhand läuft.

Weitere Trainingsmöglichkeiten für einen besseren Trab stellen auch die Arbeit an der Longe dar oder das Mitnehmen unseres Pferdes als Handpferd. Denn gerade das freie Mitlaufen neben einem anderen Pferd empfinden viele Pferde als aufmunternd und zeigen dabei wesentlich lockerere Bewegungen als unter dem Reiter.

Wir sollten also jede Gelegenheit nutzen, um unser Pferd körperlich und psychisch zu lockern.

FEHLVERHALTEN:

(2) Es trabt zwar an, läuft aber nicht gleichmäßig, sondern beginnt mit der Hinterhand oder der Vorhand Galoppsprünge zu machen.

KORREKTUR:

(2) Das nicht taktklare Traben mit eventuellen Galoppsprüngen sollte für uns kein Anlaß zur Sorge sein. Dieses Verhalten ist durch häufige Übung leicht zu korrigieren. Wir dürfen unser Pferd zunächst nicht überfordern und sollten keine zu langen Trabstrecken reiten, sondern, wenn es ein Stück taktklar gelaufen ist, lieber wieder zum Schritt durchparieren oder in eine andere Gangart wechseln, in der es locker und sicher läuft. Auch ein Handwechsel hilft oft

bei diesen Gleichgewichtsproblemen. Nach jedem richtigen Trab sollten wir es ausführlich loben, und mit der Zeit können wir diese kurzen Etappen immer länger werden lassen.
Auch müssen wir darauf achten, daß wir uns in den Momenten, in denen das Pferd die Galopprolle anbietet, richtig verhalten. Wir dürfen dann nicht mit Gewalt in den Trab zurückparieren wollen, sondern sollten sogar bewußt eine Galopphilfe geben, um das Pferd kurz im Galopp im leichten Sitz laufen zu lassen und ihm die Möglichkeit zur Entspannung zu geben, bevor wir es durchparieren. Somit geben wir dem Pferd die Möglichkeit, sich in dieser von ihm angebotenen Gangart wohlfühlen zu können.
Durch unsere bewußte Aufforderung geben wir ihm das Gefühl, es richtig gemacht zu haben. Würden wir in diesem Moment mit zwanghaftem Durchparieren reagieren, würde sich das Pferd völlig verspannen, da es ja schon aus einer gewissen Verspannung heraus in die Rolle gesprungen ist. Das Pferd rollt oder galoppiert genau dann, wenn es versucht, sich auszubalancieren und seinen Schwerpunkt richtig zu tragen.

FEHLVERHALTEN:

(3) Es trabt nicht locker, sondern rennt unter dem Reiter los.

KORREKTUR:

(3) Rennt das Pferd, sobald wir seinen Rücken entlasten, einfach los, egal ob im Tölt oder im Trab, bedeutet dies entweder, daß es noch nicht so durchlässig ist, um unsere Hilfe anzunehmen oder daß es einfach übermütig ist.
Im ersten Fall sollten wir versuchen, es aus diesem Davonstürmen nach einigen Metern langsamer zu machen oder eventuell durchzuparieren. Ein solches Stürmen bedeutet, daß das Pferd vor der reiterlichen Einwirkung davonrennt und das meist aus Unbehagen bzw. Angst.
Somit ist es in einer negativen Spannung, aus der wir es allmählich herauslösen müssen. Ein solcher Spannungszustand ist bei dieser Übung, die ja zu den lösenden und gleichgewichtsfördernden Übungen zählt, nicht erwünscht. Übergehen wir diese Verspannung jetzt, dann werden wir auch in den anderen Gangarten und Übergängen große Probleme bekommen.
Am besten ist es, das Pferd zunächst im Schritt an den halbleichten Sitz zu gewöhnen, um ihm diese Hilfe zu zeigen und es dadurch zu beruhigen. Zudem sollten wir unsere Zügelführung überprüfen, das Pferd sollte im Genick abknicken und anschließend lang werden. Wir dürfen nicht zu früh einwirken, sondern müssen ihm

etwas Zeit geben, die Balance zu finden.
Spüren wir bei unserem Pferd den puren Übermut, dann ist es sinnvoll, es zu beschäftigen, es zu fordern, arbeiten und am besten zuerst tölten zu lassen.

FEHLVERHALTEN:

(4) Es trabt sehr verhalten und verspannt und fällt in jeder kurzen Seite oder einer Biegung aus dem Trab heraus und geht „Schweinepaß".

KORREKTUR:

(4) Trabt es sehr vorsichtig und verhalten und verspannt sich deutlich spürbar in den Ecken der Reitbahn, dann ist unser Pferd noch nicht sicher in der Balance und versucht diese Unsicherheit durch Verkürzen der Trabschritte aufzufangen. Es kann dadurch im Körper nicht locker durchschwingen und belastet zu sehr die Vorhand, so daß die Hinterhand nicht aktiv genug ist, um das Gewicht von Reiter und Pferd zu tragen. Wir sollten es zu diesem Zeitpunkt nicht im Trab durch die Ecken zwingen, sondern zunächst nur auf längeren Geraden traben lassen und dabei darauf achten, daß das Pferd locker schwingt. Erst nach und nach können wir probieren, die Wendungen zu traben. Es ist aber sinnvoll, die Balance des Pferdes und den Einsatz der Hinterhand durch gymnastizierende Boden- oder Longenarbeit zu verbessern.
Auch das Reiten im Freien und möglichst in abwechslungsreichem Gelände, also bergauf und bergab und auf schmaleren, unebenen Wegen fördert die Stabilität unseres Pferdes.
Bei der Arbeit in der Bahn sollten wir viele Biegungen, Volten, Schlangenlinien und Zirkel im Schritt mit häufigen Handwechseln reiten, um das Gleichgewicht im Schritt zu festigen. Erst dann können wir uns zum schnelleren Tempo vorarbeiten. Keinesfalls dürfen wir in unserem Pferd ein Angstgefühl beim Traben in der Biegung aufkommen lassen, sonst wird es sich diesen Moment als unsicher merken und aus Angst vor jeder Kurve die Trabschritte verkürzen. Es traut sich dann selbst nichts zu! Springt es in unsicheren Momenten aus dem Trab in den Tölt über, ist dies nur normal, da es im Tölt keine gesprungene Phase gibt. Im Tölt behalten immer ein bzw. zwei Beine als Stütze den Bodenkontakt und vermitteln dem Pferd dadurch ein sichereres Gefühl. Wir können nur langsam durch die Stabilisierung der Balance des Pferdes dieses Verhalten korrigieren.

Der Galopp im halbleichten Sitz

Der Galopp ist ein Dreitakt mit sechs Phasen. Wir unterscheiden dabei zwischen Rechts- und Linksgalopp. Einerseits hat der Galopp eine lösende Wirkung auf das Pferd und andererseits können wir durch die Schubkraft aus der Hinterhand eine aufwärts gesprungene Bewegung fördern. Dies geht natürlich nicht in sehr schnellem Tempo. Zudem wird das Pferd sensibler für die Hilfengebung des Reiters und für das Finden seiner Balance, wenn wir es abwechselnd im Rechts- und Linksgalopp angaloppieren lassen.
Aber zunächst müssen wir ihm das Angaloppieren erleichtern. Dazu nutzen wir einen entlastenden Sitz und arbeiten am besten auf einem abgesteckten, geschlossenen Zirkel. Er sollte nach außen und nach innen begrenzt sein, so daß er wie ein geschlossener Ring wirkt. Sein Durchmesser sollte bei ca. 12 m liegen. Durch eine solche Begrenzung können wir den Zügel viel sparsamer einsetzen.
Wir haben den halbleichten Sitz bereits bei der Hilfe zum Antraben am langen Zügel kennengelernt und werden ihn jetzt auch als Hilfe zum Angaloppieren für solche Pferde nutzen, die so verspannt sind, daß sie gerne auf der Vorhand gehen und Schwierigkeiten haben auf normale Galopphilfen anzuspringen. Bei einigen Pferden kann es sogar erforderlich sein, daß der Reiter den leichten Sitz einnimmt. Natürlich muß er sicher in dieser Haltung sein und sein Gleichgewicht halten können.
Wir arbeiten mit unserem Pferd auf dem Zirkel, um ihm durch die vorgegebene Biegung das Anspringen auf dem richtigen inneren Fuß zu erleichtern und um ihm beizubringen, daß es überall galoppieren kann und nicht nur in bestimmten Situationen z.B. draußen im Gelände. Gerade für Pferde eines bestimmten Typs ist es sehr wichtig zu lernen, daß Galopp nicht nur geradeausstürmen auf der Vorhand bedeutet. Um dies besser lernen zu können, ist ein griffiger Boden in einer Reitbahn sehr wichtig, denn solche Pferde müssen erst das Vertrauen zum langsamen Galoppieren mit aktiver Hinterhand entwickeln.
Zunächst traben wir am langen Zügel und im halbleichten oder leichten Sitz auf dem Zirkel auf beiden Händen, um

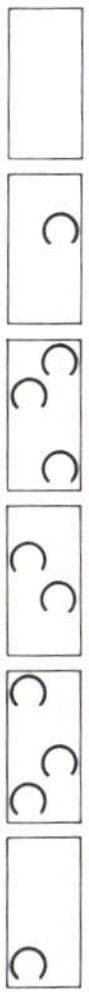

Angaloppieren im halbleichten Sitz. Der innere Zügel ist locker, um das Angaloppieren zu erleichtern. Der äußere steht leicht an.

festzustellen, welche Seite ihm besser liegt. Auf dieser treiben wir nun durch Stimme und durch die Gerte verstärkt vorwärts und lassen unser Pferd in den Galopp hineinlaufen. Mit der Gerte treiben wir entweder an der Schulter oder an der Flanke, je nachdem, wo das Pferd in der Bewegung verhalten ist. Unser Sitz wirkt beruhigend. Der Galopp kommt durch diese Voraussetzungen fast von selbst. Dieses in den Galopp Hineinlaufenlassen ist besonders für verspannte Pferde, die zu stark auf der Vorhand gehen und somit Probleme beim Angaloppieren haben, ein gutes Training für das vorwärts-aufwärts Gehen. Das Pferd hat die Möglichkeit, ohne störende Einwirkung durch zu viele Zügel- oder Gewichtshilfen seine Balance zu finden. Ein Pferd, das korrekt angaloppieren kann, braucht diese Übung nicht. Für den Reiter kann diese Übung auch zu einer wichtigen Erfahrung werden. Sie lehrt ihn, daß er seinem Pferd auch dann vertrauen kann, wenn er es nicht fest und kurz hält, obwohl es in einer schnelleren Gangart geht.

Auch wenn das Pferd anfangs nur ein oder zwei Sprünge macht, ist dies nicht schlimm, wir lassen es wieder ruhig traben und probieren es kurz darauf von neuem. Klappt das Angaloppieren auf beiden Händen gleich gut, beenden wir diese Übung.

FEHLVERHALTEN BEIM GALOPP IM HALBLEICHTEN SITZ:

(1) Das Pferd verstärkt auf das Treiben nur seinen Trab zu einem rennenden Tempo, galoppiert aber nicht an.

KORREKTUR:

(1) Wir bieten ihm den Galopp vermutlich nicht richtig an. Vielleicht haben wir unseren Schwerpunkt auf dem Pferd falsch gelagert, so daß das Pferd die Hilfe nicht versteht. Vor allen Dingen dürfen wir nicht hektisch werden, wenn das Pferd nicht gleich in den Galopp umspringt, sondern müssen in Ruhe darauf warten, daß es uns eine Galopprolle anbietet. Weiterhin dürfen wir nicht vergessen, unser Pferd auch mental zu beeinflussen und es zum Galopp aufzumuntern. Wenn wir langweilig auf ihm sitzen, d.h. so, daß wir uns nicht auf irgendeine Art mit ihm verständigen können und es kein „vorwärts" von uns spürt, ist es auch nicht motiviert. Wir können zur Unterstützung die Gerte benutzen. Dazu führen wir die Zügel einhändig, halten die Gerte in der anderen Hand und können sie präzise einsetzen. Außerdem sollten wir unserem Pferd die richtige Stelle zum Angaloppieren anbieten.

FEHLVERHALTEN:

(2) Das Pferd galoppiert an, aber im Außengalopp, im Kreuzgalopp im Paßgalopp oder im gelaufenen Galopp

KORREKTUR:

(2) Sollte unser Pferd im Außengalopp anspringen, dann müssen wir es korrigieren und durchparieren. Wir sollten bei unserer Zügelführung kontrollieren, ob die Anlehnung an den äußeren Zügel gegeben, das Pferd aber vom inneren Zügel weg ist, und wir müssen beobachten, ob wir unser Gewicht, unseren Schwerpunkt vielleicht nach außen verlagern, so daß wir das Pferd falsch belasten. Dies kann durchaus passieren, wenn der Reiter in seinem Sitz unsicher ist und zuviel Gewicht auf den äußeren Bügel verlagert.
Nach Überprüfung dieser möglichen Fehler versuchen wir erneut das Angaloppieren auf dem richtigen Fuß. Wenn wir spüren, daß sich das Pferd zu sehr nach außen konzentriert, weil es vielleicht durch etwas abgelenkt wird, warten wir den Moment ab, bis es sich wieder nach innen konzentriert und nutzen diese Stelle im Zirkel zum Angaloppieren.

Reynir lehrt das Angaloppieren gerne auf einem geschlossenen Zirkel. Die Reiterin hilft ihrem verspannten Pferd den Galopp zu finden, indem sie es durch Sitz- und Zügelführung entlastet. Auch die Gerte wirkt nicht treibend ein.

Das Pferd darf nicht nach außen denken.
Es kann auch hilfreich sein, wenn wir, falls das Pferd öfter falsch anspringt, die Hand wechseln und die Übung auf der anderen Hand probieren.

- Galoppiert ein Pferd im Kreuzgalopp, dann spürt der Reiter dies sofort an den harten stoßenden Bewegungen, denn das Pferd galoppiert z.B. mit den Vorderbeinen in der Fußfolge des Linksgalopps und mit den Hinterbeinen in der des Rechtsgalopps oder umgekehrt. Der Reiter sollte durchparieren. Wir müssen beim Angaloppieren darauf achten, daß dies in Ruhe geschieht, daß das Pferd nicht zu schnell in den Galopp stürmt, sondern ruhig und gelassen bleibt und nicht zu plötzlich an Tempo zulegt. Wir sollten das Pferd vor dem Galopp nicht zu schnell und hektisch laufen lassen.
- Bei paßveranlagten Pferden kann es passieren, daß der Galopp in der Diagonalen unterbrochen wird und die Vorhand zuerst auffußt. Dies geschieht häufig, wenn die Pferde im Galopp überfordert werden, durch zu hektisches Tempo oder wenn sie auf zu engen Wendungen galoppieren sollen, wobei das Pferd sein Gleichgewicht besser im Paß findet. Wenn unser Pferd zu einem solchen Verhalten neigt und zu sehr auf die Vorhand und zum Paß kommt, dann sollten wir es nicht treiben, sondern warten, bis es eine bessere Balance findet. Hilfreich sind lange Galoppaden im Gelände, freies Galoppieren als Handpferd oder freilaufende Arbeit auf einem Platz. Bei dieser Übung können wir uns zunächst damit zufrieden geben, wenn es in den Galopp umgesprungen ist.
- Ebenso verhält es sich beim gelaufenen Galopp, bei dem das Pferd durch vermehrtes Treiben und Vorwärtsreiten korrigiert werden sollte, denn der gelaufene Galopp entsteht dann, wenn der Schwung und der Dreiertakt verloren gehen. Dabei springt das Pferd mit der Hinterhand nicht mehr, sondern es beginnt damit zu laufen.

All diese erwähnten Fehler beim Angaloppieren sind Reiterfehler. Das Pferd setzt sich von selbst sehr selten so auf die Vorhand, daß es solche Galoppfehler macht. Man sieht das bei freilaufenden Pferden selten.

Reynir *bei der konzentrierten Arbeit auf dem Zirkel*

Reiten mit Anlehnung und verkürztem Zügel

Wir haben unser Pferd bei den bisherigen lösenden Übungen am langen Zügel gearbeitet und wenden uns jetzt den lösenden Übungen am verkürzten, aufgenommenen Zügel zu.

Unser Pferd sollte jetzt so gut ausbalanciert sein, daß es in den Grundgangarten am langen Zügel sein Gleichgewicht und seine Selbsthaltung gefunden hat. Wir müssen ihm nun helfen, dies auch dann zu bewahren, wenn es sich nicht mehr durch einen lang gestreckten Hals frei ausbalancieren kann, sondern sich mit Anlehnung an die Reiterhand bewegt.

Die Anlehnung des Pferdes an die Reiterhand muß leicht sein. Geht es sicher in einem guten Gleichgewicht mit einer aktiven Hinterhand vorwärts, dann lehnt sich das Pferd leicht an die Hand des Reiters an. Liegt es dagegen schwer auf der Hand des Reiters oder zieht es sogar gegen die Hand, dann ist das der Grund dafür, daß es auf der Vorhand läuft und seine Selbsthaltung verloren hat. *Reynir* sagt dazu: *„Für das Pferd ist es wichtig zu erfahren, daß alles besser ist, als auf der Hand zu laufen."*

Hat das Pferd seine Anlehnung gefunden, dann sollte ihm der Reiter durch eine ruhig aushaltende Hand, also ruhige und korrekte Zügelführung, erlauben, diese richtige Körperhaltung beizubehalten und darf es nicht durch unnötige Handeinwirkung stören. *Reynir* betont: *„Das Pferd möchte im Maul seine Ruhe haben."*

Durch die folgenden Übungen werden wir es unserem Pferd ermöglichen, diese leichte, unabhängige Anlehnung zu finden.

Erst dann können wir mit unserem Pferd verstärkt an der Versammlung arbeiten. Es wird ihm zunehmend leichter fallen, das Reitergewicht zu tragen und mit seiner Hinterhand gut unter den Körper zu treten. Je sorgfältiger wir bei der lösenden Arbeit darauf achten, daß unser Pferd in physischem und psychischem Gleichgewicht geht, desto einfacher wird ihm später die Versammlung fallen. Denn die Versammlung beinhaltet immer auch die Durchlässigkeit des Pferdes, so daß es fähig und willig ist, die Aufgaben, die wir ihm stellen, zu erfüllen. Nur wenn es dazu in der Lage ist, werden wir auch seine Leichtigkeit und Lust am Laufen spüren.

Um dieses Wohlfühlen mit dem Reiter in den verschiedenen Gängen zu erreichen, müssen wir uns das ständig wechselnde Zusammenspiel von Sitz, Hand und Schenkel, also von den treibenden und verhaltenden Hilfen vor Augen halten. Nur wenn ein harmonisches Gleichgewicht beim Einsatz dieser Hilfen vorherrscht, wird sich unser Pferd auch harmonisch bewegen können.

Wir sollten nie vergessen, daß alle Hilfen, auch wenn sie noch so fein gegeben werden, für das Pferd eine unangenehme Einwirkung darstellen. Schließlich bedeuten sie eine Einmischung des Menschen in das natürliche Verhalten und Bewegen des Pferdes und stellen zudem einen Eingriff in sein Gleichgewicht dar. Deswegen ist es um so wichtiger daran zu denken, daß die Wirkung der Hilfe immer erst nach der Hilfe selbst erfolgt, d.h. wir wollen eigentlich nicht die Hilfe als solche, sondern die Reaktion des Pferdes nach dem Geben der Hilfe. Die Hilfe darf nie zum Ziel oder Selbstzweck werden, denn es geht ja um ein „Helfen durch den Reiter". Deshalb dürfen wir dem Pferd auch nie das Gefühl verweigern, daß es der Hilfe weichen und somit nachgeben darf, um dem unangenehmen einwirkenden Moment zu entkommen. Um so wichtiger ist unsere Feinfühligkeit, mit der wir Hilfen jeglicher Art, egal ob durch die Hand, das Kreuz oder den Schenkel, geben und auch die Nachgiebigkeit, mit der wir reagieren, wenn auf die Hilfe die richtige Reaktion unseres Pferdes erfolgt. Wir sollten immer daran denken, daß nicht nur die einwirkende Hand das Pferd im Gleichgewicht beeinflußt, sondern auch ein unsicherer Sitz des Reiters.

Um dieses beim Reiten meist vernachlässigte harmonische Zusammenspiel wird es jetzt bei der folgenden Arbeit gehen. Dabei werden wir wieder die einzelnen Schritte genau beschreiben und auf mögliche Fehler hin untersuchen. Vielleicht erscheint dies übertrieben, aber es geht uns schließlich um ein besseres, erfolgreicheres Reiten mit unserem Islandpferd, und somit geht es auch darum, Fehler zu vermeiden bzw. alte, längst eingeschlichene Fehler zu erkennen und zu korrigieren.

Wichtig ist für uns, daß wir erkennen, daß z.B. die Korrektur eines Fehlers, der im fortgeschrittenen Tölt-Reiten auftritt, nicht an dieser Stelle erfolgen kann, sondern daß wir zu den Grundlagen des Tölt-Reitens zurückgehen und den Fehler dort suchen müssen. Wir dürfen nie fragen: „*Wie reitet man Tölt?*“, sondern wir müssen uns immer fragen: „*Wie reitet man überhaupt richtig?*“
Um diese Fehlersuche zu ermöglichen, gehen wir die einzelnen Schritte der Dressur, die schließlich und endlich die Grundlage zum Tölt- und Paßreiten bilden, genau durch. Egal, ob ein Pferd zur Hohen Schule, zum Dressurreiten, in zirzensischen Schauprogrammen, im Westernstil, in der spanischen Reitweise oder im Tölt oder Paß geritten werden soll, es muß grundsätzlich die Basisausbildung dafür bekommen, um seine Balance mit einem Reiter halten zu können, egal in welcher Situation. Nur ein Pferd, das dies kann, kann auch seine Leistung zeigen, weil es locker ist und sich in der Bewegung wohlfühlt. Laut *Reynir* ist „*die Balance der Nabel der Welt*“ beim Reiten.
Nachdem wir gelernt haben, wie wir unser Pferd durch das Aufwärmen, Lösen und Finden seiner Balance am langen Zügel richtig vorbereiten, wenden wir uns jetzt dem Reiten mit aufgenommenem kurzen Zügel zu.

Das Zügelverkürzen

Wenn wir beim Reiten am langen Zügel das Gefühl haben, daß unser Pferd gelöst, aufmerksam und gut balanciert vorwärts geht, dann können wir den Zügel aufnehmen, also das Pferd an den Zügel stellen, indem wir es leicht zur Hand treiben.
Beginnen wir nun zunächst damit, die Zügel zu verkürzen. Wir können dies im Schritt oder im Stand tun.
Wir müssen beim Zügelaufnehmen darauf achten, daß wir dies sehr einfühlsam ausführen und die freie Anlehnung des Pferdemauls an die Reiterhand nicht verderben. Wir dürfen keinesfalls die Zügel so stark verkürzen, daß sich das Pferd dagegen wehren muß. Wir müssen die Zügel mit Gefühl so weit verkürzen, daß unsere Hand ruhig ansteht und nicht in ein Zurückziehen verfällt. Unser gut ausgebildetes Pferd wird durch unsere vorbereitenden Bodenübungen bereits eine aufmerksame nachgebende Haltung auf den anstehenden Zügel einnehmen.
Nach jeder Anlehnung, d.h. dem Nachgeben des Pferdes in Richtung Reiterhand, erfolgt das Loben, indem wir mit der Hand vorgehen. Mit anderen Worten: Das Pferd kommt der Reiterhand durch sein Nachgeben im Genick mit dem Maul entgegen. Wir beantworten dies mit einem Nachgeben unserer Hände in Richtung Pferdemaul, so daß der Druck durch den anstehenden

Reynir *treibt das Pferd durch die Einwirkung von Kreuz und Gerte von hinten gegen den anstehenden Zügel.*

Zügel kurzfristig verschwindet, was das Pferd als wohltuend empfindet, sozusagen als Belohnung. Auf diese Art und Weise nähern wir uns der Haltung, bei der das Pferd am Zügel steht und weich und nachgiebig im Genick abknickt und mit seiner Aufmerksamkeit ganz beim Reiter ist. Wir müssen bei diesem Aufnehmen aber wie bei allem mit Geduld vorgehen und nicht einfach die Zügel zwanzig Zentimeter kürzer fassen, egal wie sich unser Pferd verhält. Bei weniger gut ausgebildeten, unsensibleren Pferden oder solchen, die nicht sofort verstehen, was wir verlangen, werden wir merken, daß dieses Annehmen der Zügel alleine nicht genügt. Wir werden sie durch den Einsatz von treibenden Hilfen erst zur Anlehnung an die Hand bekommen. Wir lassen aber auch hier zunächst die Zügel verkürzt ruhig anstehen und warten auf das Nachgeben des Pferdes. Passiert das nicht, dann müssen wir unser Pferd darauf aufmerksam machen, daß wir eine Reaktion von ihm erwarten. *Reynir* erklärt dazu: „*Wir müssen unser Pferd immer zum Vorwärtsdenken treiben, auch wenn es nicht in der Bewegung, sondern im Stand ist.*“ Wir spannen jetzt verstärkt unser Kreuz an und nehmen die Schenkel vorsichtig an das Pferd, eventuell berühren wir es sogar aufmunternd mit der Gerte, lassen die Hand aber ruhig stehen. Das heißt, wir treiben unser Pferd gegen die verhaltende Hand, so daß es jetzt, um diesem Druck zu entgehen, mit einem Nachgeben im Genick und im Maul reagieren muß. Erfolgt das Nachgeben des

Gibt das Pferd im Genick nach, dann geben wir mit der Hand und unseren treibenden Hilfen deutlich nach. Der Oberkörper entlastet leicht, die Gerte ist nach vorne genommen und die innere Hand gibt nach.

Pferdes, beantworten wir dies sofort mit einer nachgebenden Handbewegung nach vorne und treiben nicht mehr. Für manche Pferde kann dies auch zuviel sein. Es genügt, sie kurz mit der Stimme aufmerksam zu machen und nicht mehr zu treiben.

FEHLVERHALTEN BEIM ZÜGELVERKÜRZEN:

1. Wir verkürzen die Zügel und das Pferd reagiert mit einer Gegenbewegung und wehrt sich gegen die Einwirkung der Hand.

KORREKTUR:

1. In diesem Fall haben wir vermutlich den Fehler gemacht, unser Pferd zu überfallen, indem wir den Zügel verkürzt haben, ohne auf unser Pferd zu warten. Es spürt jetzt nur den Druck durch den Zügel und die Reiterhand, ohne daß wir ihm schrittweise die Möglichkeit zur Annäherung gegeben haben. Somit haben wir ihm die Möglichkeit zur Konzentration genommen und verlangen zu plötzlich die volle Aufmerksamkeit. Spüren wir das Wehren gegen den Zügel, müssen wir mit der Hand nachgeben, so daß es nicht zum Kräftemessen kommt.
Wir geben also kurz nach und beginnen nochmals mit dem vorsichtigen Zügelverkürzen, wobei wir darauf achten, daß wir nur dann weiter verkürzen, wenn unser Pferd nachgegeben hat. Vielleicht haben wir zudem vergessen, die treibenden Hilfen als Unterstützung einzusetzen.

FEHLVERHALTEN:

(2) Es reagiert, indem es so stark nachgibt, daß es sich zur Brust hin einrollt.

KORREKTUR:

(2) Rollt es sich sehr stark ein, dann müssen wir diese Haltung korrigieren, indem wir es durch Treiben verstärkt aufmerksam machen. Ein Pferd, das dazu neigt, sich der Reiterhand und -einwirkung auf diese Weise zu entziehen, muß ständig aufmerksam gehalten werden durch kurzes, gegen die anstehende Hand Treiben. Dabei nicht vergessen, im richtigen Augenblick mit der Hand nachzugeben. Das Einrollen passiert, wenn die Reiterhand nicht früh genug nachgibt. Der Zügel wirkt dann nicht auf den gesamten Körper, sondern nur im Halsbereich. Wir müssen vor dem Einrollen treiben. Wenn es im Genick nachgegeben hat, muß unsere Hand nachgeben und dann erneut treiben, damit es mit Kopf, Genick und Hals höher kommt. Funktioniert dies noch nicht, dann sollten wir erneut den Kontakt aufnehmen und besser aufpassen, daß das Pferd im richtigen Moment von der Hand wegkommt. Es hilft auch, das Pferd durch Rückwärtsrichten zu korrigieren, wenn es sich einrollen will. Es muß dann zurücktreten und kann nicht den Hals einrollen.

FEHLVERHALTEN:

(3) Es legt sein Gewicht auf die Hand und zieht nach unten.

KORREKTUR:

(3) Einem Pferd, das so stark auf der Hand liegt, muß man die Stütze, also die Hand entziehen, indem man sehr schnell nachgibt und dadurch verhindert, daß es sich weiterhin aufstützen kann. Auch hier gilt ein steter Wechsel zwischen Annehmen und Nachgeben, wobei das Nachgeben sehr deutlich durch ein sofortiges Vorgehen mit der Hand für das Pferd spürbar sein muß. Haufig passiert hier der Fehler, daß die Reiterhand zu starr und viel zu lange am Zügel zieht oder festhält, so daß unser Pferd nur einen dauerhaften, unangenehmen Druck verspürt, ohne daß es versteht, was von ihm verlangt wird. Wir müssen ihm schließlich die Verhaltensweisen, die wir von ihm verlangen, durch unser richtiges Verhalten anbieten. Dazu gehört hier ein anstehender und nicht ein zerrender Zügel. Auf zuviel Druck reagiert es mit Gegenwehr und nicht mit Nachgeben! Lieber kürzer und immer wieder probieren. Auch hier hilft zur Korrektur Rückwärtsrichten.

FEHLVERHALTEN:

(4) Unser Pferd gibt zwar in der gewünschten Weise nach, aber wir

spüren, daß es trotzdem nicht durchlässig ist, weil es beim Reiten im Schritt die Hinterhand nicht aktiv untersetzt und zudem unkonzentriert ist.

KORREKTUR:

(4) Unser Pferd zeigt genau das Verhalten, das wir von ihm möchten, aber es ist im Grunde unkonzentriert, es mogelt sozusagen. Auch hier müssen wir die Aufmerksamkeit durch verstärktes Treiben und Annehmen erhöhen. Ebenso gut geeignet sind die später aufgeführten versammelnden Übungen, und generell müssen wir uns überlegen, ob wir das Pferd unterfordern, so daß es sich langweilt und deshalb so verhält.

Das Reiten im Schritt

Nachdem unser Pferd die Anlehnung an die Reiterhand im Stand oder bereits im Vorwärtsgehen gefunden hat, werden wir uns bemühen, sie beim Schrittreiten beizubehalten. Reiten wir unser Pferd mit der richtigen Anlehnung, dann ist immer das Genick der höchste Punkt, und es geht mit guter Selbsthaltung im Gleichgewicht.
Der Schritt, den das Pferd mit verkürztem Zügel geht, ist im Gegensatz zum Schritt am langen Zügel durch akzentuiertere und verkürzte Bewegungen gekennzeichnet. Wir spüren, daß das Pferd unter uns verkürzt ist, weil es mit seiner Hinterhand besser untertritt und unser Gewicht leichter trägt.
Dieser Schritt gibt uns eine gute Möglichkeit, um das Zusammenspiel unserer Hilfen zu überprüfen. Damit das Pferd weiterhin, auch beim Durchreiten von Wendungen, in der Anlehnung bleibt und dabei taktklar, schwungvoll vorwärts geht, können wir es durch unsere treibenden Hilfen mit Kreuz, Schenkeln oder Gerte unterstützen. Dabei treiben wir im Rhythmus der Bewegungen, d.h. wir fühlen uns in die Bewegung hinein und verstärken sie durch ein Anlegen des rechten oder linken Schenkels an das Pferd. Ein gut gerittenes Pferd wird bereits durch das Anlegen der Schenkel und durch die treibende Kreuzeinwirkung des Reiters in gleichmäßigem Schritt bleiben. Wir dürfen keinesfalls in ein ständiges Schenkelklopfen oder ständige Zügeleinwirkung verfallen. Damit stumpfen wir das Pferd ab und machen es für die weitere Mitarbeit unsensibel und unmotiviert. Der mit Anlehnung gerittene Schritt ist die Grundlage, um unser Pferd stärker zu versammeln und später in guter Selbsthaltung und mit aktiver tragender Hinterhand im Tölt zu reiten.

FEHLVERHALTEN BEIM SCHRITTREITEN MIT ANLEHNUNG:

(1) Das Pferd verliert seine Anlehnung nach dem Anreiten.

KORREKTUR:

(1) Dies ist wohl einer der häufigsten Fehler, der nicht nur beim Anreiten, sondern bei jedem Übergang stattfindet. Dies bedeutet, daß das Pferd in seiner Balance noch nicht so stabil ist, daß es die Anlehnung beibehalten kann. Wir müssen erneut versuchen, es in seiner Balance sicherer werden zu lassen. Wir suchen den Fehler und gehen zu dem Tempo oder dem Moment zurück, wo es die Anlehnung verloren hat. Spüren wir die zunehmende Sicherheit unseres Pferdes, dann beginnen wir wieder, die Zügel zu verkürzen. Wir dürfen dabei die treibenden Hilfen nicht vergessen.

FEHLVERHALTEN:

(2) Es legt sich in den Wendungen auf die Hand.

KORREKTUR:

(2) Legt sich das Pferd in den Wendungen auf die Hand, dann bedeutet das, daß es sein Gleichgewicht zwar beim Geradeausgehen gut gefunden hat, aber in der gebogenen Haltung die Balance wieder verliert. Wir spüren das auch daran, daß unser Pferd die Wendungen nicht richtig gebogen geht. Es fühlt sich gerade und etwas steif an. Zur Korrektur sollten wir große Biegungen sehr bewußt reiten. Wir lassen den Zügel dabei zunächst länger, um es unserem Pferd einfacher zu machen, sich auszubalancieren. Wir achten dabei auf die korrekte Biegung und reiten das Pferd vom inneren Zügel weg, wobei der äußere Zügel die Anlehnung hält. Der Körper soll gebogen sein und die Hinterbeine das Gewicht tragen. Hat es seine Balance gefunden, dann ist es hinten tragfähiger und die Haltung von Kopf und Hals wird freier. Das Gewicht kommt von der Hand weg.

FEHLVERHALTEN:

(3) Es geht mit Anlehnung zu langsam und schleichend.

KORREKTUR:

(3) Geht das Pferd mit Anlehnung schleichend vorwärts, dann fehlt ihm das „Vorwärtsdenken", der Gehwille und es hat zuwenig Selbsthaltung. Vielleicht neigt es generell etwas zur Trägheit. Wir sollten überprüfen, ob wir die treibenden Hilfen vergessen haben. Bei solchen Pferden ist es wichtig, den Gehwillen wieder zu fördern. Wir dürfen sie aber keinesfalls durch ein ständiges gleichbleibendes Treiben langweilen. Besser ist es, sie zwischendurch energisch anzutreiben, eventuell mit der Gerte. Wir sollten den Vorwärtsdrang durch viel Abwechslung fördern, mit viel freier Arbeit am langen Zügel. Wir dürfen auch nicht ausschließlich in der Reitbahn daran arbeiten, wir

Gut gerittener Schritt am verkürzten Zügel

sollten dies auch im Gelände zwischendurch probieren. Hilfreich kann es auch sein, wenn wir nicht alleine in der Bahn sind, sondern das Pferd durch die Gesellschaft anderer Pferde aufgemuntert wird. Wir müssen uns energisch durchsetzen, aber wir können durch diese psychischen Faktoren unterstützend einwirken.

FEHLVERHALTEN:

(4) Es wehrt sich durch Kopfschlagen.

KORREKTUR:

(4) Wehrt es sich gegen die Anlehnung an den verkürzten Zügel, kann es auch hier die Probleme der fehlenden Balance und der somit auftretenden Verspannung haben. Es kann aber auch ein ungehorsames Verhalten gegen den Reiter sein. Wir sollten unsere Zügelführung kontrollieren und überprüfen, ob unsere Hand ruhig und unabhängig von unseren Bewegungen gehalten wird. Vielleicht ist sie zu unruhig oder wir haben die Zügel zu heftig verkürzt. Wir reiten das Pferd zunächst mit etwas weniger Anlehnung, treiben aber deutlich vorwärts. Meist hat ein Pferd, das sich wehrt, nicht verstanden, wie es von den Paraden wegkommt. Wir müssen ihm die Hilfen deutlicher machen und darauf achten, daß es, sobald es deutlich nachgibt, vom Zügel wegkommt.

FEHLVERHALTEN:

(5) Es reagiert auf den angenommenen Zügel mit heftigem Vorwärtsdrang und trabt auf der Stelle.

KORREKTUR:

(5) Wir müssen die Anlehnung an die Hand korrigieren. Das Pferd hat Angst vor dem Zügel und traut sich nicht von der Hand wegzukommen. Auch hier sollten wir die grundle-

genden Hilfen überprüfen und es zudem beruhigen, indem wir den halbleichten Sitz einnehmen und ihm erlauben, sich lang zu machen.

Das Anhalten

Wir bewegen unser Islandpferd im Schritt mit Anlehnung an den Zügel in der Reitbahn, wobei wir darauf achten sollten, daß wir unser Pferd nicht einfach in dieser Haltung festhalten, sondern daß es immer wieder durch Annehmen und Nachgeben aufmerksam bleibt. Kommt nun der Moment, in dem wir es zum Stehen bringen wollen, dann ist es auch hierbei notwendig, dies nicht überfallartig zu verlangen. Die ganze Parade, die das Pferd zum aktiven Anhalten, also mit dem Einsatz der Hinterhand bringen soll, wird durch das Geben von halben Paraden vorbereitet.

Reynir betont: „*Eine ganze Parade besteht immer aus unzähligen halben Paraden, die die ganze Parade vorbereiten.*"

Wir können dies am besten nachvollziehen, indem wir den verkürzten Schritt in zehn Einzelstufen (halben Paraden) weiter verlangsamen, um dann erst mit einer Parade zum Stand zu kommen. Jede halbe Parade, die wir geben, muß aktiv gegeben werden, d.h. wir dürfen die Parade nicht über die Ellbogen durch ein einfaches Ziehen geben, sondern müssen darauf achten, die Reihenfolge: Treiben – Annehmen – Nachgeben (= Loben) – Aufhören einzuhalten.

Unser Pferd wird durch die treibenden Hilfen zum Nachgeben auf die halbe Parade gebracht. Nur indem wir durch Kreuz und Gesäß, evtl. Schenkel das Pferd gegen die anstehende, verhaltende Hand treiben, funktionieren Paraden. Durch die halbe Parade wird das Pferd langsamer und tritt durch das Treiben mit der Hinterhand besser unter. Wir verkürzen also das Tempo, verbessern dabei die Selbsthaltung und den Takt unseres Pferdes und veranlassen es zu größerer Aufmerksamkeit.

Wenn wir in dieser Art schrittweise vorgehen, werden wir sehr deutlich spüren, wie unser Pferd kürzer wird, die Hinterhand mehr Gewicht aufnimmt und es sich dadurch vorne leichter aufrichtet.

Haben wir gewissermaßen für uns selbst bis zehn gezählt und so das endgültige Halten langsam durch die halben Paraden vorbereitet, dann halten wir jetzt gewissermaßen mit einer letzten halben Parade an. Wir lassen die Hand noch kurz anstehen und geben dann deutlich nach, wenn das Pferd im Genick abgeknickt ist und in Selbsthaltung am Zügel steht.

FEHLVERHALTEN BEIM ANHALTEN:

(1) Unser Pferd hält sofort bei der ersten halben Parade an.

KORREKTUR:

(1) Dieses Verhalten zeigt uns deutlich, daß das Pferd nur scheinbar durchlässig ist. In Wirklichkeit bedeutet dies, daß unser Pferd sehr genau weiß, was in diesem Moment von ihm erwartet wird und automatisch reagiert. Aber es wird bei diesem Halt auf der Vorhand „bremsen“ und die Hinterhand nicht genügend benutzen. Diese Art ist für das Pferd sicher bequemer, aber belastet auf die Dauer viel zu sehr die Vorderbeine, und zudem verspannt es sich im Rücken und den Hinterbeinen. Wir müssen ihm also beibringen, richtig zuzuhören und aus der stereotypen Reaktion herauszufinden. Wir müssen dabei darauf achten, daß wir in den Paraden sehr feinfühlig bleiben und zudem die treibenden Kreuz- und Schenkelhilfen nicht vergessen.

Wenn wir das Halten vorbereiten, sollten wir in dem Moment, in dem wir die erste halbe Parade geben wollen, darauf achten, das Pferd gegen die Hand zu treiben und mit der treibenden Einwirkung nicht zu schnell aufzuhören. Dabei können wir auch vorsichtig die Gerte zu Hilfe nehmen, falls wir mit unseren treibenden Hilfen nicht durchkommen. Aber wir müssen auf jeden Fall langsam vorgehen und mit sehr viel Geduld. Schließlich können wir nicht erwarten, daß solch ein eingeschliffenes Verhalten schlagartig und sofort geändert werden kann. Es hat auch wenig Sinn, nur noch an dieser Übung zu arbeiten, so daß unser Pferd der Sache überdrüssig wird und beginnt, sich dagegen zu wehren. Dann ist es besser, wieder andere Übungen einzuflechten, um unser Pferd abzulenken und ihm Erfolgserlebnisse mit Aufgaben zu geben, die es besser beherrscht.

FEHLVERHALTEN:

(2) Es zieht gegen den Zügel und versucht, sich der Einwirkung zu entziehen. Dabei wird es oft sogar schneller in der Bewegung.

KORREKTUR:

(2) Wehrt sich unser Pferd, so kann dies entweder eine Reaktion darauf sein, daß es verspannt ist und, wie *Reynir* treffend sagt, *„anfängt mit der Hand zu diskutieren“*, wenn es die Hinterhand verstärkt einsetzen soll. Oder es reagiert mit Ungehorsam, weil es dieses Untertreten als Unbequemlichkeit empfindet und sich durch heftigen Zug gegen den Zügel aus dieser Situation befreien möchte.

Es kommt häufig vor, daß es zudem schneller wird, um sich dem Reiter völlig zu entziehen. Passiert ein solches Verhalten, dann dürfen wir uns keinesfalls auf ein „Gezerre“ mit dem Pferd einlassen. Wir beruhigen es zunächst durch Stimme und halb-

Gut sichtbares Fehlverhalten: Anstatt anzuhalten, beginnt der Braune mit der Hand des Reiters zu diskutieren. Er versucht sich der Einwirkung zu entziehen und wird zudem schneller. Reynir *beruhigt durch halbleichten Sitz.*

leichten Sitz. Steht es, dann halten wir es zunächst mit angenommenem Zügel und warten darauf, daß es nachgibt und im Genick abknickt. Jetzt geben wir sofort deutlich nach und lassen unser Pferd im Schritt weitergehen, um es zunächst aus dieser „Kampfsituation" zu erlösen. Aber wir sollten erneut die Durchlässigkeit am langen Zügel überprüfen. Klappt dies recht gut, können wir uns langsam wieder an die Verkürzung des Pferdes herantasten. Dabei werden wir merken, ob unser Pferd sehr steif und verspannt geht und sich unter Umständen gar nicht richtig biegen kann und somit auch die Hinterhand nicht wirkungsvoll einsetzen kann. Wenn dies der Fall ist, müssen wir in unserer Arbeit wieder zu den lösenden Übungen zurückkehren, denn unser Pferd ist zu der versammelnden Arbeit noch gar nicht fähig.

Spüren wir dagegen, daß unser Pferd sehr wohl die Hinterhand einsetzen kann und locker in der Bewegung ist, aber trotzdem gegen die Reiterhand geht, dann dürfen wir ihm keine Gelegenheit geben, sich auf die Hand zu legen oder gar gegenzuziehen. Wir dürfen also nicht starr festhalten, sondern geben nach und treiben dabei aber vorwärts. Stürmt es jetzt vorwärts, dann gestatten wir ihm dieses Verhalten kurzfristig, d.h. wir bestärken es

sogar insoweit, daß wir ihm das Gefühl vermitteln, daß wir diese schnellere Gangart gefordert hätten. So wandeln wir eine ungewollte Handlungsweise des Pferdes in ein gefordertes Verhalten um, so daß es das Gefühl behält, daß wir der Leitende sind.
Wir müssen uns jetzt Stück für Stück an den Ungehorsam des Pferdes herantasten, am besten durch sehr viel Abwechslung in den Übungen und durch ein Verhalten unsererseits, das das Pferd zur Aufmerksamkeit zwingt, weil es dies so von uns nicht kennt und somit nicht stereotyp einordnen kann. Wir sollten es in seiner ganzen Aufmerksamkeit fordern. Dazu dienen ebenfalls wieder die weichenden Übungen der Bodenarbeit, die dem Pferd ein Nachgeben erleichtern. Allerdings sollten wir darauf achten, daß es diese Übungen nicht zu schnell ausführt, sondern langsam und mit der notwendigen Konzentration. Durch zu schnelles Ausführen entzieht es sich sonst wieder der reiterlichen Einwirkung. Wir müssen auf jeden Fall daran arbeiten, daß das Pferd vom Zügel wegkommt, wieder frei und locker in der Bewegung wird und die Parade fein annehmen kann.
Dieser Problematik werden wir später beim Tölten wiederbegegnen, denn auch beim Tölt besteht das Hauptproblem darin, daß die Pferde zu sehr über die Hand getöltet werden. Um so wichtiger ist es bereits vorher, dieses Problem in der versammelnden Arbeit zu beseitigen.

FEHLVERHALTEN:

(3) Es gibt soweit nach, daß es sich im Hals in Richtung Brust einrollt und sich somit ebenfalls der Hand entzieht.

KORREKTUR:

(3) Ist unser Pferd aufmerksam, gibt der Parade nach und hält in gewünschter Weise an, rollt sich danach aber so sehr im Hals ein, daß es hinter den Zügel gerät, dann müssen wir es in diesem Moment erneut aufmerksam machen, indem wir es in Richtung Hand treiben oder eventuell kurz mit der Gerte antippen. Zuerst muß es von der Hand wegkommen und dann nachgeben. Beim Einrollen achtet das Pferd nicht mehr darauf, was wir von ihm verlangen. Das Nachgeben alleine nutzt in solch einem Fall nichts, weil das Pferd trotzdem in dieser eingerollten Haltung verbleibt, da es sich bereits der Hand entzogen hat. Hier hilft nur stetes Aufmerksam-Machen durch Treiben und durch das Nachgeben im richtigen Augenblick. Gibt der Reiter zu spät nach, dann unterstützt er das Einrollen. *„Der Zügel wirkt nicht im ganzen Körper, sondern nur im Halsbereich des Pferdes."*

Der Trab

Wir haben den Trab bereits als freien Trab am langen Zügel im halbleichten Sitz geritten, kennengelernt.
Der Trab, der mit verkürztem Zügel und verstärkter Anlehnung geritten wird, erfordert beim Pferd ein gut ausgebildetes Gleichgewichtsgefühl. Dieser Trab, der Arbeitstrab, hat wohl die größte Bedeutung. Das Tempo ist ruhig und gleichmäßig und unser Pferd geht mit guter Anlehnung und Schwung aus der Hinterhand vorwärts. Dieses Tempo läßt sich entweder zum Mittel- oder starken Trab hin verstärken.
Beim Traben am langen Zügel nimmt der Reiter den halbleichten Sitz ein, um dem Pferd das Traben zu erleichtern.
Der Trab mit aufgenommenem Zügel wird entweder ausgesessen oder es wird leichtgetrabt, wobei dies erst dann geschieht, wenn das Pferd am langen Zügel taktklar und sicher in der Bewegung ist. Dabei muß die Hand des Reiters ruhig und in der Bewegung des Pferdes sein. Für Reiter mit unruhiger Hand empfiehlt es sich, sie vor dem Widerrist des Pferdes aufzusetzen. Dadurch ist die Hand in der Bewegung des Pferdes, und der Körperkontakt durch die aufgesetzte Hand des Reiters wirkt sehr beruhigend und ist hilfreich für das Pferd.

Verstärkter Trab

Fehlverhalten beim Trab mit verkürztem Zügel:

(1) Das Pferd trabt ohne Schwung mit schleppenden, ausdruckslosen Bewegungen.

Korrektur:

(1) Wir müssen vermeiden, das Pferd zu lange am Stück traben zu lassen. Vielleicht ist es durch die vorherige Arbeit bereits müde geworden, so daß wir im Schritt weiterreiten sollten. Besser ist es, das Pferd nur auf kurzen Strecken im Trab richtig vorwärts zu reiten. Wir sollten leichttraben und das Pferd mehr zur Hand treiben, so daß es mit federndem Rücken läuft. Auch Tempowechsel sind hilfreich oder die Gesellschaft eines anderen Pferdes.

Fehlverhalten:

(2) Das Pferd stürmt in der Bewegung vorwärts.

Korrektur:

(2) Unser Pferd verspannt sich zu sehr und verliert dadurch zudem sein Gleichgewicht und oft auch den Takt. Wir sollten es beruhigen, indem wir es im halbleichten Sitz und mit langem Zügel wieder zu einem ruhigeren Tempo finden lassen. Außerdem muß es der Reiterhand gegenüber „höflicher" werden, d.h. wir sollten seine Anlehnung überprüfen.

Der Galopp

Der Galopp ist eine Gangart, die beim Islandpferd recht unterschiedlich ausgeprägt ist. Bci cinigen Pferden ist der Galopp weniger gesprungen, sondern eher gelaufen oder zum Paß verschoben. Solche Pferde werden natürlich mit dem Galopp am verkürzten Zügel, dem Arbeitstempo oder dem versammelten Galopp Schwierigkeiten haben. Bei vielen Pferden ist der Galopp die schnellste Gangart. Er sollte jedoch nicht nur zum schnellen Reiten eingesetzt werden, sondern auch zum Lösen des Pferdes, was gerade bei temperamentvollen Pferden sehr wichtig ist. Läßt man ein Pferd zu oft am langen Zügel in hohem Tempo galoppieren, kann sich dies negativ auf das ausdrucksvolle Tölten auswirken. Wichtig ist bei der Galopparbeit das abwechselnde Angaloppieren auf beiden Händen, also im Links- und im Rechtsgalopp, um eine gleichmäßige Gymnastizierung zu erreichen und die Durchlässigkeit für die Hilfengebung zu fördern. Beim Arbeitstempo ist es wichtig, darauf zu achten, daß das Pferd gleichmäßig mit einem gut gesprungenen Dreiertakt vorwärts geht. Die Bewegung sollte dabei nicht flach sein, sondern dem Reiter das Gefühl vermitteln, daß das Pferd bergauf springt. Der Reiter kommt dabei gut zum Treiben und das Pferd hat eine leichte Anlehnung an die Hand.

Gut gesprungener Galopp

Durch verstärktes Treiben erreicht der Reiter den Mittelgalopp. Dabei bleibt der Takt erhalten, aber der Raumgriff und der Schwung des Pferdes werden ebenso erweitert wie die Sprungphase. Für viele Islandpferde ist es zunächst wichtig zu lernen, daß Galopp nicht nur eine Gangart ist, die rasantes Stürmen bedeutet.

Und viele Probleme beginnen bereits beim Übergang zum Galopp.

Die meisten Pferde können, am Zügel gehend, den Übergang vom Stand zum Schritt oder vom Schritt zumTrab bewältigen, aber der Übergang zum Galopp am Zügel bereitet vielen Schwierigkeiten. Pferde, die gelernt haben am langen Zügel zu galoppieren, brauchen einen lockeren, inneren Zügel für den Übergang. Der äußere bewahrt die Anlehnung, die Haltung und das Tempo. Dies muß gegeben sein, bevor der Reiter mit korrekt treibenden Hilfen einwirkt.

Der Übergang vom Tölt zum Galopp ist dann besonders schön und fließend, wenn der innere Zügel so lange locker bleiben kann, bis der Reiter im Bewegungsfluß eine Galopprolle spürt. Dann erst gibt er die korrekte Galopphilfe.

FEHLVERHALTEN BEIM GALOPP AM VERKÜRZTEN ZÜGEL:

1. Das Pferd stürmt sofort beim Angaloppieren los und verliert die feine Anlehnung an die Hand.

KORREKTUR:

(1) Das Pferd ist vermutlich noch nicht richtig stabil in seinem Gleichgewicht und versucht sich der Anlehnung zu entziehen, indem es durch ein Davonstürmen dem Reiter jeglichen Einfluß aus der Hand nimmt. Um ihm zu ermöglichen, daß es sich besser tragen kann, beginnen wir wieder mit der Galopparbeit am langen Zügel und reiten im leichten Sitz, um es zu beruhigen. Außerdem darf es die Hand des Reiters keinesfalls als Stütze finden, deshalb arbeiten wir vorwiegend mit den Übungen, die es unabhängig von der Reiterhand werden läßt. Es muß vom inneren Zügel wegkommen. Bei sehr heftigen Pferden kann es auch helfen, sie zunächst über eine Strecke frei galoppieren zu lassen, man läßt sie sich über das Laufen beruhigen. Wir wirken beruhigend auf sie ein durch unsere Stimme, einen leichten Sitz und längeren Zügel und beginnen dann langsam, den Zügel wieder aufzunehmen und mit dem Kreuz zur Hand zu treiben.

FEHLVERHALTEN:

(2) Unser Pferd galoppiert zwar richtig an, verliert aber kurz darauf seinen Schwung und wechselt zum Trab.

KORREKTUR:

(2) Verliert unser Pferd seinen Schwung im Galopp, dann haben wir entweder nach dem Angaloppieren die treibenden Hilfen vergessen oder unser Pferd ist lustlos geworden. In einer solchen Phase sollten wir ihm viel Abwechslung anbieten und ihm das freie Galoppieren im Gelände, möglichst auch in Pferdegesellschaft ermöglichen. Auch das freie Laufen als Handpferd ist hierbei wirkungsvoll.

FEHLVERHALTEN

(3) Es geht im Kreuz-, Außen- oder Paßgalopp.

KORREKTUR:

(3) Die Korrektur dieser Fehler haben wir bereits beim Galopp am langen Zügel erklärt und sollte dort nachgelesen werden.

Die Vorhandwendung

Die Vorhandwendung ist eine Wendung der Hinterhand um die Vorhand. Wir haben unserem Pferd bereits bei der Bodenarbeit die Voraussetzung zum Weichen, wie es bei der Vorhandwendung notwendig ist, vermittelt. Somit dürfte es eigentlich wenig Probleme bekommen, wenn es diese Übung mit dem Reiter im Sattel ausführen soll. Die Vorhandwendung ist eine lösende Übung, die unser Pferd aufmerksamer macht, mehr zum Kauen bringt, an die Hilfen heranführt und

Die Vorhandwendung kann anfangs auch mit Unterstützung der Gerte ausgeführt werden, bis unser Pferd die Hilfen verstanden hat. Auf dem rechten Bild treibt der Reiter an der Stelle des innen einwirkenden Schenkels. Der äußere verwahrt die Vorwärtsbewegung.

zudem durch das Übertreten des jeweiligen Hinterbeines gymnastizierend wirkt. Sinn dieser Übung ist es, Pferd und Reiter ein Gefühl für den seitwärtstreibenden Schenkel zu vermitteln. Bevor wir mit der Übung beginnen, arbeiten wir mit unserem Pferd auf der Hand, auf der es sich leichter biegt, und wir gehen zum Halten auf den zweiten Hufschlag, um zu vermeiden, daß sich unser Pferd an der Bande der Reitbahn stößt, falls es noch etwas unkontrolliert in der Wendung ist. Zunächst bringen wir unser Pferd zum Halten und lassen es ruhig stehen. Das Pferd soll nun durch ein Weichen um den Schenkel des Reiters die Hinterhand um die Vorhand bewegen, ohne daß es nach vorne

wegläuft. Im Gegensatz zur Bodenarbeit weicht unser Pferd jetzt dem Schenkel und nicht der Gerte, wobei wir diese durchaus zur Verdeutlichung einsetzen können.
Wir machen unser Pferd zuerst durch eine halbe Parade aufmerksam und stellen das Pferd zur inneren Seite. Auf dieser Seite belasten wir den Gesäßknochen vermehrt, indem wir das Kreuz anspannen und die Hüfte bewußt in diese Bewegung nach vorne schieben. Der Schenkel auf dieser Seite treibt am Gurt, der auf der anderen Seite bleibt verwahrend hinter dem Gurt liegen. Die innere Hand gibt nach, während der äußere Zügel verwahrend stehengelassen wird, für die Haltung sorgt und das Vorwärtsgehen verhindert. Wir müssen diese Übung langsam und konzentriert verfolgen, denn das Pferd soll ja lernen, seitwärts zu treten, ohne zu eilen. Sobald unser Pferd mit der Seitwärtsbewegung reagiert, können wir es loben. Auch wenn es zunächst nur ein bis zwei Schritte in der richtigen Weise durchführt, sollten wir uns damit zufriedengeben und deutlich loben, indem wir mit dem Treiben durch den Schenkel aufhören. Durch dieses richtige Reagieren hat unser Pferd bereits die ersten Ansätze für das später folgende Schenkelweichen gezeigt.
Wir dürfen diese Übung nicht zu oft mit unserem Pferd machen, da sie den Nachteil haben kann, daß das Pferd eher rückwärts denkt.

Das Pferd weicht der treibenden Gertenhilfe durch das Seitwärtstreten. Unterstützt wird es zudem durch die Gewichtsverlagerung des Reiters.

Um dem Pferd die Hilfen besser zu verdeutlichen, können wir auch mit einer Wendung um die Vorhand arbeiten. Dies ist keine ganze Vorhandwendung auf der Stelle, sondern wir lassen das Pferd dabei ein Stück weichen und wieder vorwärtsgehen. Es dient dazu, die vorwärts- und seitwärtstreibenden Hilfen besser verständlich zu machen

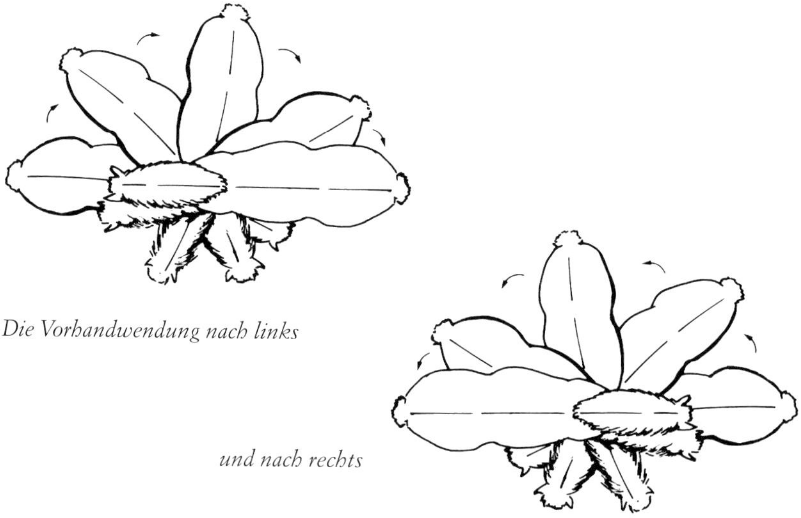

Die Vorhandwendung nach links

und nach rechts

und wir vermeiden ein Abstumpfen, weil wir nicht zu lange an der Übung bleiben.

FEHLVERHALTEN BEI DER VORHANDWENDUNG:

(1) Das Pferd reagiert sofort beim Stellen mit dem Zügel durch ein Herumtreten mit der Hinterhand, ohne daß der seitwärtstreibende Schenkel zum Einsatz kommt.

KORREKTUR:

(1) In diesem Fall müssen wir überprüfen, ob wir unser Pferd zu stark gestellt haben, und es also nur durch den Zügel herumziehen, ohne daß es die Möglichkeit hatte, auf den Schenkeleinsatz zu warten und zu reagieren. Hierbei hilft es, weniger zu stellen, mehr auf den seitwärtstreibenden Schenkel zu achten und die Schenkelhilfe deutlicher durchzuführen. Eventuell unterstützen wir das durch ein Antippen mit der Gerte an der Stelle des treibenden Schenkels, um die Reaktion darauf zu verfeinern. Aber der Reiter darf auch nicht vergessen nach jedem Weichen zu loben, indem er den treibenden Schenkel und die Gerte vom Pferd wegnimmt. Zudem muß der äußere verwahrende Zügel mehr eingesetzt werden.

Je schneller ein Pferd diese Übung begreift und je intelligenter ein Pferd beim Lernen ist, desto schneller lernt es auch, sich einer solchen „lästigen" Übung zu entziehen.

Als ich meinem Pferd *Vafi*, einem überaus lernfähigen Tier, die Vorhandwendung verständlich gemacht

hatte, reagierte er bereits auf jede noch so feine Gewichts- oder Zügelhilfe, die auch nur entfernt daran erinnerte, sofort mit einem Wenden der Hinterhand um die Vorhand. Er war anfangs so „stolz“ auf das Gelernte, daß er sich jedesmal, wenn er mir die Übung angeboten hatte, zu mir umdrehte und mit aufforderndem Blick ein Leckerli zur Belohnung verlangte, so in der Art: “*Ich weiß eh' schon, was Du willst, ich bin viel schneller als Du, kann das sowieso prima, also her mit der Belohnung!*“
Anfangs fand ich das noch lustig, später merkte ich, daß sich dieser clevere Kerl damit ganz elegant der Arbeit entzog. Diese war ihm nämlich lästig, weil er sich konzentrieren sollte. Also wählte er den einfacheren Weg nach vorne. Es hat einige Zeit gedauert, dies zu korrigieren und ihm den Spaß an der Arbeit trotzdem nicht zu nehmen.
Wir sollten uns also in acht nehmen, diese Übungen allzu mechanisch auszuführen.

FEHLVERHALTEN:

(2) Unser Pferd reagiert nicht auf den treibenden Schenkel.

KORREKTUR:

(2) Auch dann, wenn unser Pferd gar nicht auf den treibenden Schenkel reagiert, sollten wir zur Verdeutlichung die Gerte einsetzen. Wir treiben mit der Gerte genau an der Stelle, an der wir auch vom Boden aus getrieben haben. Diese Art der Einwirkung kennt es durch die Bodenarbeit und somit müßte es ihm leichter fallen, auf diese Hilfe zu weichen. Klappt auch dies nicht, dann können wir mit einem Helfer, der zusätzlich mit der Hand auf diese Stelle seitwärtstreibend einwirkt, dem Pferd die Wirkung des seitwärtstreibenden Schenkels verdeutlichen. Auch hier gilt wieder: Nach jedem Weichen loben, d.h. Schenkel und Gerte weg vom Pferd nehmen.

FEHLVERHALTEN:

(3) Es reagiert in gewünschter Weise, läuft aber einige Schritte nach vorne weg.

KORREKTUR:

(3) Bewegt sich unser Pferd nicht nur seitwärts, sondern auch vorwärts, dann ist dies anfangs prinzipiell nicht so schlimm. Grundsätzlich hat es die Hilfengebung verstanden und arbeitet in der gewünschten Weise mit.
Auf jeden Fall ist es besser, wir akzeptieren zunächst dieses nach vorne Laufen, als daß wir es durch grobes Festhalten verhindern. Dies würde nur zu einer Verspannung des Pferdes führen, und es bekäme zudem das Gefühl, daß es in eine Be-

wegung gezwungen wird. Da sich unser Pferd aber frei und wohl fühlen soll, gestatten wir ihm die Vorwärtsbewegung anfangs und versuchen, mit zunehmender Übung sie einzuschränken, in dem wir z.B. auf dem ersten Hufschlag arbeiten, so daß das Pferd als natürliche Vorwärtsbremse die Bande vor sich hat. So tasten wir uns an die korrekte Ausführung der Vorhandwendung heran. Wir müssen auch hier den äußeren Zügel verstärkt verwahrend einsetzen und zudem aufpassen, daß es sich nicht dem Schenkel entzieht. Es darf ihm nicht „irgendwie" weichen, sondern es muß genau reagieren.

FEHLVERHALTEN:

(4) Es biegt sich so stark herum, daß es sich in der Seitwärtsbewegung einrollt und nicht korrekt langsam Fuß für Fuß zur Seite tritt.

KORREKTUR:

(4) Das zu starke Einrollen entspricht dem gleichen Fehlverhalten wie dem beim Anhalten. Das Pferd entzieht sich hier durch extreme Biegung des Halses seitwärts nach unten. Sie geschieht aber von selbst und nicht etwa durch den treibenden Schenkel.
Wir müssen auch in diesem Fall das Pferd durch vermehrte treibende Einwirkung aufmerksamer machen, von der Hand wegbekommen und eventuell zuerst mit anderen Übungen, wie z.B. Halbe-Schulterherein, vorbereitend arbeiten. Weiterhin sollten wir unsere Zügelführung überprüfen. Das Pferd soll nur leicht gestellt sein. Der äußere Zügel muß verwahrend stehengelassen werden. Wahrscheinlich haben wir mit ihm nachgegeben.

FEHLVERHALTEN:

(5) Der Reiter behindert durch falsches Einwirken die Seitwärtsbewegung.

KORREKTUR:

(5) Ein weiterer, häufig zu korrigierender Fehler ist die falsche Gewichtsverlagerung des Reiters. Zu oft wird die falsche Seite des Pferdes belastet und mit den Zügeln genau entgegengesetzt gestellt. Das Pferd weiß in einem solchen Fall einfach nicht, wie es sich korrekt verhalten soll: Zügelstellung und Schenkelhilfen zeigen eine Richtung, während die Kreuz- und Gesäßeinwirkung deutlich eine andere vorgibt.
Wir sollten immer wieder überprüfen, ob unsere Körperhaltung wirklich eindeutig und somit vom Pferd zu verstehen ist.

Das Schenkelweichen

Das Schenkelweichen dient dazu, ein Pferd geschmeidig zu machen, und gibt ihm die Möglichkeit sich zu lösen. Besonders dann, wenn sich ein Pferd während der Arbeit, z.B. beim Tölt sehr festmacht, helfen häufig schon einige Schritte Schenkelweichen, um es wieder zu lösen. Unser Pferd hat bereits durch die Bodenarbeit und die Vorhandwendung die seitwärtstreibenden Hilfen kennengelernt, so daß wir bei der Ausführung dieser Übung vom Sattel aus nur noch auf unsere richtige Hilfengebung achten müssen.
Das Pferd bewegt sich beim Schenkelweichen in einem Winkel von ca. 45° vorwärts-seitwärts auf zwei Hufschlägen. Dabei ist es gegen die Bewegungsrichtung gestellt und darf keine Biegung haben. Entweder wir führen dieses Weichen frei aus oder mit Anlehnung an die Bande einer Reitbahn. Bei Pferden, die zum Davonstürmen neigen, kann diese Begrenzung eine Hilfestellung sein. Der Kopf des Pferdes ist zur Bande gerichtet und wir achten darauf, daß das Pferd nicht zu nah an die Begrenzung kommt und dadurch behindert wird. Ist das Pferd dabei z.B. nach rechts gestellt, dann ist die rechte Seite die innere. Der positive Effekt besteht darin, daß es für das Pferd leichter ist, vom inneren Zügel wegzukommen und seitwärts zu weichen, dafür ist es schwieriger, die Vorwärtsbewegung dabei zu erhalten. Beim freien Arbeiten ohne Bande hat das Pferd die bessere vorwärts-seitwärts Bewe-

Deutlich zu sehen: Die seitwärtsübertretenden Beine des Pferdes und die gerade Haltung des Reiters beim Schenkelweichen.

gung, dafür muß der Reiter mehr gegenhalten, um die Vorwärtstendenz zu beschränken.
Der innere Schenkel treibt dabei am Sattelgurt vorwärts-seitwärts gegen den äußeren, zurückgenommenen verwahrenden Schenkel und die äußere verwahrende Hand. Das Gewicht des Reiters wirkt auf den inneren Gesäßknochen, wobei darauf geachtet werden muß, daß wir in der Hüfte nicht einknicken, sondern gerade sitzen, um eine richtige Gewichtseinwirkung zu erreichen.
Führen wir die Übung richtig aus, dann bewegt sich das Pferd auf zwei Hufschlägen vorwärts-seitwärts, ohne dabei im Körper gebogen zu sein. Die inneren Hufe treten deutlich vor und über die äußeren.

Schenkelweichen nach links

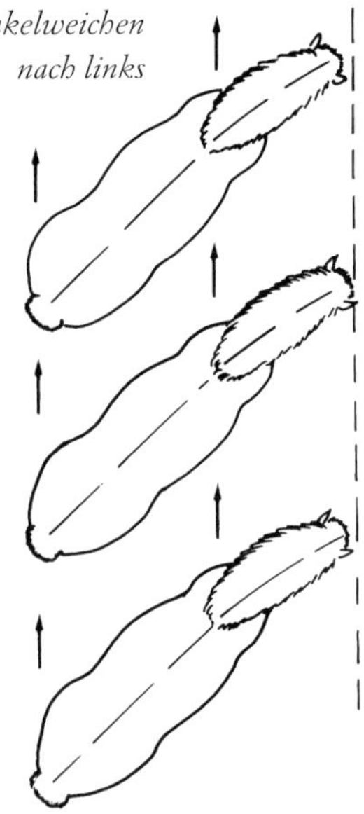

FEHLVERHALTEN BEIM SCHENKELWEICHEN:

(1) Das Pferd reagiert nicht auf die treibenden Hilfen und geht geradeaus weiter.

KORREKTUR:

(1) Unser Pferd hat die seitwärtstreibenden Schenkelhilfen noch nicht verstanden. Zur Verdeutlichung können wir die Gerte auf die Seite nehmen, an der der treibende Schenkel einsetzen soll. Wir tippen unser Pferd in dem treibenden Moment zur Verdeutlichung und Unterstützung unserer Hilfe an und warten, bis es weicht. Meist genügt dieser Gerteneinsatz einige Male, dann hat das Pferd diese Aufforderung verstanden und in Zukunft brauchen wir die Gertenunterstützung nicht mehr. Ein weiterer Fehler kann darin liegen, daß wir unser Pferd nicht eindeutig genug stellen und zudem einen Fehler in der Gewichtshilfe machen, in dem wir die falsche, äußere Seite belasten, so daß sie entgegen unserem inneren treibenden Schenkel wirkt. Das Pferd weiß nicht mehr, was es tun soll, sprich nach welcher Seite es weichen soll. Also weicht es gar nicht, sondern geht geradeaus weiter.

FEHLVERHALTEN:

(2) Das Pferd bricht über die äußere Schulter aus und bewegt sich mit zu

starker Halsbiegung seitwärts. Das Tier ist dabei nicht gelöst, sondern so verkrampft, daß der richtige Bewegungsfluß von hinten nach vorne gestört ist und die Vorhand nicht mehr vorausgeht.

KORREKTUR:

(2) Bricht das Pferd über die äußere Schulter aus, dann haben wir den äußeren verwahrenden angenommenen Zügel vernachlässigt und es am inneren zu stark herumgezogen. Die Einwirkung muß jedoch weniger mit dem inneren Zügel als mit dem inneren Schenkel erfolgen. Wir müssen auch stets im Blick behalten, daß wir das Schenkelweichen immer nur kurz anwenden sollen, um das Pferd, das sich verspannt hat, zu lösen. Es sollte niemals reiner Selbstzweck werden.

Reynirs *Halbe-Schulterherein*

Das Halbe-Schulterherein haben wir bereits bei der Bodenarbeit kennengelernt. Im Gegensatz zum Schulterherein, bei dem sich das ganze Pferd in der Biegung befindet und dabei seitwärts-vorwärts geht, werden beim Halbe-Schulterherein nur der Kopf und der Hals des Pferdes gestellt. Durch diese Stellung erreichen wir eine große Beweglichkeit im Schulter- und Halsbereich des Pferdes und fördern

Halbe-Schulterherein nach rechts: Das Pferd ist sicher in der Balance, die Kopfhaltung frei beweglich, der innere Zügel ist locker und die äußere Schulter kommt in der Bewegung deutlich nach vorne.

die Geschmeidigkeit, so daß durch diese Übung die Verspannung, die entsteht, wenn ein Pferd zu sehr über die Hand getöltet wird, wieder aufgelöst werden kann. Wir reiten beim Halbe-Schulterherein von dem rechten oder dem linken Zügel weg. Das Ziel ist, die innere Seite weicher und frei beweglicher zu machen und die Anlehnung an den äußeren Zügel zu bekommen. Also eine wichtige Übung für den Tölt, die dort oft zur Korrektur der Galopprolle und zur Verfeinerung des Taktes eingesetzt wird.
Diese Übung können wir zunächst im Stehen probieren und dann beim Reiten.
Wir reiten bei dieser Übung zunächst im Schritt am verkürzten Zügel auf einem Hufschlag geradeaus und stellen

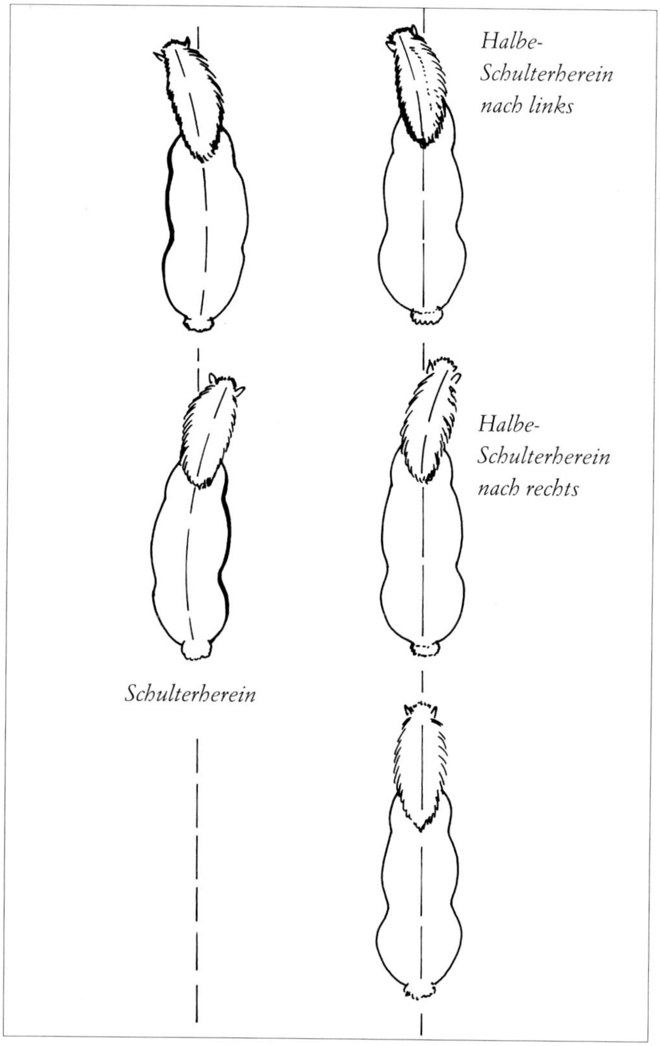

unser Pferd nur mit Kopf und Hals wahlweise nach links oder rechts. Dabei achten wir darauf, daß unser Pferd geradegerichtet weitergeht, und wir führen, z.B. bei einer Stellung nach rechts, unsere rechte Hand leicht in Richtung unserer linken Schulter. Sobald das Pferd nachgibt, gehen wir mit unserer Hand wieder nach vorne.

FEHLVERHALTEN BEIM HALBE-SCHULTERHEREIN:

1 Das Pferd wehrt sich gegen die Hand, also gegen die vom Reiter verlangte Stellung und biegt sich nicht im Bereich Hals und Kopf, sondern versteift sich.

KORREKTUR:

1 Wir sollten beim Hineinreiten in die kurze Seite der Bahn versuchen, dem Pferd immer wieder kurz die Bande zu zeigen und den Kopf dabei nach außen zu stellen, so daß es langsam versteht, was wir von ihm verlangen und es insgesamt nachgiebiger wird. Dabei darf aber keinesfalls ein Zug am Zügel und dadurch ein Gegenzug des Kopfes oder Wegdrehen des Halses entstehen. Klappt diese Übung noch nicht vom Sattel aus, dann sollten wir dazu zurückkehren, die Übung vom Boden aus zu probieren.

FEHLVERHALTEN:

2 Es verstärkt das Tempo.

KORREKTUR:

2 Diese Übung sollte keinesfalls ein Schnellerwerden im Schritt zur Folge haben. Auch diese Reaktion bedeutet nichts anderes, als daß sich unser Pferd dieser Anforderung entziehen möchte. Zur Korrektur gehen wir vor, wie im Fehlverhalten 1 beschrieben.

Halbe-Schulterherein nach rechts und nach links

FEHLVERHALTEN:

(3) Das Pferd biegt sich im gesamten Körper sofort mit, geht also Schulterherein.

KORREKTUR:

(3) Für dieses Verhalten gibt es mehrere Möglichkeiten. Als erstes sollten wir unsere Körperhaltung überprüfen, vielleicht haben wir bei der Zügelführung versehentlich unseren Oberkörper nach rechts geneigt und das Pferd weicht der Gewichtsverlagerung. Eine weitere Fehlerquelle könnte darin liegen, daß wir vergessen haben, unser Pferd vorwärts zu treiben, den rechten Zügel zu stark angenommen haben und das Pferd im Halsbereich noch nicht so biegsam ist, daß es dieser Forderung folgen kann, ohne mit dem ganzen Körper auszuweichen.
Die letzte Möglichkeit für diesen Fehler besteht darin, daß wir einfach zu dicht an die Bande der Reitbahn gelangt sind und daß unser Pferd den Hals nicht biegen kann, ohne daran zu stoßen. Also wird es ganz ausweichen.

Versammelnde Übungen

Nachdem wir durch die richtige Anwendung von halben Paraden gelernt haben, unser Pferd deutlich zum Untertreten mit der Hinterhand zu aktivieren, können wir mit ihm die versammelnden Dressurlektionen angehen. Wir haben die Vorbereitung dazu bereits vom Boden aus an der Hand geübt, so daß unser Pferd recht schnell begreifen wird, was wir von ihm erwarten.
Wir können nur immer wieder betonen, wie wichtig diese Art der Vorbereitung für das spätere Töltreiten ist. Unser Pferd kann nur dann locker und mit guter Aufrichtung tölten, wenn es sich in der Bewegung unter dem Reiter frei und ungezwungen fühlen kann. Und dies wiederum ist erst dann möglich, wenn es gelernt hat, sich mit seinem Reiter auszubalancieren, und wenn wir gelernt haben, unserem Pferd dabei zu helfen und es nicht zu stören. Somit ist auch die versammelnde Arbeit für uns immer wieder aufs Neue ein Prüfstein für unsere Konzentration und Aufmerksamkeit dem Pferd gegenüber. Deshalb wenden wir uns erneut, jetzt vom Sattel aus, den Lektionen Schulterherein, Kurzkehrt, Hinterhandwendung und Rückwärtsrichten zu, allerdings nicht mehr in der absoluten Ausführlichkeit, sondern nur noch in den Punkten, die sich von der Bodenarbeit unterscheiden.
Dabei sollten wir auch die Abwechslung in der Arbeit nie vernachlässigen und uns den Sinn und das Ziel der einzelnen Übungen vor Augen halten. Schulterherein, Kurzkehrt, Hinterhandwendung und Rückwärtsrichten sind versammelnde Übungen, bei denen die Hinterhand des Pferdes unter den

Schwerpunkt tritt, so daß sie zum vermehrten Tragen kommt und sich die Vorhand durch diese Entlastung leichter und freier bewegen kann.

Das Schulterherein

Schulterherein ist eine versammelnde Übung und zwar die einzige Übung in der Versammlung, bei der das Pferd nicht in die Laufrichtung gebogen ist. Beim Schulterherein wird das Pferd in seiner ganzen Länge um den inneren Schenkel gebogen, die Vorhand wird vom Hufschlag weggenommen und die Hinterhand bleibt auf ihm. Das Pferd soll so gelenkig und nachgiebig gemacht werden, und es geht auf drei Hufspuren. Wird diese Übung korrekt ausgeführt, dann werden Kopfstellung, Schulterfreiheit, Rippenbiegung und der Hankenbug verbessert, so daß unser Pferd gut für das Durchreiten enger Wendungen vorbereitet wird. Wir führen diese Geschmeidigkeitsübung im Schritt durch, wobei wir darauf achten müssen, daß sich das Pferd in einem versammelten Schritt bewegt. Wir beginnen mit dieser Übung am besten aus einer bereits gegebenen Biegung heraus, d.h. am günstigsten aus dem Zirkel. Der Zirkel sollte am besten auf der Mitte der kurzen Seite begonnen und korrekt ausgeführt werden. Das Pferd soll sich gleichmäßig gebogen auf der Kreislinie bewegen.

Reynir *lehrt das Schulterherein auch gerne gegenläufig zur Zirkelbiegung. Das Pferd tritt vorwärts-seitwärts mit seinem inneren Vorderbein über das äußere und das innere Hinterbein tritt vor das äußere. Es geht auf drei Hufspuren.*

Ist der Zirkel korrekt ausgeführt und ein gleichmäßiger Rhythmus erreicht, können wir nun damit beginnen, unser Pferd aus der gebogenen Vorwärtsbewegung in die gebogene vorwärts-seitwärts Bewegung zu dirigieren. Wir wirken verstärkt mit dem inneren Schenkel

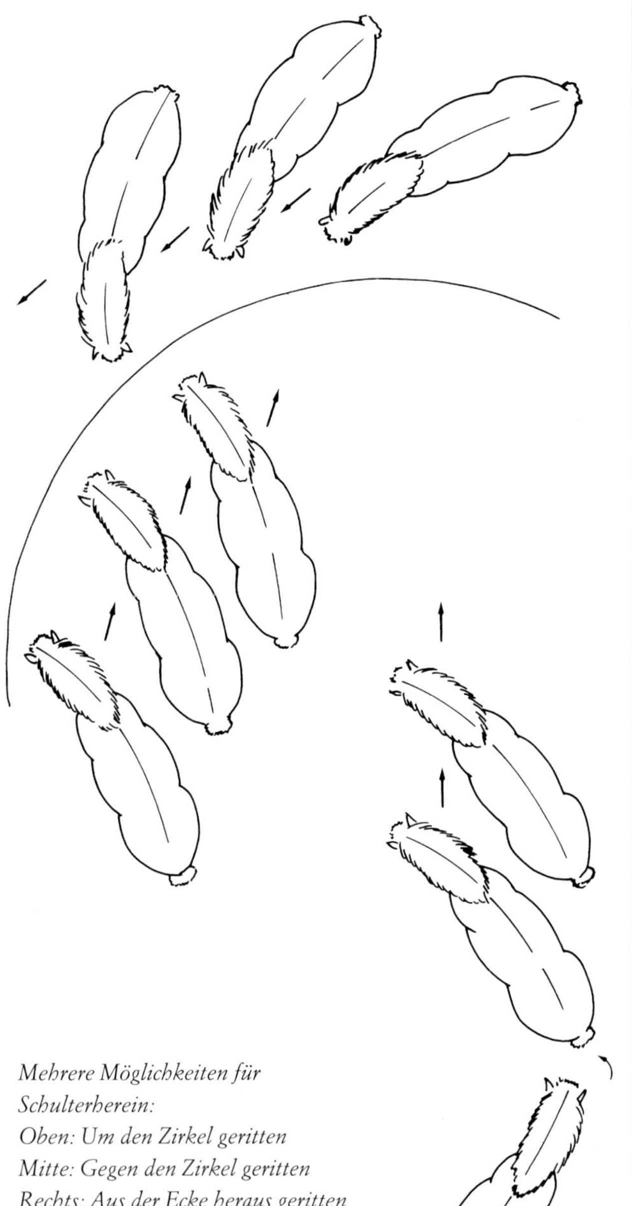

Mehrere Möglichkeiten für Schulterherein:
Oben: Um den Zirkel geritten
Mitte: Gegen den Zirkel geritten
Rechts: Aus der Ecke heraus geritten

auf die Seitwärtsbewegung des Pferdes ein und lassen die Hinterhand dadurch nach außen weichen. Reagiert unser Pferd richtig, dann lassen wir es nur einige Schritte vorwärts-seitwärts gehen, reiten dann wieder korrekt auf dem Zirkel und probieren es kurz darauf erneut.

Wenn unser Pferd diese Vorbereitung verstanden hat, dann bewegen wir uns wieder auf der ganzen Bahn und probieren das Schulterherein aus dem Durchreiten der nächsten Ecke. Wir nutzen dabei die Biegung des Pferdes und lassen das Pferd mit dieser Innenstellung weiter vorwärts-seitwärts weichen.

Sobald unser Pferd einige Schritte im Schulterherein richtig gemacht hat, geben wir die Zügel hin und loben. Wir sollten das oft wiederholen und genauso oft belohnen. Je mehr Schritte unser Pferd im Schulterherein macht, desto stärker können wir darauf achten, daß sein Gewicht auf dem inneren Hinterbein liegen sollte und nicht auf der äußeren Schulter. Die freie Bewegung der Schulter ist dabei gut zu spüren. Wir wirken mit unserem inneren Schenkel nahe am Gurt ein und erhalten damit die vorwärts-seitwärts Bewegung, mit dem äußeren liegen wir ein wenig dahinter und begrenzen das Seitwärts. Das korrekte Übertreten, also innerer Vorderfuß über den äußeren und innerer Hinterfuß vor den äußeren, wird durch das, der Bewegung angepaßte, rhythmische Berühren mit den Schenkeln und das Nachgeben der Zügel erwirkt. Wir sehen jetzt von vorne drei Hufspuren, der innere Hinterfuß ist auf der gleichen Linie wie der äußere Vorderfuß.

Reynir unterrichtet diese Übung nach den Grundsätzen und der Lehre von Nuno Oliveira, der dazu folgendes sagt: „*Man muß den Grad des Nachgebens beim Pferd in dieser Übung erspüren und entsprechend diesem Nachgeben mit seinen Hilfen nachlassen.*" Oliveira beendet sein Kapitel über Schulterherein mit folgendem gutem Tip für das tägliche Reiten: „*Diese Zeilen über das Schulterherein möchte ich beenden, indem ich daran erinnere, daß jede Ecke ein Stückchen Schulterherein ist und daß es in der Bahn vier Ecken gibt.*"

Auch *Reynir* betont die Bedeutung des korrekten Reitens einer Ecke. Um die Schulter des Pferdes beim Durchreiten einer Ecke gut zu lösen und um das Pferd in eine gute Biegung zu bringen, wendet er gerne eine einfache Übung an: Beim Durchreiten der Ecke führt der Reiter die innere Hand in Richtung seiner äußeren Schulter. Dies erleichtert erstaunlich vielen Islandpferden die richtige Biegung in einer freien Selbsthaltung. Ziel ist es, mit der inneren Hand vorzugehen, d.h. loben zu können, wenn das Pferd vom inneren Zügel weg ist. Die äußere Hand paßt auf die Anlehnung auf. Aufgrund dieses Hinweises, den *Reynir* mit großem Erfolg in seinen Kursen empfiehlt, habe ich mir selbst beim Reiten im Gelände angewöhnt, beim Abbiegen eines Weges in einen anderen, mehr auf die Stellung und korrekte Biegung zu achten und

Die Vorbereitung zum Schulterherein mit unterstützender Wirkung der Gerte

kann es nur empfehlen. Diese kleinen, angewandten Schulterhereinübungen bringen einen ungeheuren Fortschritt für die Geschmeidigkeit des Pferdes.

FEHLERVERHALTEN BEIM SCHULTERHEREIN:

(1) Das Pferd geht seitwärts, biegt sich aber nur im Halsbereich und nicht im Körper. Es geht hier im Halbe-Schulterherein, obwohl wir ihm andere Hilfen geben.

KORREKTUR:

(1) Geht unser Pferd so, dann ist es falsch gestellt und befindet sich in einem verdrehten Seitengang, der das Gewicht auf die Schulter legt, ohne das Pferd geschmeidig zu machen. Wir haben den inneren Zügel zu stark verkürzt, ohne das Vorgehen der äußeren Schulter mit dem äußeren Zügel zu unterstützen. Der innere Zügel hat nur eine helfende, hauptsächlich überprüfende Funktion. Sein übermäßiger Gebrauch bewirkt meist ein starkes Verbiegen des Halses. Viele Reiter lassen sich durch dieses starke Abbiegen täuschen und halten es für korrekt. Passiert dies, dann sollten wir durchparieren und erneut mit dem Reiten von korrekten Zirkeln oder Volten oder auch nur korrekten Ecken beginnen. Erst wenn hier eine richtige Biegung gegeben ist, können wir mit dem Schulterherein beginnen.

FEHLVERHALTEN:

(2) Das Pferd geht in einer Biegung, liegt dabei aber schwer auf der Hand.

KORREKTUR:

(2) Es trägt sein Gewicht nicht auf der inneren Hinterhand, sondern vorne auf der äußeren Schulter. Dies kann vorkommen, wenn das Pferd die Übung im Ablauf zwar verstanden hat, wir ihm aber nicht die entsprechende Hilfe durch unseren Schenkeleinsatz oder unsere Körperhaltung geben. Wir sollten überprüfen, ob das Pferd in der richtigen Aufrichtung und Versammlung vorwärts geht. Häufig passiert dieser Fehler durch unsere falsche Körperhaltung. Der Oberkörper ist oft nicht in der Senkrechten, sondern wir knicken mit der Hüfte ein, haben ein hochgezogenes inneres Knie und bringen das Pferd durch unseren falschen Schwerpunkt aus dem Gleichgewicht und geben ihm somit entgegengesetzt wirkende Gewichtshilfen. Wir belasten das Pferd verkehrt. Also sollten wir uns zunächst selbst beobachten und prüfen, ob wir mit geradem Oberkörper und tiefem inneren Knie, aber ohne eingeknickte Hüfte korrekt sitzen.

FEHLVERHALTEN:

(3) Das Pferd beginnt die Übung richtig, versucht aber, wieder mit der

Vorhand auf die Hufschlaglinie zurückzukehren.

KORREKTUR:

(3) Dieser Fehler tritt häufig auf, wenn das Pferd noch nicht gelernt hat, sein Gewicht mit der Hinterhand zu tragen. Oft reagieren Pferde so, die eine schwache Hinterhand haben oder solche, die noch nicht im Gleichgewicht gehen und somit mit den Beinen noch nicht so geschickt umgehen können. Sie versuchen dieser für sie unangenehmen Übung auszuweichen, indem sie versuchen, wieder gerade gerichtet, also sicherer zu gehen. Wir sollten mit diesen Pferden zunächst an ihrem Gleichgewicht arbeiten und diese Übung langsam vorbereiten, indem wir zunächst nur in den Ecken diese Biegung versuchen. Und dies nur kurz, um das Pferd nicht zu überfordern. Zudem sollten wir immer wieder das Schulterherein im Schritt unterbrechen durch das Reiten im Schritt am langen Zügel oder auch durch geradegerichteten Trab.

Reynirs *Kurzkehrt*

In der klassischen Pferdeausbildung kann das Hinführen zur Hinterhandwendung durch das Ausführen der Kurzkehrtwendung stattfinden. *Reynir* wandelt diese noch etwas mehr zu seinem sogenannten Kurzkehrt ab, indem er es mit der Kehrtvolte kombiniert. Er läßt das Pferd dem Schenkel weichen und es dabei eine Kehrtvolte auf zwei Hufschlägen gehen. Dieses Kurzkehrt ist eigentlich eine Kombination von Seitengängen, die einerseits dazu dienen können, die Hinterhandwendung vorzubereiten, und andererseits zur Gymnastizierung und somit zur positiven Änderung von Haltung und Ausdruck des Pferdes dienen. Diese Übung eignet sich, wenn man sie in einer engen Volte durchführt, vorzüglich als Vorbereitung für den Tölt, weil sich das Pferd mit der Hinterhand sehr gut setzt.

Wir bewegen unser Pferd zunächst geradegerichtet, z.B. auf der linken Hand, lassen es dann nach links dem rechten (inneren) Schenkel weichen, wobei das Pferd des besseren Verständnisses wegen ruhig etwas nach rechts gestellt sein darf, um ihm das Seitwärtsweichen zu erleichtern, und treiben es mit dem linken (äußeren) Schenkel leicht vorwärts. Wir lassen es ein Stück seitwärts-vorwärts weichen, stellen das Pferd dann mit Hals und Kopf in die Richtung der Volte, so daß es im Travers (Travers ist ein Seitengang, bei dem es gebogen auf zwei Hufschlägen in die Richtung gestellt ist, in die es geht) eine halbe Volte geht, und stellen das Pferd dann wieder um, so daß es in gerader Linie seitwärts-vorwärts zurück zum Hufschlag geht. Auch hierbei

4

Hier ist er nach links umgestellt und tritt mit seinem jetzt äußeren Hinterbein über das innere. Die innere Seite ist jetzt die linke. Der innere Zügel ist locker.

3

Immer noch weicht der Hengst dem inneren Schenkel, aber er ist jetzt gerade mit beginnender Linksrichtung gestellt. Der Reiter blickt in die gleiche Richtung.

5

Das Pferd tritt mit dem äußeren Hinterbein über das innere und geht so auf der halben Volte geritten weiter.

behält es eine leichte Stellung nach rechts bei. Wir lassen bei dieser Übung unser Pferd mit dem rechten Hinterfuß seitwärts über seinen linken treten und ändern dabei die Stellung des Pferdes. Das Pferd soll deutlich vom inneren Zügel weg sein.

Wir reiten bei *Reynirs* Kurzkehrt also zunächst seitwärts-vorwärts, wobei das Pferd noch nicht in die Bewegungsrichtung gestellt ist, dann stellen wir das Pferd in die Richtung, so daß es im Travers geht. Ist die halbe Volte durchritten, stellen wir es wieder um und kehren auf den Hufschlag zurück.

Das Kurzkehrt ist somit eine wunderbare Übung, um das Zusammenspiel unserer Hilfengebung und die Geschmei-

1

Reynirs *Kurzkehrt beginnt mit Schenkelweichen. Der Rappe ist hier nach rechts gestellt und weicht dem inneren rechten Schenkel. Der äußere verwahrt.*

2

Das Pferd weicht vorwärts-seitwärts, ist aber nicht mehr so stark nach rechts gestellt. Auch der Reiter blickt jetzt schon mehr vorwärts.

digkeit unseres Pferdes zu überprüfen. Durch diese Art der Bewegung wird das aktive Untertreten der Hinterhand gut gefördert und zudem die Lockerung der Vorhand erreicht. Genau dieses Ziel ist eine wichtige Voraussetzung zum späteren lockeren Tölt, bei dem die Hinterhand gut unter den Schwerpunkt untertreten können muß und die Vorhand frei beweglich aus der Schulter heraus kommen soll, um die richtige Aktion und Aufrichtung des Pferdes zu ermöglichen.

FEHLVERHALTEN BEI
REYNIRS KURZKEHRT:

(1) Das Pferd reagiert nicht auf die vorwärts-seitwärts treibenden Hilfen.

KORREKTUR:

(1) Wenn dies der Fall ist, dann müssen wir mit unserem Pferd im Lernprogramm einige Schritte zurückgehen, bis die Grundlagen des Weichens gelernt sind und sicher beherrscht werden. Weiteres zu diesem Fehler haben wir bereits beim Thema Schenkelweichen angesprochen.

FEHLVERHALTEN:

(2) Die Biegung beim Travers fehlt und das äußere Hinterbein tritt somit nicht genügend unter.

KORREKTUR:

(2) Wir sollten unsere Hilfengebung und Körperhaltung genau prüfen.

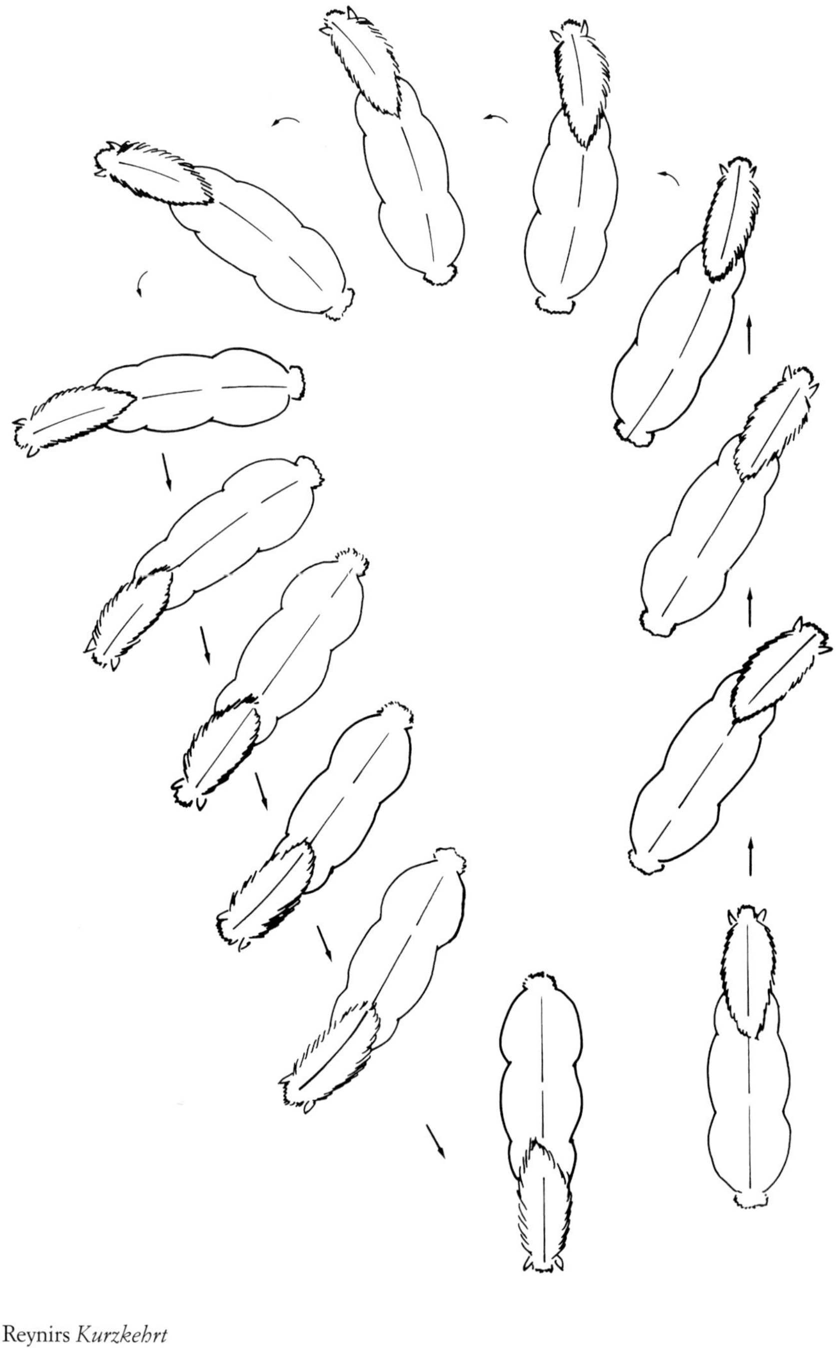

Reynirs *Kurzkehrt*

Der innere Zügel stellt das Pferd nicht genügend, entweder ist die Zügelführung zu lang, die Handhaltung zu hoch oder die äußere Hand begleitet die Bewegung nicht genug verwahrend. Der Oberkörper ist nach außen abgeknickt und belastet das Pferd falsch. Wir behindern die Biegung und belasten das äußere Beinpaar zu stark, so daß es nicht mehr seitwärts-vorwärts über das innere treten kann.

FEHLVERHALTEN:

(3) Das Pferd biegt sich richtig und geht auch seitwärts, aber dabei nicht mehr vorwärts. Es bleibt vielleicht sogar stehen oder weicht rückwärts.

KORREKTUR:

(3) Auch hierbei müssen wir als erstes unsere Körperhaltung und die treibenden Hilfen überprüfen. Sitzen wir nach außen abgeknickt, belasten wir das Pferd falsch und kommen nicht zum wirkungsvollen Treiben. Wenn unser Oberkörper zu weit nach vorne gebeugt ist, also vorne überfällt, was z.B. dann passieren kann, wenn wir immer nach unten schauen, drängen wir unser Pferd automatisch rückwärts, das äußere Beinpaar kann nicht mehr vorwärts treten. Außerdem versteifen wir uns dabei oft so sehr, daß unser Pferd auch nicht mehr locker auf die Hilfengebung reagieren kann. Ein weiterer Fehler kann darin liegen, daß wir beide Zügel viel zu stark anziehen, so daß das Pferd nur seitwärts-rückwärts gehen kann und keine Vorwärtsbewegung mehr möglich ist.

Die Hinterhandwendung

Die Hinterhandwendung ist eine Übung, bei der die Vorhand um die Hinterhand wendet. Wir haben sie vom Boden aus bisher nicht vorbereitet, aber sie dürfte durch die Vorbereitung des Weichens und des Kurzkehrts kaum noch problematisch sein. Die Hinterhandwendung ist eine der versammelnden Übungen, die die Geschmeidigkeit und Trag- und Beugefähigkeit der Hinterhand des Pferdes erhöhen soll. Dadurch wird die Vorhand freier und leichter in der Bewegung.

Bei dieser Übung tritt unser Pferd im Schritt mit den Vorderbeinen um die auf der Stelle tretende Hinterhand herum. Das Pferd ist dabei gleichmäßig im Körper in die Bewegungsrichtung gebogen. Dadurch eignet sich diese Übung sehr gut, um die Hinterhand des Pferdes zur verstärkten Gewichtsaufnahme zu veranlassen. Es muß sich, um diese Übung auszuführen, mehr „setzen". Das äußere Hinterbein muß von außen nach innen über das innere Hinterbein treten und das nach innen

1

Die Hinterhandwendung nach rechts beginnt hier.

3

Deutlich tritt das Pferd um das innere Hinterbein.

2

Das Pferd ist nach rechts in die Bewegungsrichtung gebogen. Der äußere Schenkel unterstützt die Seitwärtsbewegung.

4

Die Hinterhandwendung ist fast beendet. Der Reiter muß hier das Pferd in der Vorwärtsbewegung etwas stärker verhalten.

verlagerte Gewicht von Reiter und Pferd auffangen. Somit erhalten wir die Möglichkeit, die Hinterbeine in der Bewegung zu kontrollieren und nur wenn wir diese kontrollieren, d.h. durch unsere Hilfen beeinflussen können, dann können wir unser Pferd in der gesamten Bewegung kontrollieren. Und genau diese Kontrolle ist unbedingt notwendig, um z.B. ein „Auf-der-Hand-Liegen" zu verhindern. Dies ist schließlich nichts anderes als das Ergebnis von Widerstand in den Hinterbeinen und einer Unfähigkeit, sie zu kontrollieren, besonders beim Richtungswechsel, also den Wendungen. Um so wichtiger ist die Arbeit an der beweglichen und aktiven Hinterhand beim Islandpferd, denn der Ursprung der Bewegung liegt in der Hinterhand, Hals und Schulter sind nur richtungsweisend.

Die Hinterhandwendung nach links

Wir beginnen wieder mit einer halben Parade und stellen unser Pferd in die Richtung, in die es gehen soll. Der innere Zügel wirkt leicht seitwärts und der äußere verwahrend, so daß beide Hände die Vorhand herumführen.
Der innere Schenkel liegt dabei am Gurt, biegt das Pferd und wirkt vortreibend, somit wird auch der innere Gesäßknochen stärker belastet. Der äußere Schenkel liegt eine Handbreit hinter dem Gurt und fordert zur Drehung um den inneren Hinterfuß auf, d.h. er wirkt hier seitwärts. Er greift sofort vortreibend ein, wenn das Pferd versuchen sollte, durch Zurücktreten auszuweichen.

FEHLVERHALTEN BEI DER HINTERHANDWENDUNG:

1 Das Pferd geht anfangs mit deutlichen Schritten um die Hinterhand herum, wobei diese noch auf der Stelle bleibt, dann weicht es jedoch mit der Hinterhand aus und geht ähnlich dem Schenkelweichen gerade weiter.

KORREKTUR:

1 Das Pferd fängt richtig an, verliert aber deutlich die Konzentration und fällt aus der Übung heraus. Vermutlich haben wir nicht konsequent genug die seitwärtstreibenden Hilfen eingesetzt. Ein weiterer möglicher Fehler von reiterlicher Seite besteht darin, daß wir das Vorwärts-

treiben mit dem inneren Schenkel vernachlässigt oder ganz vergessen haben.

FEHLVERHALTEN:

(2) Das Pferd reagiert nicht auf die Aufforderung zum Weichen.

KORREKTUR:

(2) Reagiert unser Pferd nicht auf die Aufforderung, dem Schenkel seitwärts zu weichen, dann können wir wie bei der Vorhandwendung die Gerte als verstärkende Hilfe einsetzen, wobei dies allerdings bei der Hinterhandwendung sehr differenziert geschehen muß, so daß das Pferd nicht einfach eine schnelle ausweichende Bewegung macht. Vor allem müssen wir diese Übungen sehr langsam und deutlich durchführen, um das gewünschte Resultat zu bekommen.
Wir müssen überprüfen, ob unser Pferd die seitwärtstreibenden und verwahrenden Schenkelhilfen verstanden hat. Eventuell müssen wir einige Trainingsschritte zurückgehen und das Weichen auf den Schenkel erneut üben.

FEHLVERHALTEN:

(3) Es legt sich auf die Hand.

KORREKTUR:

(3) Legt es sich zu sehr auf das Gebiß, muß es zuerst wieder von der Hand wegkommen, und dann sollten wir energisch vorwärtstreiben, indem wir zunächst wieder geradeaus vorwärts gehen. Wir sollten zudem beobachten, ob unser Pferd im Schulter- und Halsbereich verspannt und dadurch nicht locker genug ist, um eine Übung wie die Hinterhandwendung zu bewältigen. Wenn das der Fall ist, kehren wir zu lösenden Übungen zurück.

FEHLVERHALTEN:

(4) Das Pferd fällt über die äußere Schulter und knickt mit dem Hals vor dem Widerrist ab.

KORREKTUR:

(4) Fällt das Pferd über die äußere Schulter und knickt im Hals falsch ab, dann haben wir unseren äußeren Zügel nicht genügend verwahrend eingesetzt. Wir müssen die Zügelführung korrigieren, d.h. den äußeren Zügel verkürzen.

Das Rückwärtsrichten

Rückwärtsrichten bedeutet, daß das Pferd sich flüssig in diagonaler Fußfolge auf einer geraden Linie gleichmäßig rückwärts bewegt. Bei korrekter Ausführung der Übung, tritt die Hinterhand gut unter, die Durchlässigkeit und nicht zuletzt der Gehorsam des Pferdes werden gefördert. Somit ist das

Reynir *entlastet das Pferd, um ihm das Rückwärtstreten zu erleichtern.*

Rückwärtsrichten eine versammelnde Übung, die damit auch ihre Bedeutung für die Vorbereitung zum Antölten bekommt. Zunächst muß das Pferd sicher an den Hilfen stehen und gerade gerichtet sein. Durch treibende Hilfen fordern wir es zum Vorwärtsbewegen auf, verhindern dies aber durch die angenommenen, gegenhaltenden Zügel. Das Pferd wird auf die treibenden Hilfen rückwärts reagieren, weil ihm das vorwärts verwehrt ist. Um es dem Pferd zu erleichtern, kann der Reiter seinen Oberkörper etwas nach vorne beugen und den Rücken des Pferdes entlasten. Anfangs verlangen wir auch nicht mehrere Schritte rückwärts, sondern sind mit einem Schritt zufrieden und loben sofort, indem wir mit der Hand nachgeben.

FEHLERVERHALTEN BEIM RÜCKWÄRTSRICHTEN:

(1) Das Pferd geht gegen den Zügel und verweigert das Rückwärtsgehen.

KORREKTUR:

(1) Das Pferd ist für das Zusammenwirken der reiterlichen Hilfen noch nicht genügend vorbereitet oder es ist ungehorsam. Wir sollten die Vorbereitung dafür nochmals vom Boden ausprobieren, um zu sehen, wo die Ursache für die Fehler liegen.

FEHLVERHALTEN:

(2) Das Pferd geht nicht flüssig zurück.

KORREKTUR:

(2) Das Pferd geht nicht flüssig und aktiv, sondern mechanisch und unbewußt. Wir sollten diesem Verhalten entgegenwirken, in dem wir unser Pferd im Schritt energisch vorwärtsreiten und zwischendurch immer wieder halten, aber ohne gleich wieder rückwärtszurichten. Außerdem sollten wir es dann, wenn wir es rückwärtsrichten, möglichst nur einen oder zwei Schritte, diese aber bewußt rückwärtstreten lassen, um eine stupide Wiederholung zu vermeiden.

FEHLVERHALTEN:

(3) Es tritt hinten seitwärts weg.

KORREKTUR:

(3) Weicht es von der geraden Spur ab, dann können wir es zur Erleichterung an die Bande der Reitbahn stellen, um diese Bewegung zumindest nach einer Seite zu verhindern. Außerdem sollten wir auf korrekte Zügelführung achten. Vielleicht haben wir unser Pferd unbewußt falsch gestellt oder die Übung aus einer gebogenen Stellung heraus begonnen.

Gangarten auf einen Blick

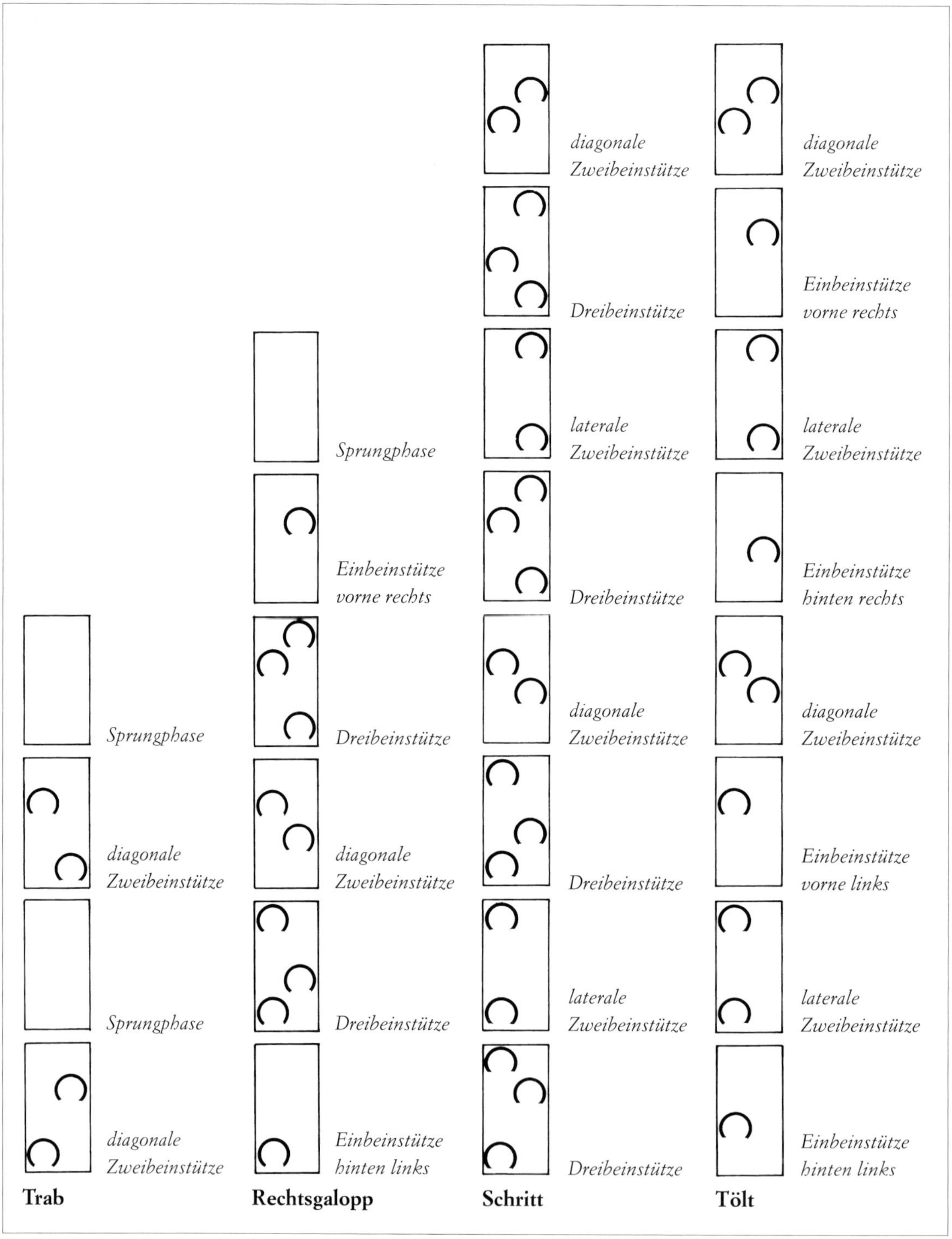

Die Grundgangarten: Schritt und Tölt sind nebeneinandergestellt, um sie besser vergleichen zu können.

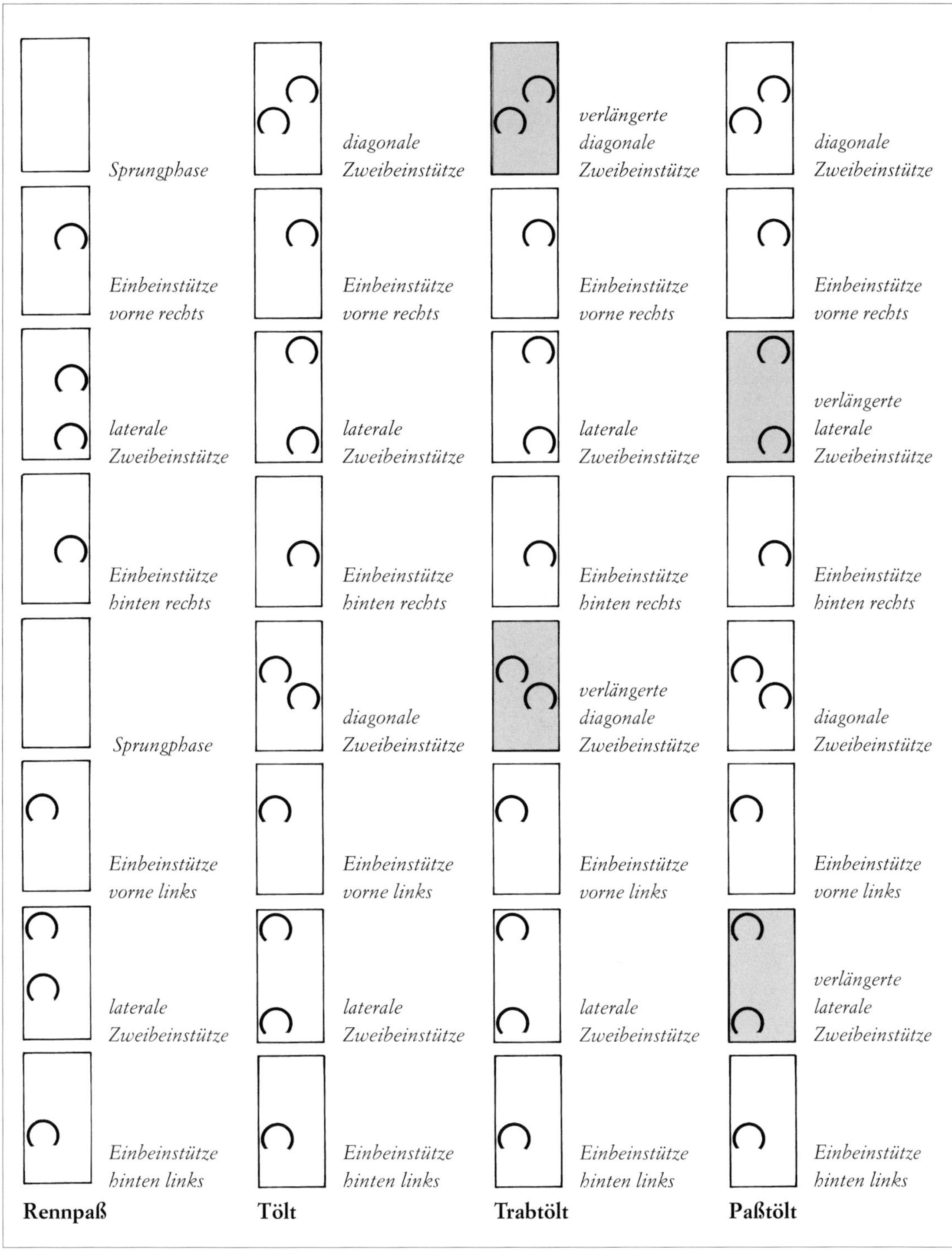

Die Taktverschiebungen im Trab- und Paßtölt sind durch graue Unterlegung gekennzeichnet.

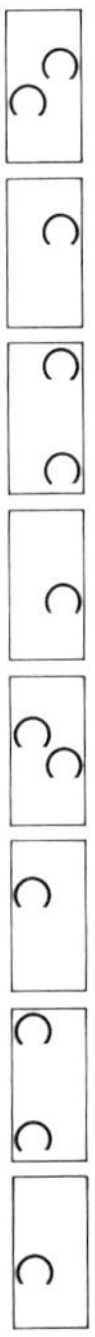

Der Tölt

Töltreiten ist das wohl wichtigste Thema der Islandpferdereiterei. Schließlich ist gerade mit Islandpferden das Bild von flott vorwärtstöltenden heiteren Reitern und Pferden verbunden. Sie prägten dieses Bild lange vor dem Auftauchen der anderen Gangpferderassen, zumindest in Deutschland bzw. Europa.
Daß zum richtigen Tölten oft wesentlich mehr gehört, als sich einfach auf einen Isländer hinaufzuschwingen und loszulegen, dürfte mittlerweile längst bekannt sein, deswegen auch die lange Vorbereitung durch die vorhergehenden Kapitel unseres Buches.
Tölt wird in einem reinen Viertakt mit acht Phasen gelaufen und hat die gleichen Fußfolgen und Phasen wie der Schritt, wobei der Unterschied im Tempo liegt: Der Tölt ist eine gelaufene Gangart und keine schreitende. Dadurch ändert sich beim Tölt die Dreibeinstütze des Schrittes zur Einbeinstütze.
Der Bewegungsablauf ist beim Tölt folgender:
Einbeinstütze z.B. hinten links, laterale Zweibeinstütze hinten links und vorne links, Einbeinstütze vorne links, diagonale Zweibeinstütze vorne links und hinten rechts und dann die Einbeinstütze hinten rechts, laterale Zweibeinstütze hinten rechts und vorne rechts, Einbeinstütze vorne rechts, diagonale Zweibeinstütze hinten links und vorne rechts.
Für den Anfänger ist es am einfachsten, wenn er zunächst versucht, den richtigen Takt im Tölt zu hören. Es muß ein mit gleichem Abstand zu hörendes „1 – 2 – 3 – 4“ sein. Als Eselsbrücke können wir einen allseits bekannten Firmennamen heranziehen, der in einer Werbekampagne sehr schnell gesprochen wurde: „Black und Decker“. Dieser Viertakt wurde in der Werbung so schnell hintereinander wiederholt, daß er dem flott gerittenen Tölttakt absolut ähnelt. Aber auch langsam gesprochen: „Black und Decker“, ist er eine vorzügliche Gedankenstütze und eine gute Kontrolle für den Takt.

Die Voraussetzungen für einen guten Tölter

Der Tölt ist ebenso ein Viertakt mit acht Phasen wie der schnelle Rennpaß, deshalb können wir auch sagen, daß der Paß das Fundament für den Tölt bildet.
Um ein Pferd mit einem natürlichen Tölt zu bekommen, muß vom züchterischen Standpunkt aus gesehen in der Pferdefamilie die Veranlagung zum Paß vorhanden gewesen sein, wenigstens sollte eines der Elterntiere oder der Großeltern die Fähigkeit, Paß gehen zu können, besessen haben.
Es ist prinzipiell möglich, einem Drei-

gänger den Tölt beizubringen, aber es ist unnatürlich und zudem für beide, für Pferd und Reiter, sehr schwer. Ein Dreigänger besitzt ein für ihn typisches Gebäude, und das ist nicht das, welches ein Pferd braucht, um es mit dem Tölt leicht zu haben.
Ein Pferd, das leicht und locker tölten soll, muß ein entsprechendes Gebäude besitzen. Damit ist allerdings nicht gesagt, daß es ein überragendes Paßpferd mit dem Tölt einfacher hat, auch wenn es ihm leicht fällt, im Lateralgang zu gehen. Außer der Fähigkeit, lateral gehen zu können, ist es für das Pferd wichtig, daß es dabei sein Gleichgewicht so gut beherrscht, also tragen kann, daß sein Schwerpunkt nicht allzu schnell auf die Vorhand fällt. Passiert dies, so werden seine Bewegungen gezwungener und somit zu passig.
Damit ein Pferd überhaupt Tölt gehen kann, muß es sehr gelenkig sein, d.h. es muß seine Vorder- und besonders seine Hinterbeine gut beugen können, also Hüftgelenke, Knie und Sprunggelenke. Das muß es mit einer gewissen Leichtigkeit können, so daß es sich hinten „setzen" kann und dadurch mit der Hinterhand mehr Gewicht übernehmen, sprich sich tragen kann. Je geschmeidiger, freier und leichter das Pferd in der Schulter ist, desto leichter kann es sich tragen und desto höher ist seine Aufrichtung. Je besser es eine große Spannung im Rücken halten kann, desto leichter fällt ihm die Versammlung. Wenn zudem noch die richtigen Proportionen bei seinem Gebäude gegeben sind und der Gehwille gut ausgeprägt ist, dann wird es in der Lage sein, ideal zu tölten.
Es verändert dann den reinen Zweitakt im Paß so, daß die Hinterhand vor der Vorhand zuerst auf den Boden auffußt und damit der Viertakt entsteht.

Locker gerittener Tölt mit guter Aktion

1 

Bildfolge 1 bis 6 dokumentiert das Antölten des Pferdes in Einzelschritten. Der Übergang vom Schritt zum Tölt muß sehr bewußt geritten werden. Das Pferd muß sich immer zuerst mit der Hinterhand setzen und dadurch eine freie Aufrichtung der Vorhand bekommen. Wir dürfen es

Tölt und Rennpaß sind nicht bei jedem Islandpferd angelegt oder zumindest sehr unterschiedlich ausgeprägt. Es gibt Viergänger, also Pferde, die Schritt, Trab, Galopp und Tölt, aber keinen Rennpaß anbieten. Der Fünfgänger zeigt all diese Gänge, während der reine Dreigänger Tölt und Paß nicht beherrscht. Daneben gibt es noch den sogenannten Naturtölter, ein Pferd, das in jeder Situation am liebsten nur Tölt anbietet.
Die meisten Islandpferde, die die Gangart Tölt anbieten, haben ein bestimmtes natürliches Tempo, in dem ihnen der Tölt am leichtesten fällt und am schönsten ist. Diese Anlagen können sehr verschieden sein, es reicht von Naturtöltern mit flottem Tempo bis zum ganz langsam taktklar töltenden Pferd oder vom Isländer, der sich in allen Tempi variieren läßt, bis zum Renntölter. Dazwischen gibt es viele Variationen und Gangverschiebungen, die beim Tölten auftreten können. Voraussetzung für lockeres, gutes Tölten ist aber stets ein durchlässiges, also an den Reiterhilfen stehendes Pferd, das Losgelassenheit und Versammlung zeigt. Von diesen beiden Komponenten sprachen wir bereits an anderer Stelle, aber wir wollen gerade

2

nicht einfach in den Tölt hineinlaufen lassen, ohne daß es darauf vorbereitet wird. Bild 1 zeigt die Dreibeinstütze im Schritt. In Bild 2 sehen wir die laterale Zweibeinstütze, in der Reynir *beginnt, das Pferd zu setzen und aufzurichten.*

hier nochmals die Wichtigkeit dieses Zusammenspiels betonen.
Generell können wir zum Töltreiten die Regel aufstellen: Je weniger Töltveranlagung, also Naturtölt, ein Pferd hat, desto besser muß der Reiter sein und desto länger dauert die Ausbildung. Die Töltveranlagung, die Rittigkeit und Losgelassenheit eines Isländers ergeben eine große Vielfalt von Typen und Möglichkeiten zu Töltverschiebungen.
So zum Beispiel den Naturtölter, der von sich aus sehr viel Tölt anbietet, ihn auch auf der Weide freilaufend am liebsten zeigt und sich beim Reiten leicht in den Trab oder Galopp verschieben läßt. Daneben gibt es den Tölter, der sich fast gar nicht zum Trab verschieben läßt und sich mit zunehmendem Tempo in seiner Haltung und seinen Bewegungen dem Paß nähert. Schließlich gibt es noch den Isländer, der vielleicht durch Gebäudeprobleme steif und verspannt ist und dadurch nur langsamen Paß und keinen Tölt anbietet. Auch der Viergänger kann Probleme mit dem Tölt haben, wenn er eine schwache Hinterhand hat. Solch ein Pferd muß mit einer sehr guten Haltung geritten werden, damit es im Rücken stärker wird. Wir müssen es von hinten treiben können, aber die Anlehnung soll dabei

3

5

Interessant ist hier der Vergleich der Dreibein- und lateralen Zweibeinstützen. Bild 1 und Bild 3 zeigen die Dreibeinstütze des Schritts. Das Pferd geht versammelt. In Bild 2 und Bild 4 sehen wir die lateralen Zweibeinstützen. Reynir *beginnt dabei, den Fuchs mehr von hinten zu setzen und vorne aufzurichten. Ab Bild 4 geht er in der richtigen Versammlung und wird vorwärts-aufwärts angetöltet. Bild 5 zeigt die diagonale Zweibeinstütze, die sowohl im Schritt als auch im*

4

6

Tölt auftritt. Die abgewinkelte linke Hinterhand deutet den Tölt bereits gut sicht bar an. Gute Aufrichtung mit hoher Vorhandaktion sehen wir in Bild 6. Der Takt ist jetzt so zum Tölt hin verschoben, daß das rechte Hinterbein gleich abfußen und sich die laterale Zweibeinstütze zur Einbeinstütze hin verschieben wird. Das Pferd ist angetöltet. In Bild 6 ist die Bewegung, die auch in Bild 1 zu sehen ist, im Tölt nur etwas weiter vorangeschritten.

so leicht wie möglich sein, denn sonst blockieren wir die Hinterhand des Pferdes.
Wir müssen uns also bei unserer Arbeit am Tölt bei jedem Pferd auf recht unterschiedliche Problemstellungen einrichten, deshalb kann man auch nicht von der Tölthilfe generell sprechen.

Das Tölttraining

Wir sehen also, daß der klare Viertakt im Tölt bei vielen Pferden nicht selbstverständlich ist und wir konsequent daran arbeiten müssen. Wollen wir einen idealen Tölt reiten, dann müssen wir Verschiebungen korrigieren und dürfen sie nicht einschleifen lassen. Wir haben also einiges zu tun, wenn wir einen taktklaren Tölt im Arbeits-, Mittel- oder Renntempo mit unserem Pferd erreichen wollen. Zudem dürfen wir nie die Anlagen und Fähigkeiten unseres Pferdes aus dem Blick verlieren und sollten uns davor hüten, es durch falschen Ehrgeiz zu überfordern.

Weite spektakuläre Bewegung im starken Tempo Tölt

Wann man bei einem Jungpferd mit dem Tölttraining beginnen soll, darüber sind sich nicht alle einig. *Reynir* findet es richtig, daß wir es nicht zu lange hinauszögern, aber wir dürfen erst dann damit anfangen, wenn das Pferd den Reiter sicher in allen Grundgangarten, also Schritt, Trab und Galopp im Gleichgewicht trägt und wenn es die grundlegenden Hilfen kennt und versteht.
Wichtig ist, daß es die Zügelhilfen kennt, ihnen nachgeben kann, in einer unabhängigen Selbsthaltung steht und keine Gleichgewichtsprobleme in den Übergängen der verschiedenen Gangarten hat. Ebenso muß es die vorwärtstreibenden Hilfen und die Gewichtshilfen kennen und ihnen vertrauen.
Zu lange mit dem Tölttraining zu warten, würde z.B. bedeuten, daß man ein Pferd mehr als ein Jahr lang nur im Trab reitet. Auch wenn das Pferd dadurch ein gutes Gleichgewichtsgefühl im Trab bekommt und den Schwerpunkt dabei richtig trägt, so erleichtert es ihm aber nicht unbedingt den Tölt, denn es muß sich an ein anderes Tragen gewöhnen, wenn es im Tölt sein Gleichgewicht halten soll. Und je länger man wartet, es darin zu trainieren, desto weniger leicht wird es. *Reynirs* Meinung nach ist es viel wichtiger, wie lange, bzw. intensiv man den Tölt mit

Jungpferden trainiert und wie lange man sie zwischendurch in anderen Gangarten zum Entspannen oder Ausruhen reitet. Aber all das richtet sich sehr individuell nach Pferdetyp und Gangvermögen. Wenig förderlich für den Tölt ist es auch, ein Pferd zu lange ziellos im Trab am Zügel zu reiten. Beim Trab trägt sich das Pferd entweder gleichmäßig oder mehr auf der Vorhand, aber es geht dabei nicht mit gesetzter Hinterhand. Dadurch setzt ein unerfahrener Reiter sein Pferd gnadenlos auf die Vorhand, was er aber erst dann merken wird, wenn er später wieder tölten will. Als Ergebnis davon zeigt sich meist die Verspannung zum Paß in unterschiedlichem Tempo.

Reiter, die mit ihren Pferden in allen Tempi gut tölten wollen, können dies nur dann erreichen, wenn ihre Pferde richtig versammelt sind. Sie müssen sich ebenso wie ein Dressurpferd tragen können, das in der Hohen Schule ausgebildet ist.
Außer, daß es sich in allen Gelenken in der Hinterhand gut beugen und sich setzen kann, muß es auch genug Schub aus der Hinterhand bekommen. Er geht durch einen schwingenden Rücken über den Widerrist zum Hals durch einen weichen Nacken zum Pferdemaul, so daß die Schulter und die Vorhand es mit hohen, schwingenden und weit vorwärtsgreifenden Bewegungen leicht haben. Weil die Hinterhand mehr Gewicht übernommen hat und dadurch die Vorhand leichter gemacht wird, wird das Gleichgewicht dem eines Seiltänzers ähneln. So wie dieser abwechselnd auf einem oder zwei Beinen steht und nie völlig frei schwebt, so fußt auch das Pferd abwechselnd auf einem Bein und auf zweien auf und schwebt nie.

Die Gangverschiebungen im Tölt

Wie schon erwähnt, gibt es eine Vielzahl von möglichen Gangverschiebungen im Tölt, die beim Islandpferd nicht erwünscht sind.

Der Paßtölt

Beim Paßtölt, der auch als „Schweinepaß“ bezeichnet wird, ändern sich die Auffußungsabstände, allerdings nicht in der diagonalen, sondern in der lateralen Zweibeinstütze, diese ist verlängert, so daß folgender Takt entsteht: „12 – 34“.

FEHLVERHALTEN:

Um sicher zu sein, daß das Pferd passig geht, bietet sich für den weniger erfahrenen Reiter die beste Kontrollmöglichkeit für den Takt, wenn er ein Stück auf hartem Boden töltet, wo er ihn gut hören kann.

Geht das Pferd im Tölt passig, dann trägt es das Gewicht zu sehr auf der Vorhand. Es befindet sich nicht im Gleichgewicht, der Rücken wird durch diese falsche Belastung steif und unelastisch. Diese Steife setzt sich in den Beinen fort. Das Pferd beugt sich schlecht in den Gelenken und liegt zudem auf dem Gebiß, weil es ständig bemüht ist, sein Gleichgewicht zu finden. Wenn es getrieben wird, um stärker unterzutreten, wird es statt dessen schneller und behält unverändert den Paßtölt bei. Seine Schritte werden dabei immer kürzer. Solche Pferde gehen oft sehr raumgreifend im Trab.

KORREKTUR:

Oft wird die Schuld für diese Paßverschiebung darin gesehen, daß der Rücken steif ist. Der Reiter versucht dann mit allen Mitteln zu erreichen, daß das Pferd im Rücken nachgibt. Meistens ist jedoch nicht der steife Rücken der Grund, sondern seine Unbeweglichkeit ist die Folgewirkung davon, daß das Pferd seinen Schwerpunkt zu sehr auf der Vorhand trägt. Und das passiert dann, wenn es sein Gewicht nicht auf der Hinterhand trägt.
Vielleicht tritt ein solches Pferd beim Paßtölt sogar weit unter, aber es beugt sich dabei nicht genügend in den Gelenken der Hinterhand, den Hanken, und setzt sich somit nicht. Dieses Pferd kann man auch in diesem Moment nicht dazu treiben, daß es sich besser setzt, weil es sich im Maul dagegen wehrt. Dies ist der Punkt, an dem wir mit unserer Korrekturarbeit ansetzen müssen.
Aber vorher sollten wir damit beginnen, dem Pferd ein zwangloses Laufen zu erlauben und ihm dadurch ermöglichen, sein Gleichgewicht zu finden. Es soll sich in allen anderen Gangarten, außer Tölt, richtig tragen, also z.B. im Trab oder Galopp, am langen Zügel in einem leichten oder halbleichten Sitz geritten.
Durch den entlastenden Sitz bieten wir dem Pferd ein zwangloses Laufen, Strecken und Entspannen an, und es wird dadurch auch den Weg vorwärts-abwärts aus der Verspannung heraus finden und Kopf und Hals fallenlassen. Wenn es das in einem gleichmäßigen Tempo tut, nehmen wir es in den Schritt zurück und fangen mit den Zügelübungen an. Das können wir vom Boden oder vom Sattel aus durchführen, je nachdem, wo wir mit unserem Pferd den besten Erfolg haben. Diese Arbeit haben wir bereits bei der Bodenarbeit erklärt.
Wenn das Pferd Maultätigkeit zeigt, d.h. im Genick abknickt und auf jede halbe Parade fein reagiert, nachgibt und kaut, wenn der Zügel also in der Reiterhand wieder locker wird und es das im Schritt und beim

Reiten von Übergängen beibehält, dann können wir wieder mit dem Tölt beginnen.
Wir tölten jetzt aber nicht einfach an, sondern fangen sehr langsam damit an, das Pferd im Schritt vorzubereiten, indem wir es treiben und leicht mit dem Zügel gegenhalten, so daß das Pferd kürzer wird, sich versammelt und untertritt. Zudem stellen wir es so oft wie möglich in das Halbe-Schulterherein, so daß es vom Zügel wegkommt, mit feiner Anlehnung geht und fähig wird, Kopf und Hals selber in guter Balance zu halten. Diese Hilfestellung erfolgt immer, wenn es möglich ist, also dann, wenn das Pferd sein Gleichgewicht in einem gleichmäßig gelaufenem Tempo und lockerer Selbsthaltung gefunden hat.
Wenn wir merken, daß sich das Pferd hinten setzt und lateral geht, dann können wir das Tempo zum Tölt hin vorsichtig steigern, aber nur wenig auf einmal, weil es seine Zeit zum Nachgeben in allen Gelenken hinten braucht. Dabei passen wir gut auf, daß sich das Pferd in der Haltung, im Gleichgewicht und im Takt nicht verändert.
Wenn das Pferd trotzdem paßverschoben geht und den Rücken steif hält, dann versuchen wir ihm durch das Reiten von Übergängen zu helfen.
Setzt sich das Pferd auf die Vorhand, wenn es tölten soll, dann ist es ebenso wirkungsvoll und erfolgversprechend, mit ihm den Übergang zum Galopp zu reiten. Ein Pferd, das Paßtölt mit steifem Rücken geht, geht immer zu sehr auf der Vorhand. Dem wirken wir mit dem Angaloppieren entgegen. Wenn ein Pferd galoppiert, trägt es sich mit der Hinterhand mehr, es geht vorwärts-aufwärts und wenn es in der Phase ist, in der es im Galopp auf einem Hinterbein steht, ist die Tragkraft und die Fußfolge sehr ähnlich, ja fast genau wie beim Tölt, wenn die Einbeinstütze auf der Hinterhand liegt. Am besten lassen wir das Pferd einmal kurz galoppieren, aber im langsamen Tempo, bevor wir zum Tölt wechseln. Hat es sein Gleichgewicht im Galopp gefunden und galoppiert vorwärts-aufwärts, dann lassen wir es in den Tölt wechseln. Wenn es trotzdem wieder Paß geht, dann wiederholen wir das bei unserem Training öfter und solange, bis das Pferd gelernt hat, ein kleines Stück sauberen Tölt zu gehen. Je besser ihm dies gelingt und je ruhiger der Übergang ist, um so eher genügt es dann, wenn man das längere Galoppieren auf eine Galopprolle reduziert und das Pferd über den einen oder anderen Fuß rollen läßt.
Bei der Korrekturarbeit reiten wir im leichten oder halbleichten Sitz, um den steifen Rücken des Pferdes

1

2

4

In dieser Sequenz sehen wir wie das Pferd aus dem korrekten Tölten immer mehr auf die Vorhand kommt und dann durch einen kurzen Übergang zum Galopp wieder vorwärts-aufwärts korrigiert wird.

3

5

In Bild 3 und 4 erkennen wir, daß das Pferd beginnt, die gesetzte Haltung im Tölt zu verlieren. Die Hinterhand trägt Reiter und Pferd nicht mehr und das Gewicht liegt auf der Vohand. Dadurch wird es vorne immer flacher und gestreckter.

zu schonen, zudem, um das Pferd ruhiger zu halten. Weil es dadurch gleichmäßiger geht, können wir erfolgreich treiben. Dabei reiten wir mit sehr leichter Zügelverbindung, also leichter Anlehnung und so oft wie möglich am lockeren, langen, somit hingegebenen Zügel. Gerade durch zuviel Zügel- bzw. Maulverbindung können wir diese Probleme bekommen haben. Zuviel Zügeleinwirkung bringt das Pferd immer aus dem Gleichgewicht und auf die Vorhand. Erst wenn wir spüren, daß das Pferd den Rücken losgelassen hat, d.h. in seinem steifen Rücken nachgibt und anfängt zu tölten – dies muß jetzt auch noch nicht lange sein, nur streckenweise und mit reinem Takt – dann fangen wir wieder langsam an, aktiver zu reiten. Dazu gehen wir wieder mehr zum Reiten im treibenden Sitz über. Jetzt versuchen wir so zu reiten, daß es die Hinterhand beugt und sich mehr trägt. Ist das erreicht, dann richten wir das Pferd im Tölt mehr auf. Übungen, die uns jetzt helfen, sind z.B. das Halbe-Schulterherein, das bewirkt eine unabhängige Kopf- und Halshaltung und dadurch auch ein zwangloses Bewegen. Dies ist deshalb so wichtig, weil der Hals wie eine Balancestange wirkt. Wenn wir Gleichgewichtsprobleme haben, dann hat das Pferd letztendlich nur die Möglichkeit, sich mit dem Hals auszubalancieren und wieder sein Gleichgewicht zu finden.

Zudem können wir mit Hinterhandwendungen oder *Reynirs* Kurzkehrt arbeiten, aber das hilft nur dann erfolgreich, wenn das Pferd alle Hilfen richtig annimmt und der Reiter das Zusammenspiel zwischen den Hilfen beherrscht. Nach einer gut gelungenen Hinterhand- oder Kurzkehrt-Wendung kann man dann direkt antölten. In einem solchen Moment werden wir deutlich spüren können, daß das Pferd besser gesetzt ist, also mit aktiver Hinterhand sich selbst und das Reitergewicht gut tragen kann. Um solche Übungen wirkungsvoll einsetzen zu können, muß das Pferd sehr gut gelöst sein, es sollte ohne Verspannung zwanglos laufen.

Es hilft bei passigen Pferden auch, wenn man sie vorne durch das Anschnallen von Glocken etwas schwerer macht als hinten, aber nur dann, wenn sie leicht in der Hand sind, also alle Paraden gut aufnehmen, sie verstehen und der Reiterhand vertrauen. Glocken gibt es mit unterschiedlichen Gewichten. Ein Pferd, das vorne mit Glocken schwerer gemacht wird, wird oft ein bißchen stumpfer im Maul, wenn man nicht aufpaßt und es nicht gut darauf vorbereitet wird. Man muß ein Pferd sozusagen „glockenreif" machen. Der Einsatz der Glocken bewirkt,

daß die Vorhand in der Bewegung etwas verzögert wird und das Pferd somit näher an den Viertakt kommt. *Reynir* ist es lieber, schwerere Glokken einzusetzen, die wirkungsvoll sind und sie in dem Moment, wenn man Erfolg hat, d.h. wenn das Pferd taktklar und sauber geht, wieder abnimmt. Das ist besser, als zu lange mit leichten Glocken zu arbeiten, die keine Wirkung zeigen.
Wenn wir wieder ohne Glocken arbeiten, müssen wir darauf achten, etwas langsamer und präziser zu reiten.
Oft erzielen wir Erfolge bei solchen Pferden, wenn wir sie auf leicht bergab führenden Wegen reiten, weil sie sich dabei mehr setzen und in allen Gelenken in der Hinterhand stärker beugen müssen, um ihr Gleichgewicht bergab halten zu können.
Anhand der folgenden Geschichte, die *Reynir* erzählt, wird die Korrektur durch ein Bergabtölten deutlich:
„Ich ritt meinen Sörli auf dem Weg über den Fluß, um zu einem Stück Land zu gelangen, für das ich die Erlaubnis zum Mähen bekommen hatte. Ich ließ ihn im Trab über die Brücke gehen zu dem alten Weg, der neben dem neuen gepflasterten Hauptweg lag, und begann dort mit den Töltübungen. Aber darin lag das Problem. Sörli ging nicht in diesem leichten, schönen taktklaren Tölt, den ich so oft bei anderen Pferden gefunden hatte, sondern das, was er lief, war eher Paß. Ich hatte bisher nur gehört, daß dies ‚Schweinepaß' genannt wurde.
Ich hatte dieses Jungpferd, vierjährig und an das Halfter gewöhnt, im Frühling gekauft. Um dieses Pferd kaufen zu können, hatte ich meinen Sommerlohn bereits im Voraus bekommen. Der Sommerlohn für einen vierzehnjährigen Jungen betrug viertausend Kronen, und das hatte gerade für diesen Fuchs mit der Blesse gereicht. Weil ich mein ganzes Geld für das Pferd ausgegeben hatte, mußte ich dann zum Mähen, Wenden und Binden hinaus, wenn die anderen schon mit der Arbeit Schluß gemacht hatten. Aber ich freute mich auf diese Abendstunden, denn dadurch hatte ich eine gute Entschuldigung, um zu reiten. Zwar wußte ich, daß ich mit dem Training vorsichtig sein mußte, denn Sörli war ein ganz junges Pferd. Aber es war ein schönes Gefühl, ihn in der Nähe zu haben, wenn ich Heu machte.
Mittlerweile hatte ich aber Zweifel an diesen Töltübungen und dem Tölttraining bekommen. Zu Beginn des Sommers war ich sehr zufrieden mit Sörli gewesen, er war ein leichter Traber, willig mit sehr guter hoher Aufrichtung, unheimlich wendig und schnell im Galopp. Es gab aber mehr als einen Menschen, der mir gesagt

hatte, der Sörli hätte Tölt. Es hieß nur, ich solle ihn hochhalten und aus dem Schritt in den Tölt reiten. Das ging ja noch gut, aber kurz darauf fing er dann an, einen wackeligen Gang mit hoher Aufrichtung zu gehen. Er lief dabei sogar bis zum Mitteltempo, aber das mit so hoher Aufrichtung, daß ich beinahe Sörlis breite Blesse vor mir sehen konnte, und er war dabei nicht mehr so willig wie vorher. Willig war er nur dann, wenn ich ihm erlaubte, in seinem Trab fast fliegend zu laufen. Dann war der Gehwille derselbe wie vorher. Als junger Reiter war ich ratlos und suchte Hilfe bei anderen, jedoch waren es nur wenige Reiter, die mir einen Rat geben konnten. Aber es gab etwas, was mir immer wieder Hoffnung machte: Ich freute sich darauf, den Heimweg zu reiten, denn auf einem Stück des Weges war ein leicht abfallender Hang, und wenn Sörli dort bergab frei gehen durfte, dann kam der Tölt und er war taktklar. Ich spürte dann, wie sich das Pferd löste und alle Bewegungen in gleichmäßigem Rhythmus durch das ganze Pferd flossen. Aber sobald er auf die Ebene kam, war der Traum sofort vorbei, Sörli begann wieder diesen wackligen Gang zu gehen, d.h. er bremste sich im Lauf ab und fiel in Schweinepaß.

In dieser Geschichte zeigt sich sehr viel, nicht nur, daß dieses Bergabtölten hilfreich sein kann, sondern auch, daß Jungpferde oft den Gehwillen beim Eintölten verlieren können. Er kommt erst dann wieder, wenn das Pferd gelernt hat, fließend zu gehen und sich dabei wohl zu fühlen.

Und wir erkennen in meiner Geschichte auch den Grund für seinen passigen Tölt: Sörli hatte eine sehr hohe Aufrichtung. Sie war so hoch, daß die breite Blesse fast sichtbar wurde, d.h., daß er gegen den Zügel ging und ein bißchen zu fest und zu hoch im Genick war. Natürlich kann man sich vorstellen, daß ein Pferd, das gegen den Zügel geht, sich dadurch selbst bremst.“

Es gibt Pferde, die zu hoch aufgerichtet sind und ohne Hinterhand tölten. Sie werden dadurch schwach im Rücken, machen sich steif und werden dadurch passig.

Solche Pferde mit einem schwachen Rücken müssen im leichten Sitz Stück für Stück zum Tölt korrigiert werden.

Zunächst lassen wir das Pferd den Hals dehnen und weich im Genick werden. Wir treiben es von hinten, reiten es im leichten Sitz mit tiefer ruhiger Hand und lassen es über den Rücken in einem gleichmäßigen Tempo tölten, so daß es von der Hand wegkommt.

Nie sollten wir ein Pferd aufrichten ohne entsprechende Tragkraft der Hinterhand.

Pferde, die paßverspannt sind, aber einen starken Rücken besitzen und den Reiter deshalb gut tragen, können über das Kreuz geritten und korrigiert werden, denn sie gehen am Zügel und sind leicht in der Hand.

Die Galopprolle

Beim Rollen bzw. der Galopprolle besteht eine Bewegungsverschiebung zum Galopp, wobei man genau wie im Galopp zwischen Rechts- und Linksrolle unterscheidet. Beim reinen Rechtsgalopp fußt nach dem linken Hinterbein gleichzeitig die Diagonale vorne links und hinten rechts auf, und dann folgt das ausgreifende rechte Vorderbein. Bei der Rolle dagegen folgt auf das linke Hinterbein die Diagonale, aber nicht gleichzeitig, sondern kurz hintereinander vorne links und hinten rechts. Es entsteht eine Pause, und dann folgt vorne rechts. So kann, je nachdem, wie deutlich die Rolle ist, ein nahtloser Übergang zum Galopp stattfinden.

FEHLVERHALTEN:

- Ein Pferd rollt zwischendurch, d.h. es galoppiert auf der rechten oder linken Vorhand.
Meistens fängt das nicht bei der Vorhand an, sondern beginnt hinten und wird vorne sichtbar. Auch hier liegt der Grund darin, daß das Pferd den Schwerpunkt zu weit vorne trägt und zudem zur Seite verschoben. Es nimmt dadurch ein Hinterbein weniger stark unter den Körper, es tritt weniger unter und somit kürzer als mit dem anderen Hinterbein.
Dadurch entsteht eine Taktverschiebung. Um sein Gleichgewicht zu finden, entsteht die Verschiebung zum Galopp.

KORREKTUR:

- Oft genügt es, daß wir das Pferd mehr vorwärts treiben mit einem treibenden Sitz, Schenkel, Gerte oder Stimme, je nachdem, was am besten zu dem Pferd paßt und worauf es gut reagiert. Mit der Hand halten wir leicht gegen, so daß das Pferd anfängt, sich mit der Hinterhand zu tragen oder so, daß es sich gleichmäßiger trägt.
Wenn das nicht ausreicht, sollten wir ähnliche Hilfen geben, als würden wir ein Pferd aus dem Galopp in den Paß legen, d.h wir nehmen die Zügel auf der Seite, auf der es rollt, etwas mehr an und verwahren damit die Seite, die mehr vorwärts geht.
Außerdem sollten wir das Pferd im Hals- und Kopfbereich vermehrt stellen.
Wenn ein Pferd z.B. auf der linken Vorhand rollt, stellen wir Kopf und Hals nach rechts und versuchen mit dem linken Zügel leicht gegenzuhalten oder verwahrend einzuwirken.

1 

In der hier beginnenden und auf der folgenden Doppelseite fortgesetzten Folge von sieben Abbildungen sehen wir den Übergang vom Galopp zum Tölt.

Dadurch verwahren wir die ganze linke Seite etwas, also die Seite, auf der das Pferd mehr und länger greift. Dagegen versuchen wir es von dem rechten Zügel weg zu reiten, d.h. wir versuchen so oft wie möglich loszulassen. Auf diese Art geben wir die rechte Seite stärker frei und ermöglichen ihm rechts weiter vorzugreifen. Die linke Seite verwahren wir aber. Dadurch sollten die Schritte jetzt gleichmäßiger werden.
Wenn das passiert ist, nehmen wir wieder die gleichmäßige Anlehnung an und richten das Pferd gerade.
Dies können wir dann in einer Art vorbeugender Aktion öfter anwenden: Wenn wir wissen, daß das Pferd zum Rollen neigt, dann versuchen wir etwas früher zu korrigieren, so daß das Pferd gar nicht erst damit beginnt. Bei dieser korrigierenden Stellung nutzen wir den Hals als Balancestange, so daß wir den Schwerpunkt etwas mehr auf die andere Seite verschieben können, in diesem Fall auf die rechte.
Am häufigsten ist die Gefahr des Rollens gegeben, wenn man durch die Ecken eines Reitplatzes, auf

2

3

Wir nutzen im Galopp die gesprungene Aufwärtsbewegung und die dabei vorkommende Einbeinstütze, die fast identisch zur Einbeinstütze im Tölt ist.

einem Zirkel oder auf einer Ovalbahn reitet. Vor allem dann, wenn das Pferd nicht auf die Biegung vorbereitet wird. Wenn man ein Pferd für das Durchreiten einer Ecke vorbereiten will, muß man es vor jeder Ecke bewußt aufrichten, d.h. vor der Aufrichtung aufmerksam machen, es untertreten und sich setzen lassen, und in der Ecke richtig stellen und biegen. Wenn wir als Reiter darauf nicht aufpassen, dann geht das Pferd gerade und somit ungebogen durch die Ecke. Dabei legt es den Schwerpunkt auf die Vorhand und bremst von sich aus die Bewegung ab.

Je schneller man durch die Ecke reitet, desto größer wird die Gefahr, daß durch den längeren Weg des äußeren Beinpaares der Schwerpunkt zu stark auf die innere Seite verlagert wird. Deshalb sehen wir oft, daß erfahrene Reiter den Kopf des Pferdes vor der Biegung nach außen stellen, wenn sie in einem schnellen, freien Tempo z.B. in einer Töltprüfung auf einer Ovalbahn reiten.

4

6

5

7

Bild 6 und Bild 7 zeigen die gleiche Fußfolge im Tölt. In Bild 6 ist das Pferd in der Bewegung noch wesentlich länger, während es in Bild 7 sichtlich gesetzter töltet.

Der Trabtölt

Beim Trabtölt ändert sich der Takt dahingehend, daß das Pferd nicht mehr im klaren Viertakt läuft. Es verschiebt ihn zum Trab hin, so daß die Auffußungsabstände zwischen der Einbeinstütze und der folgenden diagonalen Zweibeinstütze nicht mehr gleich lang sind. Die laterale Zweibeinstütze ist kürzer als die sehr lange diagonale Stütze, so daß der Takt einem „1 – 23 – 4" entspricht.

FEHLVERHALTEN:

- Das Pferd bietet bei jeder nur möglichen Gelegenheit den Trab an. Deshalb ist auch bei seinem Tölt der Takt ständig zum Trab verschoben.

KORREKTUR:

- Der Trabtölter ist ein Pferd mit schwacher Hinterhand. Es darf nicht zu hoch aufgerichtet werden und zunächst müssen wir es sich dehnen lassen, so daß der Rücken wieder stark werden kann. Dann arbeiten wir mit kurzen Paraden an seiner Selbsthaltung, denn nur in guter Selbsthaltung können wir das Pferd von hinten treiben. Die Anlehnung an die Hand ist dabei so leicht wie möglich, um zu verhindern, daß es in der Hinterhand blockiert wird. Wir müssen das Pferd, das zum Trabtölt neigt, mit sehr guter gleichmäßiger, deutlicher Anlehnung im taktklaren Tölt am Zügel halten, denn bei lokkerer Zügelführung fällt es in den Trab. Trabtölt ist eine Gangart, bei der das Pferd im Tölt alleine kein Gleichgewicht halten kann, und deshalb können wir ihm nie anbieten, es auch am losen Zügel oder von selber tölten zu lassen. Dieses Pferd müssen wir verstärkt zum lateralen Gehen bringen.
  Wir überprüfen wie immer zuerst die Anlehnung an den Zügel.
  Wir wollen erreichen, daß das Pferd leicht in der Hand wird, weil wir das Pferd beim Trabtölt verstärkt zur Hand treiben und gegenhalten müssen. Wir sollten aber nicht zuviel gegenhalten, sonst fällt die Hinterhand wieder aus. Es soll beim Treiben nicht einfach schneller werden oder mit mehr Schritten laufen, sondern es sollte mehr Aufrichtung bekommen, es sollte sich besser tragen, und sich hinten mehr beugen, so daß es in die Lateralbewegungen kommt.
  Wichtig ist, daß wir soweit kommen, daß wir die treibenden Hilfen mehr einsetzen können als die verwahrenden Hilfen, wenigstens in den Augenblicken, wenn die Verschiebung zum Paß oder Tölt spürbar ist. Diese Arbeit müssen wir kurz und konsequent durchführen, aber zwischendurch erlauben wir dem Pferd immer wieder einmal zu traben. Es ist sehr wichtig, daß es zwischendurch etwas machen darf, was es gut

kann, z.B. einige Übungen in der Dressur. Natürlich müssen wir dabei immer wieder die Anlehnung überprüfen und darauf achten, daß es nachgibt und kaut, bevor wir mit dem nächsten Töltversuch beginnen. Wir können diese Töltarbeit auch durch den Einsatz von Gewichten, also Glocken, erleichtern.
Solch ein Pferd macht man dann, im Gegensatz zum passigen Pferd, nicht vorne, sondern hinten etwas schwerer. Dies erleichtert die gesamte Arbeit, aber vor allen Dingen die Zügelarbeit, die Anlehnung. Die Glokken verspäten das Auffußen der Hinterhand und machen den Schritt etwas länger, so daß das Pferd mit der Hinterhand mehr untertritt, sie zudem durch das höhere Anheben länger in der Luft hält und sich dann mehr der lateralen Vorhand nähert.

Das Austraben

Es kommt vor, daß Pferde gut tölten, aber beim Übergang zum Schritt den Tölt zu schnell verlieren und ihn somit mit Trabschritten beenden.

FEHLVERHALTEN:

- Das Pferd fällt aus dem Tölt in den Trab.

KORREKTUR:

- Trabt ein Pferd beim Übergang zum Schritt oder Halt aus, dann geschieht das meist deshalb, weil die Einwirkung des Reiters fast ausschließlich über Zügel- oder Stimmhilfe passiert und nicht über das Kreuz des Reiters. Das Pferd wird in diesem Moment nicht mehr aktiv von hinten gegen die Hand getrieben, sondern es fällt auseinander und verliert die Spannung, die es im Tölt hatte.
Um dies zu korrigieren, sollten wir üben, die Parade lange auszudehnen. Wir suchen uns am besten dazu einen optischen Punkt im Gelände oder der Bahn, an dem wir mit der Parade beginnen, d.h. das Tempo langsam einfangen und einen anderen, an dem wir die Parade beendet haben wollen. Um dies so lange auszudehnen, muß der Reiter mit den treibenden Hilfen und vielen einzelnen halben Paraden die Hinterhand des Pferdes genügend herantreiben.

Das Tribulieren

Beim Wechseln oder Tribulieren bekommt der Reiter das Gefühl, als ob das Pferd unter ihm kurzfristig alle Beine in die Luft werfen würde, sie dort sortiert und dann normal weitertöltet.

FEHLVERHALTEN:

- Bei diesem Vorgang kommt das Pferd vom klaren Viertakt immer

Das Pferd tribuliert, um zu vermeiden, daß es sich mit der Hinterhand in die Vorhand tritt. Der Takt ist so verschoben, daß das Hinterbein auf die Stelle treten müßte, auf der das Vorderbein aber noch steht. Das Pferd rettet sich durch einen Sprung aus dieser Situation.

mehr in den lateralen Zweitakt, wird somit passiger, steifer und fußt vorne und hinten gleichzeitig auf. Es verspannt sich dann noch mehr, so daß es zuerst vorne und erst danach mit der Hinterhand auffußt. Das geht soweit, daß das Hinterbein genau auf die Stelle treten müßte, auf der das Vorderbein noch steht. Jetzt setzt das Pferd, da es sich nicht treten möchte, mit der Hinterhand einen Schritt aus, damit das laterale Vorderbein Zeit bekommt, wegzutreten.

KORREKTUR:

Das Wechseln oder Tribulieren ist immer ein deutliches Zeichen für eine Verspannung. Es tritt häufig dann auf, wenn das Pferd noch nicht sicher im Tölt geht und besonders dann, wenn der Reiter mit seinen Hilfen grob einwirkt oder das Pferd im Tempo überfordert. Wir müssen in diesem Fall wesentlich vorsichtiger reiten, unsere Hilfengebung und Zügelführung überprüfen und zunächst dem Pferd helfen, aus dieser Verspannung wieder herauszukommen. Da es sich beim Tribulieren immer mehr verkürzt, ist es zunächst wichtig, ihm das Längerwerden im Körper und in seinen Schritten zu ermöglichen. Deshalb werden wir es mit dem halbleichten Sitz nach vorne entlasten und dadurch etwas ruhiger machen. So ermöglichen wir ihm, in einem langsamen Tempo ruhig und taktklar zu tölten.

Der Rennpaß

Wenn wir in diesem Kapitel vom Paß sprechen, dann meinen wir den schnell gerittenen Rennpaß.
Im Gegensatz dazu gibt es auch den langsamen Paß, bei dem sich das Pferd in einem Zweitakt in vier Phasen lateral bewegt, d.h. das linke Hinterbein fußt gleichzeitig mit vorne links auf, dann folgt eine Schwebephase und dann fußen hinten rechts und vorne rechts auf. Der langsame Paß, z.T. auch „Schweinepaß“ genannt, ist beim Islandpferd eine eher unerwünschte Gangart, denn ihr Nachteil besteht darin, daß das Pferd dabei mit der Hinterhand hoch bleibt, der Rücken steif und die Schulter tief ist.
Der Rennpaß dagegen ist ein Viertakt mit acht Phasen, wobei das Pferd nahe an den Zweitakt kommt. Die acht Phasen entstehen dadurch, daß die Hinterbeine beim Renntempo ganz kurz vor den Vorderbeinen auffußen, so daß sich das Pferd damit in die folgende Sprung- oder Schwebephase abstößt. Die Beine der lateralen Zweibeinstütze werden also nicht genau gleichzeitig aufgesetzt. In seiner Schrittfolge stimmt der Rennpaß mit dem Tölt weitgehend überein, nur der Takt verschiebt sich mehr zum Zweitakt hin und die diagonale Zweibeinstütze wird übersprungen.
Die Fußfolge ist beim Paß:
Einbeinstütze hinten links, laterale Zweibeinstütze links, Einbeinstütze vorne links, Sprungphase, Einbeinstütze hinten rechts, laterale Zweibeinstütze rechts, Einbeinstütze vorne rechts, Sprungphase.
Den fliegenden Rennpaß mit einem Isländer reiten zu können, ist das, was das Pferd so besonders und vielfältig macht, und weshalb wir es zu Recht Fünfgänger nennen können.
Gut trainierter und gut gerittener Paß wird beim Islandpferd ähnlich hoch geschätzt wie z.B. die Leistung einer gut gelungenen Kapriole in der Hohen Schule.
Der Paß bildet auch den Grundstein für den Tölt, wobei der Tölt der populärste und bequemste Gang ist, den das Islandpferd hat. Beide Gänge beinhalten Lateral-Bewegungen. Somit stellen sie im Grunde fast dieselbe Gangart dar, wobei der Tölt im reinen Viertakt und langsamer, jedoch auch in verschiedenen Tempi geritten wird. Dabei fußen ein oder mehrere Beine immer auf dem Boden auf. Aber der Tölt, auch der im Renntempo, ist immer langsamer als Rennpaß!
Den Viertakt im Tölt reiten wir so, daß sich das Pferd mehr in den Hanken beugt und besser trägt, wobei es mehr Gewicht auf die Hinterhand nimmt als auf die Vorhand. Dadurch geht es mit viel Halsaufrichtung.
Rennpaß dagegen wird wie gesagt viel schneller geritten als Tölt. Das Pferd geht in seiner Lateral-Bewegung ganz nah am Zweitakt, und es schwebt von

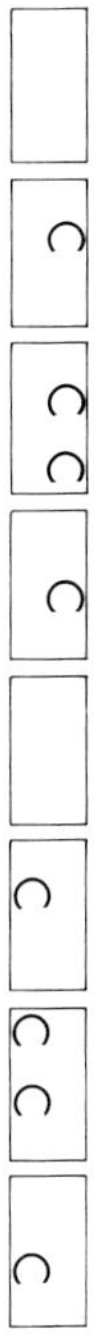

Reynir *im fliegenden Rennpaß*

dem Moment an, in dem sich die Vorhand vom Boden ablöst bis die diagonale Hinterhand wieder zum Boden kommt. Es trägt das Gewicht gleichmäßiger, streckt sich mehr, hat meistens nicht so hohe Bewegungen wie im Tölt, aber dafür längere Tritte. Beim Paß tritt das Pferd mehr unter, aber es beugt sich weniger. Es nimmt weniger Gewicht auf die Hinterhand, aber es schiebt sich stärker vorwärts und richtet die Hinterhand mehr aus.

Die Voraussetzungen für einen guten Rennpasser

Pferde, die zum Schritt, Trab, Galopp und Tölt auch Paß zeigen, werden aber nur dann als Fünfgänger bezeichnet, wenn der Paß so schnell ist, daß eine Schwebephase zu erkennen ist. Ist kein fliegendes Tempo, sondern nur eine Paßverschiebung zu sehen, dann sind sie nur Viergänger.

Der Grund dafür, daß manche Pferde keinen Paß gehen können, liegt darin, daß ihr Gebäude das nicht zuläßt. Meistens liegt es an den Proportionen, dabei ist die Hinterhand etwas weniger ausgeprägt als die Vor- oder die Mittelhand. Oder die Hinterhand ist zu flach, das Hüftgelenk liegt dadurch zu hoch und zu weit zurück. Deswegen hat das Pferd zu wenig Fähigkeit zum starken Untertreten und dadurch einen zu geringen Schub aus der Hinterhand.

Ein anderer Grund für fehlendes Rennpaßvermögen, ist das Fehlen der psychischen Kraft und des Gehwillens. Der Wille zum Fliegen im Paß, also zum energischen Vorwärts fehlt. Dies ist unabhängig vom Körperbau und kann auch bei gut bzw. korrekt gebauten Pferden auftreten. Aber wir dürfen keinesfalls die Problematik vermischen

zwischen einem gut gebauten Fünfgänger, der Paß nur fliegend schnell dann geht, wenn er dazu aufgefordert wird und einem Pferd, das gehandikapt ist, weil es nur Paß und sonst kaum etwas anderes gehen kann.
Der Grund dafür ist auch wieder im Gebäude zu finden. Das Pferd hat gegenüber der Mittel- und Vorhand zuviel Hinterhand und es hat einen geraden und etwas steiferen Übergang vom Rücken zur Lende. Die Lende ist oft von der Kruppe zum Rücken hin sehr schräg abfallend und lang. Solch ein Gebäude bringt das Pferd aus dem Gleichgewicht, weil es den Schwerpunkt zu sehr auf der Vorhand trägt. Es hat ständig Probleme, in gutem Gleichgewicht auf den Füßen zu stehen und geht deswegen verspannt und gezwungen im langsamen Paß.
Aber es gibt nicht nur diese beiden extremen Gebäudetypen, sondern noch einige Varianten dazwischen.
Reynir sagt zur Zucht von Fünfgangpferden in Island folgendes:
„Das, was uns in Island bei der Zucht der Fünfgangpferde geholfen hat, ist die lange Zeit, die wir hatten, um diesen gut proportionierten Fünfgänger zu entwikkeln und zu erhalten. Dieser Fünfgänger ist es, der die Möglichkeiten beinhaltet, daß das Pferd sich frei und raumgreifend in allen Gangarten, Schritt, Trab, Galopp, Tölt und fliegendem Paß bewegen kann. Wir haben immer mehr Wert auf das Material und die Gänge gelegt, also darauf, daß das Pferd fünfgängig ist und viel Gangvermögen und das Gebäude dazu hat. Das Aussehen kam dann immer erst an zweiter Stelle. Das hat uns als Leitfaden in der Zucht geholfen, besonders dann, wenn wir nicht so genau wußten, welche Bewegungen oder Gangarten sich aus welchem Gebäude ergeben. Manche Züchter sind natürlich auch in den Fehler verfallen, mehr Wert auf Schönheit zu legen als auf Gebäude, Charakter und Gehwillen.
Ein Pferd ist aber erst dann wirklich schön, wenn es sich so gut wie möglich präsentiert und dabei so aussieht, daß es leicht und überragend gut die Gänge zeigen kann, für die es geeignet ist.“
In Island war es schon immer, auch in früheren Zeiten, eine Ehre, den waghalsigsten und den schnellsten Passer zu besitzen.

Das Paßtraining

Wir beginnen mit dem Paßtraining erst dann, wenn das Pferd alle Hilfen kennt und richtig auf Zügel, treibende Hilfen und Gewichtshilfen antwortet und auch erst dann, wenn es in allen anderen Gangarten gut trainiert ist und sowohl psychisch als auch körperlich stark genug dazu ist.
Eine gute Möglichkeit, das Paßtraining zu beginnen, besteht darin, im Tölt zu beschleunigen, d.h. den Tölt schneller zu reiten. Wenn unser Pferd im Tölt ein

3

2

5

Schonendes Rennpaßtraining mit einer paßveranlagten Stute. Das Pferd wird zunächst mit wenig Druck und Tempo in den Paß gelegt. Sichtbar ist hier kein Rennpaß in rasantem Tempo,

1

4

sondern ein gut gerittener Trainingspaß, der sich mit der Zeit deutlich steigern läßt, wie auf dem letzten Bild zu sehen ist.

gutes Gleichgewicht hält und gleichmäßig läuft, den Schwerpunkt nicht zu sehr auf die Vorhand setzt oder die Tritte verkürzt, nicht zum Galopp rollt und sich kontrollieren und korrigieren läßt, dann ist es so weit, daß wir das Paßreiten beginnen können.
Wir reiten schneller und erlauben dem Pferd aus dem Viertakt mehr zum Zweitakt zu kommen. Wir ermöglichen ihm also, den Schwerpunkt etwas mehr auf der Vorhand zu tragen, geben ihm eine leichte Anlehnung mit beiden Zügeln, so daß es die passende Aufrichtung erhält, und wir achten darauf, daß wir es nicht abbremsen.
Anfangs reiten wir eine Strecke von ca. 40-60 Metern im Paß, dabei reiten wir auch nicht zu schnell, sondern nur so, daß das Pferd den Lauf beherrscht. Wir probieren es auch nicht zu oft, höchstens ein- bis zweimal während eines Rittes.
Der Paß ist und bleibt eine Art „Stimmungsgang“, und er ist keinesfalls ein ständiger Gang für lange Ritte. Die maximale Paßstrecke liegt etwa zwischen zwei- und dreihundert Metern Länge für ein gut trainiertes Pferd. Dabei müssen wir aufpassen, daß wir anfangs nicht zu lange, zu langsam oder zu kurz reiten.
Je nachdem wie sicher das Pferd geht, können wir immer ein bißchen mehr an Geschwindigkeit oder Streckenlänge verlangen.
Wir können beginnen, unser Pferd richtig in den Paß zu legen, wenn die Sicherheit im Laufen da ist und das Pferd verstanden hat, worum es geht. Als „Legen“ bezeichnet man den Übergang vom Galopp in den Paß.
Die Frage, warum gerade vom Galopp aus in den Paß gelegt wird, ist recht einfach zu beantworten. Bevor das Pferd mit dem Paß beginnt, ist es im Galopp bereits in geeigneter Geschwindigkeit, und es bewegt sich vorwärts und aufwärts. Dies ist besonders für Pferde, die gerne zu schnell und zuviel Gewicht auf die Vorhand legen, sehr gut. Wenn das Pferd daran gewöhnt ist, immer zuerst vor dem Paß zu galoppieren, dann haben wir folgenden positiven Effekt: Es besteht weniger die Gefahr, daß unser Pferd im Tölt passiger wird. Versuchen wir den Rennpaß aus dem Tölt heraus, kann es geschehen, daß unser Pferd den Paß immer wieder, auch dann, wenn es tölten soll, von selbst probiert, somit im Tölt Paßspannung bekommt und dieser auch paßverschobener wird. Besonders in den Momenten, wenn wir im Tölt etwas schneller reiten wollen, kann dies passieren.
Paß wirkt auch immer erst dann wirklich spektakulär, wenn er aus einem flüssigen und schnellen Galopp gelegt wird. Vor dem Legen reiten wir den Galopp im leichten, also im ruhigen Sitz, so daß wir zum Treiben kommen. Bevor wir ein Pferd z.B. von einem Linksgalopp aus in den Paß legen wol-

len, müssen wir darauf achten, daß wir die geeignete Geschwindigkeit für unser Pferd haben, bevor wir damit anfangen. Zudem ist es notwendig, daß wir mit unseren Hilfen gut durchkommen und das Pferd sie gut versteht.
Wir nehmen den linken Zügel an, so daß wir die linke Seite, die mehr vorwärts geht, ein wenig verwahren und der rechten Seite, der rechten, lateralen erlauben, etwas vorwärts zu kommen. Wir halten mit dem rechten Zügel nur so leicht gegen, daß es geradegerichtet läuft. Durch diese Hilfe wechselt das Pferd vom Galopp zum gleichmäßigen Paß. Jetzt nehmen wir die Zügel gleichmäßig auf und bewahren eine ganz leichte Anlehnung, so daß das Pferd seine Haltung behält, sich trägt und eine gesunde positive Spannung findet. Beim Rechtsgalopp ist es umgekehrt.
Wenn das Pferd im Paß liegt, können wir mit den treibenden Hilfen beginnen und die Geschwindigkeit steigern. Aber auch beim Legen haben wir von vorne herein einen treibenden Sitz eingenommen, so daß der Zügel immer auf das ganze Pferd, über unsere Hand, Schulter, Rücken, Kreuz und Gesäß zur Hinterhand des Pferdes wirkt. Treiben wir zu wenig, besteht die Gefahr, daß es langsamer wird. Die vorwärtstreibenden Hilfen, die nach dem Legen zum Einsatz kommen, um schneller zu werden, können durch Schenkel, Stimme und Gerte gegeben werden. Was wir davon einsetzen, richtet sich danach, was das Pferd von seinem Gehwillen her anbietet.
Ein Pferd, das im Paß alles gibt, soll nicht getrieben werden. Wir müssen immer daran denken, daß das Pferd von den treibenden Hilfen davonkommen können muß und seine Freiheit finden soll.
Wenn es pausenlos getrieben wird, obwohl es im Paß schon sein Bestes gibt, dann wird es hoffnungslos und bekommt Angst vor dem Zwang, weil es nicht schneller laufen und von diesem treibenden Druck nicht davon kommen kann.
Um das Legen zum Paß zu Beginn des Trainings zu üben, kann man das Pferd auch vom langsamen Galopp zum Tölt legen, aber wir dürfen dies nicht zu lange probieren.
Wir sollten beim Paßtraining immer ein bißchen schneller werden und versuchen, die positive Spannung, d.h. seinen Willen zum Vorwärts im Pferd aufzubauen. Dann werden wir sehen, was passiert. Das Pferd muß nach dem Legen die Möglichkeit haben, noch schneller werden zu können, deswegen muß man die Geschwindigkeit im Galopp im Rahmen halten.

4

3

8

7

Dieses Pferd wird aus dem Galopp in den Rennpaß gelegt. Die Bewegungen verschieben sich im Bild 3 deutlich zum Lateralen hin. Wir sehen hier die Einbeinstütze hinten rechts. In Bild 4 erkennen wir das kräftige Abstoßen in die Bewegung. Bild 5 zeigt die weite Aktion der

2

1

6

5

Hinterhand. In Bild 6 gerade noch zu erkennen: die endende Sprungphase. Das Pferd fußt hinten rechts fast schon wieder auf. In Bild 7 sehen wir die Stute kurz vor dem Auffußen in die laterale Zweibeinstütze rechts. Im letzten Bild stößt sie sich daraus wieder kraftvoll ab.

Die Gangverschiebungen im Rennpaß

Zu nahe am Zweitakt

Das Pferd ist zu sehr im Zweitakt. Es bringt den Schwerpunkt zu weit auf die Vorhand, so daß auf derselben Seite die Vorhand vor der Hinterhand auf den Boden kommt.

FEHLVERHALTEN:

- Dadurch bekommt es zu wenig Schub, bremst sich ab, macht kürzere Schritte und tribuliert oder wechselt, d.h. es springt aus dem Paß heraus in den Kreuzgalopp.

KORREKTUR:

- Es sollte für uns selbstverständlich sein, dem Pferd vor dem Paßtraining zum Schutz Glocken anzulegen. Die Glocken haben nicht nur eine Schutzfunktion, sondern sie sind gerade für Pferde, die zu stark im Zweitakt gehen, zur Korrektur sehr wichtig. Solche Pferde bekommen schwerere Glocken an die Vorderbeine, so daß die Vorhand etwas später auf den Boden kommt als die Hinterhand und dadurch etwas mehr Viertakt entsteht. Je nach Schwere der verwendeten Glocken, verspätet man die Vorhand mehr oder weniger und es kommt mehr Tölttakt hinein.

  Zuerst sollten wir aber nachschauen, ob sich unser Pferd beim Laufen verletzt hat. Es ist nicht selten, daß Pferde, von denen plötzlich verlangt wird, daß sie so weit untertreten, d.h. die Hinterhand deutlich vor die Vorhand kommt, diagonal treten, d.h., daß sie sich mit der einen Hinterhand auf die diagonale Vorhand greifen. Meistens sehen wir das an den Glocken, wenn das Pferd darauf getreten ist. Sollte das der Fall sein, dann muß das Pferd umbeschlagen werden. Dazu zieht man am besten erfahrene Gangpferdeschmiede zu Rate. Aber ganz allgemein kann man sagen, daß das Pferd hinten so beschlagen sein muß, daß es ein bißchen breiter laufen kann. Der Hinterhuf darf in keinem Fall innen höher werden, er darf innen eher tiefer sein, mit kurzer Zehe.

  Wenn es nicht am Beschlag liegen kann, dann liegen andere Gründe vor. Oft trägt es den Schwerpunkt zu sehr auf der Vorhand. Wenn dies passiert, dann ist das Pferd entweder psychisch nicht in Ordnung oder es kann körperliche Gründe haben, die durch das Gebäude bedingt sind. Für die psychische Seite sollten wir kürzeres und langsameres Rennen anbieten. Wichtig ist ein Ziel, das möglichst etwas bergauf liegt und das man sehen und sich merken kann. Vor allem das Pferd muß es sich merken können. Wir müssen vermeiden, daß das Pferd bei ver-

stärktem Druck das Gewicht auf die Vorhand legt, so daß es die Arbeit möglichst in einem guten Gleichgewicht im Tölt beenden kann. Diese Gewichtsverstärkung auf die Vorhand passiert dann, wenn das Pferd seinem Schwerpunkt nicht richtig, d.h. schnell genug, folgen kann.
Pferde, denen es an Gehwillen, Stärke oder Energie fehlt, müssen wir in Richtung nach Hause laufen lassen oder wenigstens in die Richtung, in der sie gerne vorwärts wollen, um sie psychisch zu unterstützen.
Die andere Sorte Pferd, die eher etwas zuviel Druck hat und zu schnell ist, müssen wir möglichst von Zuhause wegreiten, um sie nicht unnötig aufzuregen und ruhiger zu halten.
Das Pferd, das wegen seiner Proportionen körperliche Schwierigkeiten beim Reiten hat, trägt von vorne herein mehr Gewicht auf der Vorhand. Meistens sind das Pferde mit ziemlich gleichmäßig ausgebildeten Körperproportionen, allenfalls mit etwas mehr Hinterhand, meistens mit einem starken Rücken, vielleicht mit einem etwas steifen Übergang zur Hinterhand bzw. zur Lende und mit kürzerem Hals. Gerade diese Pferde müssen wir so reiten, daß sie sich tragen, nicht nur untertreten, sondern auch in allen Gelenken beugen, sich dadurch setzen und im Schulterbereich mehr aufrichten und somit freiere Bewegungen bekommen.
Oft ist es für das Legen gut, das Pferd länger im Galopp gehen zu lassen, so daß wir dann besser zum Treiben kommen. Es soll aber nicht schneller und flacher werden, sondern verstärkt vorwärts-aufwärts im Galopp gehen. Nach dem Legen versuchen wir unser Pferd mit höherer Aufrichtung zu reiten und verstärkt zum Treiben zu kommen, um die Hinterhand zum energischen Untertreten zu bringen.
Dann wechseln wir wieder in den Rechts- oder Linksgalopp zurück, erlauben dem Pferd eine zeitlang zu galoppieren und legen es erneut in den Paß. Durch diese Wechsel bekommt es eine verbesserte Vorwärts- Aufwärtsbewegung und findet ein besseres Gleichgewicht. Wir üben das auf unserer festgelegten Strecke, die einen Zielpunkt hat. Auf dieser Distanz werden mit zunehmendem Training die im Paß gerittenen Strecken immer länger und die Galoppeinsätze immer kürzer.
Je besser die Pferde diese kurzen Distanzen beherrschen und je mehr sie sich zutrauen, desto mehr verlängern wir die Paßstrecke. Aber wir behalten immer die Richtung auf dasselbe Ziel bei.

Zu nahe am Viertakt

Das Pferd ist zu sehr im Viertakt, also zu sehr im Tölt. Es fehlt an positiver Spannung für den Paß, es trägt den Schwerpunkt zu weit hinten und kommt nicht zum Schweben.

FEHLVERHALTEN:

- Die Bewegung unseres Pferdes sind zu hoch und es geht mit zuviel Aufrichtung. Dadurch entsteht eine Taktverschiebung zum Tölt.

KORREKTUR:

- Bei diesem Pferd versuchen wir den Schwerpunkt mehr auf die Vorhand zu verlagern, um es vom Viertakt in Richtung Zweitakt zu verschieben. Wir versuchen bei dem Pferd eine positive Spannung zum Paß zu finden, so daß es mehr zum Zweitakt findet, es also zunächst einen unregelmäßigen Viertakt läuft und zu schweben beginnt.
  Um ein solches Pferd zu korrigieren, müssen wir versuchen, es dahin zu bekommen, daß es sich etwas mehr mit Hals und Kopf fallen lassen kann. Es soll seine Haltung mit einer ganz leichten Anlehnung an den Zügel finden, um ein Rollen zu vermeiden.
  Treiben können wir mit der Stimme oder der Gerte auf der Schulter, aber weniger mit dem treibenden Sitz oder den Schenkeln. Das Pferd wird generell weniger von hinten getrieben. Wir versuchen jetzt ja gerade zu vermeiden, daß das Pferd sich zu sehr trägt, vielmehr soll es sich nach vorne in die Bewegung schieben und damit den Schwerpunkt mehr auf die Vorhand führen.
  Oftmals hilft es, wenn man dieses Pferd schnell galoppieren läßt und es dann aus der höheren Geschwindigkeit legt, um so den Moment zu nutzen, wenn es nicht mehr vorwärts-aufwärts geht, sondern eher flacher.
  Wir lassen den Schwerpunkt mit Absicht so weit nach vorne kommen, daß das Pferd sozusagen mehr oder weniger hinter ihm herläuft und versucht ihn einzuholen, wobei es ihn aber nicht überholen darf.
  Selbstverständlich beschlagen wir diese Pferde vorne etwas leichter und nehmen nur leichte Glocken als Schutz für die Vorhand.

Die Galopprolle

Das Pferd rollt und springt statt in den Paß in sauberem Links- oder Rechtsgalopp.

FEHLVERHALTEN:

- Es verliert den Takt im Rennpaß und beginnt in seinem Lauf Galoppsprünge zwischenzuschieben. Oder es springt ganz in den Galopp um.

KORREKTUR:

Bei diesem Pferd muß man zunächst wieder über die Zügelarbeit korrigieren. Entweder versteht es den Zügel oder die Paraden nicht oder ihm fehlt der Respekt, aber sehr oft haben diese Pferde einfach Probleme mit ihrem Gleichgewicht. Haben wir ein Pferd, das dauernd über die Schulter, z.B. über die linke Vorhand rollt, dann macht es das, weil es mit der rechten Hinterhand zu wenig untertritt. Das rechte Hinterbein tritt also weniger stark als das linke und trägt weniger Gewicht. Der Schwerpunkt liegt dadurch zu sehr auf der linken Seite, und um das auszugleichen, rollt oder galoppiert das Pferd.

Um das zu korrigieren, müssen wir dem Pferd helfen, das Gewicht, also den Schwerpunkt, gleichmäßiger zu tragen und hinten gleich stark zu treten. Deshalb treiben wir das Pferd stärker zur Hand und korrigieren im Halsbereich.

Wir stellen den Kopf und biegen den Hals zur gegenüberliegenden Seite der Rolle, d.h. in diesem Fall nach rechts. Wir müssen aufpassen, daß es die rechte Hand nicht findet und sich auf den rechten Zügel legt, d.h. wir müssen also von diesem Zügel wegreiten. Das Pferd darf sich auf dieser rechten Seite nicht verwahrt fühlen, aber auf der linken. Wir müssen diese linke Seite etwas verhalten und die rechte Seite dann wieder vorwärtstreiben. Wenn das Pferd gleichmäßig geht, richten wir es wieder gerade, nehmen eine gleichmäßige Anlehnung von beiden Zügeln auf und versuchen erneut, zum gleichmäßigen Treiben zu kommen.

Weil wir den Hals, die Vorhand und das Genick als „Balancestange“ für das Gleichgewicht so sehr brauchen, muß man immer wieder betonen, daß es notwendig ist, sehr viel Wert und Arbeit darauf zu legen, die Zügelarbeit immer wieder zu überprüfen, d.h. nachzukontrollieren und aufzupassen, daß das Pferd stets Kopf, Hals und Vorhand unabhängig, frei und selbständig trägt und zudem weich im Maul und im Genick bleibt.

„Sieh zu, daß das Pferd versteht, auf einen Druck im Maul zu weichen und achte darauf, ihm das Weichen auch zu gestatten. Dann bekommt es den lockeren Zügel als Lob und Belohnung dafür und findet nicht nur seine Balance im körperlichen Gleichgewicht und im Schwerpunkt, sondern auch psychisch...“

Die Entspannung für das Pferd

Wir sollten niemals vergessen, daß beim richtigen Training des Reitpferdes zu Beginn der Arbeit die Aufwärme- und Lockerungsphase erfolgt. Ebenso soll zum Ende des Trainings eine Entspannungsphase folgen. Natürlich auch während des Trainings immer dann, wenn sie unser Pferd benötigt.

Wir sollten unserem Pferd ermöglichen, nach einem anstrengenden Lauf im Tölt oder Rennpaß noch einige Zeit im Schritt gehen zu können. Dabei lassen wir es nach und nach die Zügel aus der Hand kauen, d.h. wir werfen nicht einfach plötzlich die Zügel weg, sondern lassen unser Pferd langsam länger werden in seinen Bewegungen und geben immer mehr Zügel nach, solange, bis es sich am langen Zügel vorwärts abwärts streckt und dehnt. Wir gestatten ihm damit aus dieser Spannung, die sich durch die anstrengende Arbeit aufgebaut hat, herauszufinden und sein körperliches und seelisches Gleichgewicht in der Entspannung wiederzufinden. Wir geben ihm durch eine längere Schrittphase auch die Möglichkeit, wieder zu Atem zu kommen. Der beschleunigte Puls kann sich normalisieren. Für das Pferd stellt diese Art des reiterlichen Nachgebens auch eine Belohnung dar, da es dieses Dehnen und Strecken als wohltuend gegenüber der Haltung in der vorherigen Versammlung empfindet.
Ist unser Pferd nach der angestrengten Arbeit noch so überdreht, daß es keinen ruhigen Schritt gehen will, dann können wir es auch am langen Zügel noch leicht im Trab bewegen, bis es ruhiger geworden ist. Eine weitere Möglichkeit besteht auch darin, einige Meter vor dem Stall abzusteigen und mit dem Pferd gemeinsam nach Hause zu laufen. Für das Pferd ist es wohltuend, unser Gewicht von seinem Rücken zu bekommen und sich in einer gleich-

Goði *hat sich nach dem Reiten gewälzt und schüttelt sich mit sichtbarem Wohlbehagen.*

Lómur *im entspannten Tiefschlaf.*

mäßigen Bewegung strecken zu dürfen. Wenn wir mit ihm im Stall angelangt sind, sollten wir es absatteln, das Fell in der Sattellage glattstreichen und unserem Pferd dann zur Entspannung und Körperpflege eine Möglichkeit zum Wälzen geben. Entweder wir entlassen es in einen Paddock, eine Wiese, die Reitbahn, also dorthin, wo es sich mit Genuß wälzen kann oder geben ihm die Gelegenheit zum Wälzen im Stroh, z.B. in einer großen Box. Ist das Pferd so naß geschwitzt, daß es draußen Gefahr läuft, sich zu erkälten, dann lassen wir es drinnen in einer Box im Stroh wälzen und decken es danach eventuell kurz ein. Dies ist besonders im Winter oder zu den Zeiten, in denen die Islandpferde ihr dickes Fell haben und stark nachschwitzen, notwendig. Im Sommer sollten wir die verschwitzte Sattellage und andere verschwitzte Partien abwaschen und die Beine des Pferdes durch Abspritzen kühlen.

Da Islandpferde häufig nicht mit großen Mengen an Zusatzfutter, also Kraft- oder Mineralfutter, versorgt werden, wird es unser Pferd auch als angenehme

Belohnung für seine Arbeit empfinden, wenn wir ihm, aber erst wenn es sich abgekühlt hat, eine Portion Zusatzfutter reichen. Das bewirkt bei ihm eine positive Verbindung zu der Arbeit unter dem Sattel. Und es fördert in diesem Moment seinen Herdentrieb zu uns. Wir setzen damit einen Ausgleich zu der Arbeitssituation, bei der wir das Pferd ja meist weichen lassen. Es ist also sehr wichtig, die Arbeit mit dem Pferd behutsam zu beginnen und ebenso wieder zu beenden, um das psychische und physische Gleichgewicht des Pferdes zu erhalten. Wenn wir dagegen überfallartig, schnell und fahrig oder womöglich unkonzentriert mit ihm umgehen, dürfen wir uns über Verspannungen auch beim Reiten nicht wundern. Auf welche Art und Weise wir die Arbeit mit unserem Pferd beenden und wieder für Entspannung sorgen, ist dabei jedem selbst überlassen. Ob wir uns neben unserem Pferd ins Gras setzen und es kurz fressen lassen, oder ob wir neben ihm ein Stück Weg im Dauerlauf zurücklegen, ist dabei egal. Es muß nur ein bewußtes Abklingen des Trainings darstellen, sonst ist das Spiel mit dem Gleichgewicht und die Harmonie zwischen Mensch und Pferd gestört.

Und noch ein Wort zum Schluß

Gerade habe ich das tägliche Training mit meinem Pferd *Vafi* beendet, und das ist wohl der richtige Moment, um noch einige Gedanken an den Schluß unseres Buches zu stellen.
In diesen Momenten, wenn ich von meinem Pferd abgestiegen bin, bin ich immer wieder dankbar dafür und sehr glücklich darüber, daß ich den Reiter und den Menschen *Reynir Aðalsteinsson* kennenlernen durfte. Dank seiner Hilfe und durch die gemeinsame intensive, fast drei Jahre andauernde Arbeit an seiner Reitlehre habe ich eine Art des harmonischen Reitens erfahren dürfen, die ich an jedem Tag mit meinen Pferden wiederfinde.
Die Arbeit zu diesem Buch wurde begleitet von der Arbeit an *Vafis* Ausbildung. All das, was *Reynir* mir vermittelt hat, fand seine direkte Umsetzung bei *Vafi*. Und nach drei Jahren halte ich nicht nur diese Reitlehre in meinen Händen, sondern auch das Spiel mit *Vafis* feinen Reaktionen. Ich habe durch diese Art der Lehre ein Pferd erhalten, das mit Eifer und Freude vorwärtsgeht, dem Reiter zugetan ist und so fein an den Hilfen steht, daß ich endlich verstehe, was es bedeutet, mit einem Pferd zu einem harmonischen Ganzen zu verschmelzen. Und ich habe durch *Reynir* gelernt, nicht nach den falschen, zu schnellen Erfolgen zu schauen, sondern auf das zu achten, was mir mein Pferd anbietet und was ich von ihm fordern darf. Er hat mir den Blick geöffnet für jene Reiter, die ihre Pferde mit zu hoher Aufrichtung spektakulär und in Töltprüfungen präsentieren, und er hat mir dagegen gezeigt, wie wohl sich ein Pferd unter ihm fühlen kann, wenn es mit der freien Selbsthaltung und doch gut gesetzt im Tölt mit seinem Reiter glänzen kann. Leider ist dieser Blick oft vielen verwehrt, die sich im Sportgeschehen bewegen. Zu oft sieht man gezwungene und hoffnungslos gewordene Pferde unter grob einwirkenden Reitern. Und der grob errittene Erfolg sollte wirklich nicht zum Maßstab der Bewertung werden. Es liegt schließlich nur an uns, ob wir ein Pferd zum Glänzen und damit zum wirklichen Erfolg bringen oder nicht.
Vafi und ich sind während der Arbeit an *Reynirs* Reitlehre gemeinsam mit diesem Buch gewachsen und ich konnte ihm all das, was ich in dieser Zeit dazulernte, verständlich machen. Den Erfolg dieses Trainings läßt er mich jeden Tag genießen.
Danke *Reynir*!

Und wir danken all jenen, die den Weg dieses Buches begleitet und uns bei der Entstehung geholfen haben.

Gabriele Hampel

Stichwortregister

Literaturhinweise

Albrecht, Kurt: Reiterwissen: erlesen und erfahren, Kosmos-Verlag, Stuttgart, 1996

Arnórsson, Kári: Das Islandpferd, Die vielseitige Rasse, Iceland Review, Reykjavík, Island 1997

Bruns, Ursula; Tellington-Jones, Linda, Die Tellington-Methode: So erzieht man sein Pferd, Müller-Rüschlikon, Cham 1993

Edwards, Elwyn Hartley: Pferdeausbildung, Von der Weide bis zum Turnier, BLV Verlagsgesellschaft, München 1995

Eicher, Sigrid; Weiland, Elisabeth: Fredy Knie, Kosmos-Verlag, Stuttgart, 1994

Fillis, James: Tagebuch der Dressur, Olms Presse, Hildesheim 1996

Freizeit im Sattel (Herausgeber):Pferdehaltung rund ums Jahr, Der Arbeitskalender für Auslauf, Stall und Weide, Kosmos-Verlag, Stuttgart 1997

Helmerson, Stina: Das Islandpferd, Bekannte Reiter und Züchter erzählen, Epona Verlag, Schweden 1994

Hempfling, Klaus Ferdinand: Mit Pferden tanzen, Versammeltes Reiten am losen Zügel; Vertraute Harmonie von Anfang an, Kosmos-Verlag, Stuttgart, 1993

Jung, Hildegard: Reiten auf Gangpferden, Isländer, Pasos, Saddlebred Horses und andere Freizeitpferde, Falken-Verlag, Niedernhausen/Ts. 1994

De Kunffy, Charles: Ethik im Dressursport, Ein leidenschaftlicher Appell, Kosmos-Verlag 1997

Loch, Sylvia: Reitkunst im Wandel, Von der klassischen Lehre zum Dressursport, Kosmos-Verlag, Stuttgart, 1995

Oliveira, Nuno: Sämtliche Schriften, Bd. 1, klassische Grundsätze der Kunst Pferde auszubilden, Georg Olms, Hildesheim 1996

Penquitt, Claus: Die Freizeitreiter-Akademie, Alte Meister – neu entdeckt; Reiten nach altklassischen, altkalifornischen und iberischen Vorbildern, Kosmos-Verlag, Stuttgart 1993

Podhajsky, Alois: Die klassische Reitkunst, Eine Reitlehre von den Anfängen bis zur Vollendung, Kosmos-Verlag, Stuttgart 1998

Rostock, Andrea-Katharina;Feldmann Walter: Islandpferde Reitlehre, Leitfaden für Haltung, Ausbildung und Reiten von Islandpferden und anderen Freizeitpferderassen, Feldmann/Rostock, Bad Honnef 1986

Schäfer, Michael: Die Sprache des Pferdes, Lebensweise – Verhalten – Ausdrucksformen, Kosmos-Verlag, Stuttgart 1993

Schwörer, Anke: Das Islandpferd, Geschichte – Zucht – Haltung – Sport, Kosmos-Verlag, Stuttgart 1988

Schwörer-Haag, Anke; Haag, Thomas: Gaedingar – die andere Reitlehre, Islandpferde besser reiten, Kosmos-Verlag, Stuttgart 1991

Stern, Horst: So verdient man sich die Sporen, Kosmos-Verlag, Stuttgart 1997

Tellington-Jones, Linda; Taylor Sybil: Die Persönlichkeit Ihres Pferdes, Die Kunst, Charakter und Temperament ihres Pferdes zu bestimmen und positiv zu beeinflussen, Kosmos-Verlag, Stuttgart 1995

Mit 4 Farbfotos aus dem Archiv Reynir Aðalsteinsson, Island (S. 22, 25, 28, 218), 1 Farbfoto von Jens Efnarsson, Island (S. 85), 5 Farbfotos von Lu Henkel, Giessen (S. 33, 37, 48, 56), 2 Farbfotos von Guido Waidmann, Petting (S. 31, 34), 4 Farbfotos von André Welle, Buchholz (S. 10, 21, 36, 79), 1 aus dem Archiv Gabriele Hampel, Kelkheim (S. 236), alle anderen von Gabriele Hampel, Kelkheim sowie 21 Schwarzweiß-Zeichnungen von Gabriele Hampel, Kelkheim.

Umschlaggestaltung von Atelier Reichert, Stuttgart, unter Verwendung von fünf Farbfotos von Gabriele Hampel, Kelkheim.

Die Deutsche Bibliothek- CIP-Einheitsaufnahme

Reynir Islandpferde-Reitschule : das Spiel mit dem Gleichgewicht / Reynir Aðalsteinsson; Gabriele Hampel. -Stuttgart: Kosmos, 1998
ISBN 3-440-07399-8

Das Autorenteam

Reynir Aðalsteinsson ist mehrfacher Isländischer-, Europa- und Weltmeister der Islandpferdereiter und trägt den Titel „Reitmeister". Er züchtet und bildet seit Jahrzehnten Islandpferde höchst erfolgreich aus. Reynir lebt mit seiner Familie in Island.

Gabriele Hampel hat das Manuskript als Reynirs langjährige Schülerin gemeinsam mit ihm verfaßt. Von der diplomierten Kommunikations-Designerin stammen die Zeichnungen, die meisten Fotos und die Mitarbeit am Layout. Gabriele Hampel lebt mit ihren zwei Islandpferden in der Nähe von Frankfurt am Main.

Alle Angaben in diesem Buch erfolgen nach bestem Wissen und Gewissen.Sie entbinden den Pferdehalter nicht von der Eigenverantwortung für sein Tier und können insbesondere die tierärztliche Untersuchung und Behandlung nicht ersetzten.

ISBN 3-440-07399-8
Fachlektorat: Kaja Stührenberg
Lektorat: Gudrun Braun
Printed in Germany / Imprimé en Allemagne
Layout und Satz: Peter Mischung, Hofheim/Ts.
Druck und buchbinderische Verarbeitung:
Westermann Druck Zwickau GmbH, Zwickau